中国数字经济发展机制研究

刘刚 等◎著

中国商务出版社
CHINA COMMERCE AND TRADE PRESS

图书在版编目（CIP）数据

中国数字经济发展机制研究／刘刚等著. —北京：中国商务出版社，2023.1（2023.5重印）

ISBN 978-7-5103-4488-6

Ⅰ.①中… Ⅱ.①刘… Ⅲ.①信息经济—经济发展—研究—中国 Ⅳ.①F492

中国版本图书馆 CIP 数据核字（2022）第 187219 号

中国数字经济发展机制研究

ZHONGGUO SHUZI JINGJI FAZHAN JIZHI YANJIU

刘刚 等◎著

出　　版：中国商务出版社

地　　址：北京市东城区安外东后巷 28 号　　邮　　编：100710

责任部门：商务事业部（010-64269744　bjys@ cctpress. com）

责任编辑：周水琴

直销客服：010-64266119

总 发 行：中国商务出版社发行部（010-64208388　64515150）

网购零售：中国商务出版社淘宝店（010-64286917）

网　　址：http://www.cctpress.com

网　　店：https://shop595663922.taobao.com

排　　版：北京天逸合文化有限公司

印　　刷：河北赛文印刷有限公司

开　　本：710 毫米×1000 毫米　1/16

印　　张：20.25　　　　　　　　　　字　　数：342 千字

版　　次：2023 年 1 月第 1 版　　　　印　　次：2023 年 5 月第 2 次印刷

书　　号：ISBN 978-7-5103-4488-6

定　　价：65.00 元

序言 XUYAN ▶ ▶ ▶

　　基于新一代信息技术和网络空间发展，数字经济是以数据和计算为关键生产要素的新经济形态。① 从发展历程看，数字经济概念最早是在探讨美国新经济产生原因的过程中被逐步提出的。20世纪90年代，美国经济出现了持续增长，且呈现出"高经济增长、高就业和低通货膨胀"的局面，被概括为新经济现象。② 对新经济产生根源的解释，使人们认识到人类正在步入一个新的经济时代，即数字经济时代。

　　1998年，美国商务部发布《浮现中的数字经济》（*The Emerging Digital Economy*）报告，从信息技术的角度解释新经济。报告指出："在过去几年里，美国经济的表现超出许多人的预料。收缩中的预算赤字，低利率，一个稳定的宏观经济环境，带有较少壁垒的扩大中的国际贸易，以及私营部门的有效管理，这一切都在这个健康的经济表现中起了作用。许多观察家相信，由互联网增长驱动的信息技术（IT）进步，也对创造这个比预期更健康的经济做出了贡献。"③

　　1998年，同样被称为中国互联网元年。这一年，包括新浪、搜狐、网易和阿里巴巴在内的中国互联网门户网站开始起步。经过短短20多年的发展，数字经济已经成为中国经济转型升级的新引擎。2020年初，突如其来的新冠肺炎疫情，再次激活了数字经济的发展潜能，使中国成为新技术背景下的数字和人工智能与经济社会融合发展的实验场。数字和人工智能技术在抗击新冠肺炎疫情和稳定经济中发挥的重大作用，使我们看到了第四

---

　　① 一般而言，数字经济和智能经济基本上属于同一范畴，两者没有本质区别。数字经济和智能经济都是网络空间发展的产物，从提出的时间看，数字经济早于智能经济，而从内涵和外延看，智能经济更强调人工智能技术的应用。

　　② 1996年12月30日，美国《商业周刊》首次提出了新经济概念。

　　③ 美国商务部. 浮现中的数字经济 [M]. 姜奇平，等译，中国人民大学出版社，1998.

次工业革命引领经济社会发展和重塑全球经济格局的曙光。面对百年未有之大变局，我国提出了加速推动形成以国内大循环为主体、国际国内双循环相互促进的新发展格局。

数字和人工智能技术是第四次工业革命的引擎，不仅能够带来包括互联网、大数据、云计算和人工智能在内的数字经济核心产业部门的发展，而且通过与经济社会的深度融合激发历次工业革命积累的社会生产力发展潜力，带来社会生产力的跃升。第四次工业革命与中国经济转型升级的共生共融，是新时期我国经济和社会发展的逻辑主线。从目前的情况看，第四次工业革命为社会生产力的大发展创造了条件，如何调整生产关系以适应社会生产力的发展，应成为当前和今后一段时期深化经济体制改革与构建现代化经济体系的重要内容。

"十四五"是建设现代化经济体系的关键时期。现代化经济体系包括诸多内涵。从技术、经济和社会互动发展的视角看，现代化经济体系建设是指基于新一代信息技术、网络空间发展的生产力和生产关系重构过程。现代化经济体系建设不仅是我国经济转型升级的方向，而且代表着世界经济发展的未来。在新的发展阶段，以基于新一代信息技术、网络空间发展的生产力和生产关系重构为逻辑主线，培育和建设现代化经济体系，是完善中国特色社会主义经济体制和实现高质量发展的根本动力。

正在全球蔓延的新冠肺炎疫情，一方面可能引发全球经济衰退，另一方面将加速基于新一代信息技术和网络空间发展的生产力和生产关系重构过程。作为偶然的外部冲击，新冠肺炎疫情对我国和世界经济的冲击是结构性的。其中，新冠肺炎疫情冲击下的线上经济或非接触性经济的兴起与网络空间技术发展之间正反馈效应的出现，将加速新技术革命背景下生产力和生产关系在世界范围的重构。我国当前面临的关键问题是，能否在美国的技术封锁与打压下率先启动新一轮生产力和生产关系重构进程，引领、推动全球价值链重塑和经济全球化的新发展，为世界和平与繁荣发展做出贡献。

数字和人工智能科技产业的发展，不仅是技术创新问题，而且是一个复杂的经济和社会变革过程。生产的制度结构变革将为新技术革命的发生和发展创造条件。同时，与数字经济发展相伴，不仅涉及国内技术和经济体制改革，而且涉及全球价值链重塑、国际分工协作和治理体系的演变。

在每一次技术革命发生和发展的过程中，经济和社会体制变革都是围绕技术革命创造的"关键生产要素"的市场化而展开的。它不仅涉及与新的"关键生产要素"的产权界定和市场合约达成相关的正式和非正式制度安排，而且涉及政府职能的重新界定、新基础建设投资和创新创业环境的构建。

当数字和人工智能技术推动的生产力和生产关系重构跨越国家边界时，会引发国际秩序和治理体系的演变。如何重塑全球价值链，形成全球创新循环，同样是我们要面临的挑战。例如，谁来承担新的全球价值链重塑主导者角色？如果说在前一次经济全球化过程中，跨国公司是推动基于产品内分工全球产业链构建主导者的话，那么平台主导的创新生态系统将成为新的全球价值链重塑和新发展格局形成的主导者。每一项重要国际规则的改变都涉及国家之间的利益调整，如何做到利益共享和实现经济共同繁荣，是数字和人工智能技术在世界范围推广与重组全球价值链的前提及基础。

通过本书的研究，我们对数字经济发展的内在规律和可能产生的影响有了更深刻的认识。飓风起于青蘋之末，任何新经济形态的出现都源于微观基础变革。为了能够预测经济发展的前沿，我们在研究方法上进行了创新。研究团队从最基础的数据库做起，通过调查数据和大数据分析相结合的方法，刻画了中国数字经济动态发展的真实图景。同时，为了考察数字经济发展的动力和机制，作者通过价值网络和关系数据的量化分析方法，考察样本节点与关系节点之间的技术和投资关系及其规则。在本书中，我们的若干重要发现包括：

首先，中国数字经济发展是由平台主导的创新生态系统所引领的。包括阿里巴巴、腾讯、百度、京东和华为在内的平台企业推动着消费互联网和产业互联网的发展。与 2017 年和 2018 年的数据相比较，2019 年最大的发现是华为正在成为中国数字经济发展最活跃的节点。同时，包括华为在内的硬科技平台和引领消费互联网升级的新型平台的涌现与发展，说明了中国的数字经济正在步入与实体经济深度融合发展的新阶段。其中，消费互联网的升级和产业互联网的发展，成为新阶段数字经济发展的新趋向。

其次，通过对数字经济发展的"极化"和"扩散"效应分析，数字和人工智能与实体经济的融合发展正在从产业、空间两个维度加速展开。数字和人工智能科技产业在空间及产业领域的扩散，是由不同区域产业转型升级的需求拉动的。为了推动数字和人工智能与实体经济的融合发展，扩散地域的数字和人工智能产业发展不仅表现为核心产业部门的集聚，而且表现为与当地主导产业和优势产业的融合。

再次，作为通用技术，数字和人工智能与实体经济融合发展过程涉及一系列互补性创新及专用技术体系的积累，会引发新一轮科技创新浪潮。数字和人工智能属于通用技术，在与传统产业的融合发展过程中，带来一系列互补性创新和专用性技术积累。产业智能化过程中技术体系的专用性程度，不仅决定了智能化的进程，而且决定了谁是主导者。依托在数据、市场和技术上的优势，传统产业的龙头企业将成为产业智能化的主导者。

复次，与传统工业不同，数字和人工智能科技产业的发展具有特殊的规律。其中，在基础研究、应用开发和规模生产（应用）之间的创新循环，不仅依赖基础研究和应用开发，而且依赖规模生产（应用）环节的数据反馈和验证。加速应用场景开放，推动数字和人工智能与实体经济的深度融合，是形成国内创新循环推动国际国内创新双循环的关键举措。

最后，数字和人工智能与实体经济的深度融合是消弭"数字鸿沟"及获取"数字红利"的过程。近几年，在新冠肺炎疫情冲击下，线上市场下沉、数字和人工智能技术被广泛应用，为创造就业和增加中低收入人群收入创造了条件。

本书的研究表明，加速数字和人工智能与经济社会的深度融合是构建以国内大循环为主体、国际国内双循环相互促进的新发展格局的关键驱动力量。在"十四五"时期，发展数字经济和人工智能科技产业，推动数字和人工智能与实体经济的融合发展，将构成国家经济和社会发展战略的重心。

刘　刚

南开大学经济研究所

2020 年 10 月 1 日

目录 CONTENTS ▶▶▸

第一章

数字经济发展的新阶段

基于新一代信息技术和网络空间发展，数字经济是以数据和计算为关键生产要素的新经济形态。中国数字经济发展内生于经济转型升级过程中创造的数字化需求，是内生的。2019 年至 2022 年，面对美国对中国技术封锁的持续升级和新冠肺炎疫情暴发带来的挑战，中国数字经济步入新的发展阶段。为了应对美国的技术封锁和国际市场环境的变化，中国开始构建以国内大循环为主体、国际国内双循环相互促进的新发展格局。数字经济是塑造新发展格局的关键环节。而疫情防控的常态化将进一步推动数字和人工智能与实体经济的融合，零距离社会正在加速到来。

第一节　新一代信息技术和数字经济发展

自 1946 年 2 月 14 日世界第一台通用计算机"埃尼阿克（ENIAC）"在美国宾夕法尼亚大学诞生以来，数字科技创新和产业化把人类带进信息时代。2004 年，随着 Web 2.0 概念的提出①和商业化应用，网络空间真实地映射了在物理和社会空间中人与人、人与物和物与物的关系，进一步使人类步入数字时代。由平台主导的网络空间的发展使数据实现了实时在线和可共享，数据和计算成为经济和社会发展的战略资源和"关键生产要素"。以数据和计算为"关键生产要素"的数字经济，成为经济发展的新形态和经济转型升级的新引擎。

数字经济有两个基本产业部门：核心产业部门和融合产业部门。核心产业部门是指为数字经济发展提供基础设施、核心技术研发和生产的产业部门，主要为包括半导体在内的基础硬件以及包括操作系统在内的基础软件和网络基础设施产业领域。而融合产业部门则是数字科技与经济社会融

---

① Web 2.0 概念是 2004 年在出版社经营者 O'Reilly and Media Live International 之间的一场头脑风暴论坛中，由时任 O'Reilly 副总裁 Dale Dougherty 率先提出的。与 Web 1.0 不同，Web 2.0 更注重用户的交互作用，用户既是网站内容的浏览者，同时是网站内容的生产者。Web 2.0 在互联网应用中具有去中心化、开放和共享特征，为消费互联网和平台的发展创造了条件。

合发展过程中创造的新兴产业部门，例如新媒体和数字内容、新零售和智能制造。基础研究、核心产业部门和融合产业部门之间良性互动从而形成创新循环，是数字经济持续发展的关键。

2019年初至今，对中国数字经济的发展而言，挑战和机遇并存。其中，影响中国数字经济发展的重大事件是来自美国的技术封锁和新冠肺炎疫情的冲击。美国技术封锁的不断升级正在打破长期形成的数字经济发展的全球创新循环系统，迫使中国数字经济走上构建自主可控生态系统和重塑全球创新循环的道路。而突如其来的新冠肺炎疫情则为数字经济的发展创造了一个特殊的应用场景。在应对新冠肺炎疫情冲击的过程中，数字经济成为中国经济的稳定器。

从1998年中国互联网元年算起，经过20多年的努力，中国在数字经济发展上走在了世界的前列。据信通院测算，2019年我国数字经济总量预计为35.8万亿元，占GDP比重达到36.2%，占比同比提升1.4%，按照可比口径计算，2019年我国数字经济名义增长15.6%，高于同期GDP名义增速约7.85%。[1] 作为近年来带动经济增长的核心动力，预计2019年我国数字经济对GDP的贡献率为76.1%，与2018年的67.9%相比，有大幅度提升。[2]

2020年4月28日，中国互联网络信息中心（CNNIC）发布了第45次《中国互联网络发展状况统计报告》，报告上的统计数据显示，截至2020年3月，我国网民规模达9.04亿人，较2018年底增长7508万人，互联网普及率达64.5%，较2018年底提升4.9个百分点。其中，农村地区互联网普及率为46.2%，较2018年底提升了7.8个百分点，城乡之间的互联网普及率差距缩小了5.9个百分点。数字消费持续增长，2019年网络消费已突破10万亿元大关，连续七年位居世界第一；数字贸易不断提质升级，跨境政策与模式创新不断推动跨境电商发展，助力外贸转型升级；数字企业领跑全球，2019年，中国和美国所拥有的数字平台企业占全球排名前七十的数字平台市值的90%，以互联网平台经济为代表的新动能为产业升级不断赋能。

---

① 中国信通院. 中国数字经济发展白皮书（2020年）[R]. 2020年.
② 转引自数字经济发展研究小组、中国移动通信联合会区块链专委会和数字岛研究院的《中国城市数字经济发展报告（2019—2020）》。

在取得快速发展的同时，在应对技术封锁和新冠肺炎疫情在全球蔓延的过程中，同样也暴露出中国数字经济发展中存在的瓶颈和问题。例如，中国数字科技在基础硬件与软件领域的短板、数据孤岛、网络安全和数据治理问题。面对美国技术封锁和新冠肺炎疫情带来的冲击，自主可控生态系统的构建、全球创新循环系统的重塑、抗击新冠肺炎疫情期间的数字科技的广泛应用和新型基础设施建设的推出，都将推动中国数字经济进入一个新的发展阶段。

数字经济虽然源于计算机和互联网（Web 1.0）的诞生，但是真正的兴起和发展却来自包括交互式互联网（Web 2.0）、物联网、大数据、云计算和人工智能在内的新一代信息技术的兴起和发展。其中，网络空间与物理和社会空间的互动与融合，是数字经济发展的基础。作为新技术经济范式，数字经济的技术基础是新一代信息技术和网络空间的发展。因而，基于新一代信息技术和网络空间的发展，数字经济是以数据和计算为"关键生产要素"的新兴经济形态。

与一般的具体技术创新不同，新一代信息技术属于通用技术（general purpose technologies），具有广泛的应用前景，对经济社会具有引领作用。因而，数字经济包括两个基本组成部分：核心产业部门和融合产业部门。其中，核心产业部门是指新一代信息技术产业化过程中创造的产业部门，包括基础设施、关键硬件和基础软件部门。融合产业部门则是指新一代信息技术与经济社会融合发展过程中创造的新兴产业部门。核心产业部门为数字经济发展奠定基础，融合产业部门为核心产业部门拓展应用空间和市场规模。两个产业部门之间的良性互动，构成了数字科技产业发展的创新循环。

一、信息革命和网络空间发展

数字化和机器计算是信息技术革命的基本驱动力。自 1946 年第一台通用计算机诞生之日起，数字化和机器计算技术的兴起与发展使人类进入信息时代。与信息时代相比较，数字时代的技术基础是新一代互联网（Web 2.0）、物联网、大数据、云计算和人工智能技术。互联网，尤其是新一代交互式互联网（Web 2.0）的诞生，网络空间对物理和社会空间人与人、人与物、物与物关系的映射创造出实时在线及可共享数据。网络空间与物理和社会空间的互动与融合，使数据和计算不仅成为企业价值创造的关键资产，而且成为一国和地区经济发展的战略资源。数字技术的创新和产业化不再属于单纯的技术问题，而是发展为一个复杂的经济和社会现象。作为新的技术经济范式和经济形态，数字经济开始涌现，并逐步发展为影响和驱动经济转型升级的新引擎。

1998 年，美国商务部发布了《浮现中的数字经济》研究报告，在互联网兴起之初，就对从工业经济向数字经济过渡的发展趋势做出了极富洞察力的预见。随着 Web 2.0 的发展，海量数据的产生催生了"大数据"概念。2008 年《自然》杂志大数据专刊的出版和 2012 年美国政府《大数据研究和发展倡议》（*Big Data Research and Development Initiative*）的发布，大数据在科学研究和经济发展中的作用引起世界各国的广泛关注。

数字化的基础是二进制数学逻辑的技术进步。二进制可以使物理和社会空间的一切都变成数字化表达，为虚拟或网络空间的搭建创造了条件。1995 年，美国麻省理工学院教授兼媒体实验室主任尼葛洛庞蒂出版了《数字化生存》一书，宣布以"比特"为存在物的数字化时代已经到来。雷·海蒙德认为，信息时代经历了两个发展阶段：物质化（physical）信息时代和数字化（digital）信息时代。在物质化信息时代，信息载体是"原子"，例如，书籍、报纸、杂志和包括模拟信号的电报、电话、电视与传真，它们都是由原子构成的。而在数字化信息时代，计算机和网络成为信息加工与传输的一般工具。

如果说计算机和互联网技术是数字化一般工具的话，那么包括交互式互联网（Web 2.0）、物联网、大数据、云计算、边缘计算、区块链和人工智能在内的新一代信息技术则逐步在数字化过程中把数据与计算转化为资产及生产要素，成为实现价值创造活动的关键资产和驱动经济发展的"关键生产要素"。其中，数据和计算的要素化和资产化过程不仅涉及技术变革，而且涉及组织和制度变革。

新一代互联网、物联网、大数据、云计算、区块链和人工智能构成了新一代信息技术（new IT）的核心元素。借助二进制计算机系统对物理空间和社会空间的数字化，新一代互联网（Web 2.0）和物联网的发展产生了海量数据。互联网平台的发展，则进一步实现了数据和计算的实时在线与共享。作为一个分布式数据库，区块链技术保证了数据的真实和可追溯性。云计算则有效地满足了数字化过程中数据的存储和计算需求。大数据分析和人工智能技术对存储的海量数据进行挖掘、整理和分析，发现有价值的信息和知识，实现了生产和服务的智能化。尽管新一代互联网、物联网、云计算和人工智能等技术创新为数字经济发展奠定了基础，但是数据和计算要真正成为驱动经济发展的"关键生产要素"，还需要技术体系和经济社会系统的转变。

信息物理系统（CPS）和数字孪生（DT）为信息技术向经济社会系统转变提供了桥梁和框架。在新一代信息技术的萌芽阶段，信息物理系统和数字孪生概念就被提出。CPS概念的提出起源于嵌入式系统的广泛应用。2006年，美国国家科学基金会（NSF）的海伦·吉尔（Helen Gill）用"信息物理系统"概念描述传统IT术语无法清楚界定的物理和网络空间相互融合的复杂系统。数字孪生概念同样可以追溯到2003年。迈克尔·格里夫斯（Michael Grieves）在密歇根大学就产品生命周期管理发表演讲时提出了"物理产品的虚拟数字化表达"，即数字孪生概念。信息物理系统和数字孪生概念的提出，表达了人类通过搭建一个能够映射物理世界的网络空间，利用数字化技术在网络空间构筑对应的虚拟数字世界的愿景。通过在物理空间、社会空间和网络空间反馈机制的建立，实现对物理和社会空间的模拟和仿真、控制和优化。

随着新一代信息技术的发展，搭建网络空间以构建一个与物理和社会世界存在互动和融合关系的数字世界的设想逐步变成现实。2011年，美国空军研究实验室和美国国家航空航天局（NASA）合作提出构建未来飞行器数字孪生体的想法，把数字孪生界定为一种面向飞行器或系统的高度集成的多物理场、多尺度、弓概念的仿真模式，能够利用物理模型、传感器数据和历史数据模型，映射实体的功能、实时状态及其演化趋势。2013年，在汉诺威工业博览会上，德国提出了"工业4.0"概念。"工业4.0"研究项目是德国联邦教研部与联邦经济技术部联合资助的，在德国工程院、弗劳恩霍夫协会、西门子公司等德国学术界和产业界的建议和推动下形成的制造业发展战略。所谓"工业4.0"是指利用信息物理系统（cyber-physical system，CPS）将生产中的供应、制造、销售信息数据化和智能化的基础上，实现快速、有效和定制化的产品制造。2012年，美国通用电气提出了"工业互联网"概念。工业互联网将工业系统与先进计算、智能分析、感知技术和互联网相互融合，为企业和产业发展提供新的增长机遇。无论是"工业4.0"，还是工业互联网，核心元素都是通过信息物理系统和数字孪生，实现制造业的数字化和智能化。为了抓住新一代信息技术带来的机遇，2015年5月，中国发布了《中国制造2025》，全面推进制造强国战略。《中国制造2025》的着眼点在于通过信息技术与制造技术深度融合的数字化、网络化和智能制造，实现中国制造的转型升级。

信息物理系统和数字孪生概念源于制造业，随着数字和人工智能与实体经济融合发展进程的加速，智慧城市、智慧医疗和智慧农业等正在成为新的应用场景。例如，数字建造英国中心颁布的《英国国家数字孪生体原则》，试图通过国家级数字孪生体构建原则，将分散在社会各个部门的数字孪生体连接，释放数字资源整合后的附加价值。

二、作为战略资源和关键资产的数据

随着信息物理系统和数字孪生从概念到技术集成架构演化再到实践应用，物理空间、社会空间和网络空间的相互交融，推动着数据和计算的资源化、要素化与资产化。数据和计算成为经济与社会发展的战略资源及关键资产，是数字经济涌现的标志。

从技术角度看，数据资产最早称为数字资产，是指被格式化为二进制并具有所有权和使用权，[①] 存储于网络空间的新型资产。1997年，NASA研究员Michael Cox和David Ellsworth在第八届国际可视化学术会议（IEEE）上率先提出"大数据"术语。随着包括Web 2.0在内的新一代信息技术的发展，大数据概念逐步被社会广泛认可。

在大数据时代，数据取代数字成为讨论问题的焦点。作为物理空间和社会空间存在物的映射，数据存在于网络空间。数据是指网络空间的所有存在物。网络空间不仅指计算机网络和物联网，而且包括广电网络、通信网络和卫星网络在内的所有人造网络和设备构成的虚拟空间。网络空间不仅是真实存在的，而且随着物与物、物与人和人与人相互连接进程的加速，无论是数据的维度，还是数据的规模，都是不断扩张的。作为网络空

---

① TOYGAR A, ROHM C E T J, ZHU J. A new asset type: digital assets [J]. Journal of International Technology & information Management, 2013, 22 (4): 22.

间对物理和社会空间存在物的映射，网络空间的存在物包括所有以二进制形式储存的文本、声音、记录、图像、照片和视频等不同类型的数据。

数据具有物理属性、存在属性、信息属性①和价值属性。物理属性是指数据是以二进制形式在存储介质中的客观存在。数据的存在属性是指数据以人类可感知的形式存在。数据的信息属性是指数据经过挖掘、分析和解释会产生含义。数据的价值属性则是指数据能够创造经济和社会价值。其中，数据的物理属性和存在属性是被感知的基础，而数据的信息属性和价值属性是数据的表现。

数据的物理、存在、信息和价值属性决定了数据不仅是稀缺的战略资源，而且是企业从事经营和财富创造的关键资产。数据的价值属性集中表现在两个方面：①经过挖掘、整理、分析和处理，数据转化为信息，为提高决策和资源配置效率提供决策前提；②经过分析和处理，数据转化为知识，尤其是在大数据时代，隐藏在海量数据中的知识，为新知识的重组和创造提供了条件。

与空气和水不同，数据不是自然资源，而是人类劳动创造的资源，是技术创新的产物。作为对物理和社会空间存在物的映射，无论是数据的产生和存储，还是数据的分析和利用，都是物质资本和人力资本投入的结果。同时，作为稀缺资源，数据完全符合经济学对资产的定义。② 同时，与一般意义的资产不同，数据资产是人类经济和社会活动的产物。在利用数据资产创造社会财富的过程中，数据资产不仅不会减少，而且会持续增加。因而，数据资产具有明显的共享和报酬递增特征。

联合国发布的《2019 年数字经济报告》指出："在收集、使用和分析大量机读资料的能力推动下，数字经济继续以极快的速度发展。这些数据来自在各种数字平台上开展的个人、社会和商业活动的数字足迹。代表数据流的全球互联网协议（IP）流量从 1992 年的每天约 100 千兆字节（CB）增长为 2017 年的每秒 45000 千兆字节。……到 2022 年，全球互联网协议流量预计将达到每秒 150700 千兆字节。"作为资产和资源的数据，随着新一代信息技术和网络空间发展不断积累，为社会生产力的跃升创造了

---

① 朱扬勇，熊赟. 大数据是数据、技术，还是应用 [J]. 大数据，2015, 1 (1)：71-81.
② 经济学含义的资产是指会计主体由过去的经济业务或事项形成的、由会计主体控制的、预期能够带来经济利益流入或产生服务潜力的经济资源。

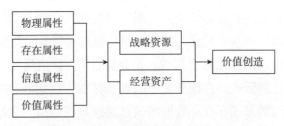

图 1-1 作为战略资源和经营资产的数据

条件。

数字经济的发展促进了经济增长。数据不仅可以创造财富，而且可以解决社会问题，为经济和社会的可持续发展做出贡献。数字经济的发展正在改变世界经济发展的格局。联合国《2019 年数字经济报告》同时指出："数字经济的经济地理没有显示出传统的南北鸿沟。它一直由一个发达国家和一个发展中国家共同领导：美国和中国。例如，这两个国家占了区块链技术相关专利的 75%，全球物联网支出的 50%，以及全球公共云计算市场的 75% 以上。或许最引人注目的是，它们占全球 70 个最大数字平台市值的 90%。而欧洲在其中的份额为 4%，非洲和拉丁美洲的总和仅为 1%。七个'超级平台'——微软，其次是苹果、亚马逊、谷歌、脸书、腾讯、阿里巴巴——占据了总市值的三分之二。"

尽管数据具有战略资源和资产属性，但是把数据真正转化为价值创造的过程需要信息技术的持续创新和进步。从数字经济发展的实践看，在以数据和计算作为"关键生产要素"进行价值创造的过程中，先后经历了消费互联网和产业互联网两个发展阶段。因为技术进步的限制，受数据维度、挖掘和分析深度的影响，在两个发展阶段出现了不同的商业模式，影响和决定数字技术与经济社会融合发展的进程。

三、从消费互联网到产业互联网

数字经济发展的第一阶段是以消费互联网为应用场景。随着 Web 2.0 技术的发展和应用，以及交易、社交、媒体和众包平台的兴起，实现了数据的实时在线和可共享。海量数据的产生为数据挖掘和分析创造了条件。在消费互联网阶段，网络空间与物理和社会空间的互动，表现为作为生产者和消费者中介的互联网平台的兴起与功能的发挥。作为战略资源和关键资产，数据首先被应用于生产者和消费者的精准匹配。

平台的海量数据沉淀为实现生产者和消费者之间精准匹配创造了条件。在追求快速和低成本精准匹配过程中，催生了包括大数据、云计算和人工智能在内的数字和人工智能科技产业的发展。与新一代信息技术创新和发展相伴的是阿里巴巴、腾讯、百度、猪八戒网和今日头条在内的消费互联网领域平台经济和平台主导的创新生态系统获得高速发展。

以精准匹配为主导的消费互联网商业模式在推动数字经济发展的同时，逐渐暴露出固有的局限性。交易、服务领域的低维度数据使网络空间仅仅与物理和社会空间发生相互作用，难以实现深度融合。而物理和社会空间与网络空间的深度融合，需要基于信息物理系统和数字孪生实施框架的包括物联网、5G、区块链、云计算和边缘计算在内的数字和人工智能技术的进一步发展。

与消费互联网阶段的精准匹配商业模式不同，数字孪生是要在网络空间创造一个与物理和社会空间存在物的高保真虚拟模型，模拟网络空间的存在物在现实世界中的活动并做出反馈。通过物理空间、社会空间和网络空间的高度融合，实现网络空间的模拟仿真、功能优化、精确预测和智能维护，从而提高社会生产力的水平。

数字孪生的目标是为物理和社会空间中包括元素、组件、产品和系统在内的存在物提供全面的物理和功能刻画与描述。其中首要任务是创建高保真虚拟模型，真实地再现物理和社会空间存在物的几何形状、物理属性、行为方式和互动规则。存在于网络空间的虚拟模型不仅与物理和社会空间的存在物在物理结构和特征上保持高度一致，而且能够模拟物理和社会空间存在物的时空状态、功能、行为模式和互动规则。在此基础上，通过网络空间数字虚拟模型的模拟实验和优化操作，实现对物理和社会空间的反馈，从而实现控制和干预的目的。尤其是在对社会空间活动的模仿和仿真过程中，为机制设计和制度实验创造了新的可能。同时，网络空间、物理空间、社会空间之间不仅存在着静态的一一对应关系，而且存在着动态演化关系，实现了网络空间实时在线映射物理空间和社会空间的变化。

从实践发展前沿看，目前数字经济的发展正处于第二阶段，即产业互联网的启动阶段（如图 1-2 所示的第 II 阶段）。在这一阶段，在数字和人工智能技术进步的推动下，网络空间与物理和社会空间开始出现融合趋势。推动这一趋势发展的来自两股力量：①消费互联网向产业互联网的延伸；②基于信息物理系统和数字孪生技术架构指引下的产业互联网发展。其中，代表性产业是智能安全防范系统（简称安防系统）和淘宝特价版带动的产业数字化发展。依赖分布广泛的安全监察网络（简称安监网络），通过包括高清摄像头、视频数据结构化、云计算和边缘计算结合在内的技术创新，智能安防产业实现了网络空间与物理和社会空间的初步融合，为智能安防和智慧城市建设创造了条件。① 淘宝特价版是阿里巴巴在 2020 年3 月 26 日推出的产品销售平台。与传统的淘宝不同，淘宝特价版上线的全部是实际生产厂家，通过 C2M 模式进行产品在线销售。在某种程度上，C2M 模式销售的产品不是一般意义的"上网"，而是试图通过线上和线下的数字化协同，实现产品的个性化定制。近年来，数据中台概念的提出，成为推动第二阶段数字经济发展的重要支撑。

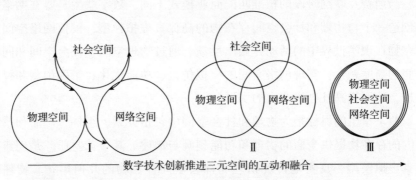

图 1-2　数字技术创新与网络、物理和社会空间的互动和融合演进

受现有技术的限制，包括智能制造和智慧医疗在内的智能科技产业的发展尚处于探索阶段。智能制造是一个包括产品设计、生产制造、物流仓储和维护服务在内的复杂系统，不仅包含多个环节，而且需要内部和外部多元主体的参与。从数字孪生的层次结构看，智能制造包括单元级、系统级和复杂系统三个层级的系统。② 其中，单元级是参与制造活动的最小单位，例如，单一设备、物料，甚至是环境因素。在单元级的基础上，通过

---

① 从实际调查的情况看，除了云计算平台之外，智能安防和智慧城市的主要推动者是由传统安防类企业转型升级而来的智能安防企业。例如海康威视、浙江大华和宇视。

② 陶飞、戚庆林、王力翚、A. Y. C. Nee. 数字孪生与信息物理系统——比较与联系［J］. Engineering, 2019（4）：653-661.

工业互联网，多个单元级数生孪生体的相互连接，构成系统级数字孪生系统。在系统级的基础上，通过构建智能服务平台，实现系统级之间的跨系统互联和协同，形成复杂系统级的数字孪生体。

随着包括 5G 技术在内的数字和人工智能技术的发展，基于数字孪生框架的技术集成和协同，通过复杂系统级数字孪生体的构建，逐步实现数字和人工智能技术与经济社会的深度融合。数字经济发展将步入第三阶段，通过网络空间的模拟仿真，实现经济社会活动的优化和社会生产力的极大提升。

四、与数字科技革命相适应的组织和制度创新

作为新技术经济范式，数字经济发展不仅包括技术，而且包括组织和制度变革。在数字经济发展的消费互联网阶段，组织创新集中表现为平台的兴起和"平台+中小企业+开发者+应用场景"新型组织形态的发展。在新型组织形态中，平台在基础和技术层面上实现数字和人工智能核心技术的创新和积累，为中小企业和开发者提供数据、技术、云计算和资金支持，中小企业和开发者充分利用平台提供的各种支持，以需求为应用场景，加速数字和人工智能技术在具体场景中的应用，推动数字和人工智能技术与经济社会融合发展。平台主导的创新生态系统成为数字和人工智能技术产业化的基本组织形态。

随着从消费互联网阶段向产业互联网阶段的转变，数字经济的组织形态正在发生变化。其中，与融合产业发展相关的数据生态和专用性技术体系是数字经济组织形态变化的重要决定因素。例如，在智能安防产业的发展中，围绕着数据生态优势的构建和专用性技术体系的形成，与市场需求靠近的技术方案集成商发挥着重要作用。从数字孪生架构在智能制造业的应用看，未来的组织形态是分层级的。与单元级、系统级和复杂系统级的数字孪生体的演进相适应，组织形态将表现出更加复杂的演化趋势。

在组织形态变革的同时，制度变革是数字经济发展的重要保障。在数字经济发展中，目前遇到的与制度变革相关的问题主要集中在数据产权、数据要素市场和数据治理问题。数据产权清晰是数据资产的前提。在此之上，建立运行良好的数据要素市场和数据治理体系，才能保证数字经济的健康发展。

第二节 数字经济与现代化经济体系建设

一、基于第四次工业革命的现代化经济体系建设

2017 年，党的十九大报告中首次明确提出："我国经济已由高速增长阶段转向高质量发展阶段，正处在转变发展方式、优化经济结构、转换增长动力的攻关期，建设现代化经济体系是跨越关口的迫切要求和我国发展的战略目标。必须坚持质量第一、效益优先，以供给侧结构性改革为主线，推动经济发展质量变革、效率变革、动力变革，提高全要素生产率，着力加快建设实体经济、科技创新、现代金融、人力资本协同发展的产业体系，着力构建市场机制有效、微观主体有活力、宏观调控有度的经济体制，不断增强我国经济创新力和竞争力。"作为经济发展的战略目标，建设现代化经济体系是新的高质量发展阶段经济转型升级的方向。深化供给侧结构改革、加快建设创新型国家、实施乡村振兴战略、实施区域协同发展战略和推动形成全面开放新格局，是建设现代化经济体系的战略支撑。

建设现代化经济体系的前提是找到驱动经济转型升级高质量发展的动力之源。无论从全球还是中国经济发展的趋势来看，第四次工业革命与中国经济转型升级的共生共融，是现代化经济体系建设的逻辑主线。作为第四次工业革命的引擎，发展数字和人工智能科技产业是推动现代化经济体系建设和实现高质量发展的关键抓手。

对于第四次工业革命，政府、学术界和产业界的共识是继蒸汽技术、电力和石化技术、计算机及信息技术之后新的科技革命。其中，物理信息系统的出现是第四次工业革命的基石。物理信息系统将数字技术与软件、传感器和纳米技术相结合，通过生物、物理和数字技术的融合提高社会生产力水平，变革我们所处的世界。因而，第四次工业革命是基于网络空间技术的科技革命。

数字化和智能化是中国经济转型升级过程中创造的内生性需求。改革开放以来，我国经济先后经历了三个主要的发展阶段。第一阶段是以农村工业化为主导的发展阶段。这一阶段经济发展的内生驱动力是短缺经济条

件下居民日常消费品的需求。通过国有企业的技术扩散和国外标准化生产技术的引进，1999年，中国乡镇企业增加值占国内生产总值的比重达到30%以上。自2000年，中国经济进入以城市工业化为主导的第二个发展阶段。而城市工业化的主要驱动力量来自第一阶段农村工业化催生的对原材料、中间产品和装备制造的需求。通过实施积极的对外开放政策和技术引进，我国很快实现了重化工业化过程。2006年之后，中国经济进入第三个发展阶段，即数字化和智能化引领的转型升级阶段。其中的标志是互联网在中国的快速发展和阿里巴巴、腾讯、百度和京东等互联网平台的涌现。

随着消费互联网的发展，在数字经济发展方面中国积累了数据生态优势，实现了核心产业部门的发展。网络空间的发展，尤其是互联网平台的发展，使数据和计算逐步成为数字经济的"关键生产要素"。随着互联网、物联网、大数据、云计算和人工智能的发展，数字和人工智能技术与实体经济的融合创造出融合产业部门。核心产业部门与融合产业部门的良性互动，将极大地提高社会生产力水平。

同时，为了适应社会生产力水平的发展，生产关系同样会发生变革，其主要目标是进一步清除制约生产力发展的因素。基于网络空间发展的生产力和生产关系的互动，共同构成了现代化经济体系的基本内涵。因此，现代化经济体系建设是新一代信息技术和网络空间发展的生产力和生产关系重构过程（详见图1-3）。

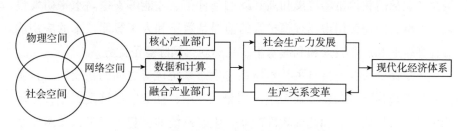

图1-3 数字经济与现代化经济体系建设

二、中国数字经济发展的内在逻辑

中国数字经济发展的目标是培育和发展基于自主创新、创造自主可控的创新生态系统和新经济形态。自主可控的创新生态系统包括基础层、技术层和应用层三个层次。其中，基础层基础硬件和基础软件技术和产业领域；技术层是数字和人工智能核心技术的研发、产品和服务产业领域；应用层则是数字和人工智能技术与实体经济融合发展过程中创造的产业领域。基础和技术层属于数字经济的核心产业部门，而应用层则属于融合产业部门。三个层次和两大产业部门的良性互动和报酬递增构成了数字和人工智能科技产业的创新循环。

如图1-4所示，数字经济发展的内生动力来自互联网产业和中国经济转型升级的需求。在互联网产业发展和转型升级过程中，创造出中国的数据生态优势。在应用驱动和需求拉动下，数字经济从应用层商业模式创新开始启动，带动基础层和技术层技术创新和专用性技术体系的积累。

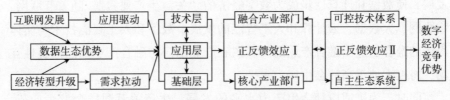

图1-4 中国数字经济发展的逻辑演进图

在数字经济的发展过程中，创新循环出现的关键是正反馈效应的出现，即正反馈效应Ⅰ和正反馈效应Ⅱ。正反馈效应Ⅰ是指核心产业部门和融合产业部门之间创新循环。因为核心产业部门的研发密度非常高，只在融合产业部门获得市场规模和高利润的条件下，才能够支撑高水平研发投入。而融合产业部门市场规模扩张的前提是数字和人工智能技术的应用能够提高企业和产业收入和利润水平，从而获得国际竞争优势。

正反馈效应Ⅱ是指自主技术体系与生态系统优势之间的正反馈。自主技术体系包括硬件和软件两个组成部分。其中，在数字经济发展中，中国的短板是半导体产业和基础软件产业。生态系统的优势可能来自技术体系的优势，但两者之间并不存在完全的对应关系。例如，局部技术获得优势，并不意味着技术体系具有竞争优势。技术体系出现了竞争优势，不意味着生态系统同样具有竞争优势。在有些情况看，即使技术体系拥有优势，但在国际竞争的过程中，可能因为生态系统优势的缺失，缺乏国际竞争优势。例如，20世纪90年代的日本半导体产业。只有在自主技术体系和生态系统之间出现正反馈和形成创新内循环的条件下，才能最终获得竞争优势。在某种意义上，这已经不是技术的问题，而是政治经济学范畴的问题。

第三节　数字经济发展面临的新挑战和新机遇

一、技术封锁与自主可替代创新生态建设

与工业经济相比，数字经济发展受截然不同的规律支配。其中，报酬递增是数字经济发展的基本规律。而报酬递增规律发挥作用的关键是生态系统的形成和发展。对产品和服务的市场竞争而言，其性价比是决定竞争结果的关键因素。但是在数字经济发展中，决定市场竞争胜负的关键是包括算力、算法和数据在内的技术体系和创新生态系统。其中，芯片等基础硬件、基础软件和互联网产业的发展，不仅决定着算力和算法，而且决定着数据生态优势的形成。

作为通用技术，在初始阶段，新一代信息技术的创新是高度不确定性的。对于一国或地区而言，数字经济竞争优势往往源于包括关键硬件、基础软件和互联网产业发展在内的先发优势。在报酬递增规律支配下，先发优势通过标准化、知识产权、产品、服务和解决方案的完善，逐步形成相对完备的技术创新体系。依托技术创新体系优势，通过上下游产业链和利益相关者的联盟，形成主导设计，锁定技术发展路径，形成相对固化的创新生态系统。随着生态系统的出现，决定市场竞争成败的不再是技术和产品本身，而是基于技术体系的利益联盟。

一旦主导设计和技术发展路径被锁定，不同国家或地区就被划分为先发者和后发者。在经济和技术全球化时代，依托技术领先优势，先发国家或地区占据国际价值链的高端，主导全球创新循环系统，是高价值创造者；后发国家或地区则依托比较优势，参与国际价值链的低端活动，属于全球创新循环系统的需求市场和低价值创造者。在这种背景下，先发国家或地区的技术垄断和封锁，成为抑制后发国家或地区技术创新和从事高价值创造活动的关键因素。

从发展的现状和趋势看，从台式电脑到智能手机时代，"Wintel"和

"高通+Android+iOS"是消费互联网时代最具竞争优势的创新生态系统。随着产业互联网时代的到来，新的数字经济生态系统正在形成。近年来，中国企业充分抓住技术变革的机遇，通过自主创新和技术突破构筑新的技术领先优势，试图打破数字经济原有生态系统的垄断，构建自主可替代的生态系统，重塑全球价值链。美国对中国企业技术封锁的一系列事件表明，通过弥补短板，形成自主可替代的创新生态系统和构筑全球创新循环系统，是中国发展数字经济的必然选择。

长期以来，中国都是美国技术封锁的目标。从2018年开始，美国对中国的技术封锁锁定在信息、数字和人工智能技术领域。尤其是在包括芯片在内的核心硬件和基础软件领域的技术封锁，试图阻止中国在第四次工业革命中的技术发展步伐。面对新一轮技术封锁，无论是政府还是产业界和学术界都充分认识到，所谓"自主创新"不仅指在某项技术上的突破，还指构筑包括基础研究、应用开发和产业化发展在内的自主可控的生态系统和创新循环体系。尤其是在数字经济发展中，通过自主创新构建新的技术生态系统，成为政府和产业界的共识和努力的方向。其中，以华为为代表的生态系统建设成为我国建设自主可控生态系统的典范。

2018年，美国政府在发布了《美国国家安全战略报告》《美国国防战略报告》和特朗普总统《国情咨文》都明确把中国定位为美国的"主要战略竞争对手"，从而拉开了美国对中国包括数字和人工智能技术在内的高新技术领域实施技术封锁的序幕。① 继中兴、晋华事件之后，华为成为美国技术封锁的重点。

2019年5月16日，美国商务部以国家安全为由，把华为公司及其70家附属公司列入管制"实体名单"，禁止美国企业向华为出售相关技术和产品。2019年5月20日，谷歌暂停与华为的业务合作，不再向华为授权提供谷歌移动应用服务。同时，谷歌表示未来华为将只能使用安卓手机操作系统的开源公共版本。接着，包括英特尔、高通、赛灵思和博通在内的

---

① 在2018年11月19日（美国当地时间）美国商务部工业安全局出台的一份针对关键新兴、基础技术和相关产品的出口管制框架中，清晰地罗列出可能影响美国国家安全的14类新兴和基础技术。具体包括：生物技术；人工智能（AI）和机器学习技术；定位、导航和定时（PNT）技术；微处理器技术；先进计算技术；数据分析技术；量子信息和传感技术；物流技术；增材制造；机器人；脑-机接口；高超音速空气动力学；先进材料；先进的监控技术。

美国芯片设计和生产企业开始停止向华为供货。

2020年5月15日，美国商务部工业与安全局（BIS）公布了出口管制条例（EAR）的修改计划，期望通过限制华为使用美国技术、软件进行半导体设计和制造，以实现对华为芯片上游供应链的全面制裁。根据BIS的要求，所有使用美国技术的厂商，向华为提供芯片设计和生产都必须获得美国政府许可，包括任何利用美国软件工具完成的华为或海思设计的芯片和产品生产都需要获得美国许可。① 从目前的情况看，几乎没有任何一块芯片可以完全不使用美国设备或软件技术而被生产制造出来。如果新版EAR最终生效，华为的所有芯片，无论是手机芯片、服务器芯片、电源管理芯片、机顶盒芯片都将受到美国管制。同时，台积电、三星、联发科和展讯等使用美国软件、设备和技术的芯片厂商都将受到影响。2020年5月15日，作为华为高端芯片主要代工企业，台积电在官网正式宣布，计划投资120亿美元在美国兴建和运营一个先进的晶圆厂。

从美国出台的一系列政策看，其对华为的技术封锁是全方位的，不仅包括从芯片和关键零部件，而且包括核心软件。面对严格的技术封锁，华为开始了自主可替代的"去美国化"过程，实现了从芯片到关键零部件供应再到移动服务生态的突破。通过构建基于自主创新的全球创新网络，创造了中国数字和人工智能科技产业发展的新道路。

华为技术有限公司创建于1987年。经过几十年的发展和技术积累，华为已经发展为全球领先的信息与通信技术（ICT）解决方案供应商。2018年2月，华为和沃达丰完成首次5G通话测试。2019年8月9日，华为正式发布鸿蒙系统。2019年9月6日，华为发布业界首款5G集成芯片麒麟990。依托在芯片、操作系统和5G技术领域的领先优势，通过自主可替代生态系统的建设，华为在突破美国技术封锁的同时，引领中国数字和人工智能科技产业的发展。

为了应对美国的技术封锁，华为首先通过自主研发结合国产供应商模式，取代并摆脱美国零部件供应链。从近期发布的华为P40系统的零部件供应商名单可以看出，绝大部分零部件均为国产，部分来源于日本，美国

---

① 这一对华为技术封锁的升级措施，将影响到包括台积电在内的使用美国技术的美国之外的企业为华为提供技术和产品。

供应商则被完全取代，打造出"无美供应链体系"的雏形。例如，屏幕为京东方供应的 OLED 柔性屏幕，指纹识别组件由汇顶科技、欧菲光、丘钛科技三家国内供应商提供，镜头模组的核心零部件来自索尼、舜宇光学和关东辰美等多家供应商，电池由欣旺达和德赛电池供应，无线充电组件由信维通信供应，声学器件由歌尔股份和瑞声科技供应。除了大量采用以国产零部件取代美国供应渠道的同时，华为自主设计研发的麒麟系列芯片得到了迅速发展，目前华为已经成为唯一一家完全不需要采购高通芯片，而是采用完全自主芯片的中国手机厂商。自主研发结合国产供应商的零部件供应体系的发展，不仅能够打破美国的技术封锁，而且为国产零部件企业的发展创造了条件。

受到谷歌禁止华为使用 GMS 的制约，华为在海外市场销售的手机将不能使用包括 Gmail、Youtube、Google Pay 和导航在内的移动服务系统，影响到华为手机的海外销售市场。根据市场研究公司 Canalys 的报告，2020年第一季度在全球智能手机市场上，华为因为缺少能够搭载谷歌 GMS 服务的新机，导致海外出货量暴跌 35%。

为了应对 GMS 限制对海外市场的冲击，2019 年 5 月开始，华为开始积极构建自主 HMS 移动服务生态系统，计划在短期内能够把包括导航、支付、游戏和信息服务在内的大部分关键应用程序准备好，为海外智能手机用户提供服务。2020 年 4 月 1 日，华为宣布 P40 系列搭载自己的软件服务生态——HMS 服务以及 AppGallery 商店，全面舍弃谷歌的 GMS 服务。华为 HMS 整合了自研芯片、设备和云功能，包括完整的 HMS 核心服务产品组合，以及用于开发和测试的相关 IDE 工具平台，包括用于华为设备的关键应用程序。与 GMS 服务相比，因为 HMS 起步晚，AppGallery 应用程序的数量与 Play 商店还存在相当大的差距。同时，为了服务海外用户，华为与英国和欧洲国家的企业合作，在 P40 系列手机中，上线包括 News UK 旗下的 talkSPORT、The Sun 等旗舰应用和 BBC 在内的全球优质新闻、视频和音乐资源。据华为官方网站宣称，目前 HMS 的下载量已经突破 1800 亿次，其中，海外下载量是国内的 20 多倍。华为 HMS 已经成为全球第三大应用市场，华为已经成功地迈出鸿蒙系统生态发展的第一步。

为了构建自主鸿蒙系统，2019 年 8 月 31 日，在 HDC2019 华为开发者大会之前，华为方舟编译器（ark compiler）开源官网正式上线。方舟编译器是华为推出的首个完全自主研发的编译器平台，包括编译器、工具链、运行时等关键部件，支持多种编程语言、多种芯片平台的联合编译与运行，能够有效地解决安卓程序"边解释边执行"的低效率问题。

在重点建设 HMS 和鸿蒙生态系统的同时，华为还依托在存储芯片和 5G 技术领域积累的优势，通过相应生态系统的建设推动数字和人工智能技术的应用。其中，基于华为鲲鹏处理器和鸿蒙操作系统，打造包括虚拟化、大数据平台、存储、数据库、中间件、云服务和管理服务在内的软件生态体系，成为华为云计算服务发展的重点领域。通过在全国各地推广打造鲲鹏产业生态基地，华为通过聚合伙伴、应用示范，产业人才培养，孵化产业标准制定，全力建设鲲鹏产业生态系统。同时，围绕鲲鹏技术体系，华为打造了集技术支持、知识共享和产业互助为一体的鲲鹏社区，与客户、伙伴、开发者共建开放共赢的鲲鹏生态，致力于加速鲲鹏的产业化进程。

随着国家新型基础建设计划的推出，2020 年 5 月，华为与汽车制造商合作构建支持 5G 的汽车生态系统。华为在 2019 年推出了首款 5G 通信硬件——MH5000 模块，计划将汽车 5G 网络技术商业化，推动智能汽车运输领域的革新。作为支持 5G 汽车生态系统的一部分，华为将为一汽集团、比亚迪、T3Mobility 和其他汽车制造业提供"可以用来测试支持 5G 车辆的技术"。

除了华为，包括中科龙芯、银河麒麟、阿里云、腾讯云、京东和科大讯飞在内的数字经济基础层和技术层企业，都在制定和实施基于核心技术的自主可控生态系统发展战略。与消费互联网时代 BAT 构建的应用层次创新生态系统不同，以华为代表的数字经济技术生态建设属于基础层，涉及数字经济的整体架构。可以预见，随着政府和产业界在基础研究、应用开发和产业发展三个环节的不断努力，以中国为引领的数字技术和经济发展新生态将在未来涌现，成为推动全球数字经济发展的重要力量。

2020 年 3 月 13 日，波士顿咨询集团（Boston Consulting Group，BCG）发布报告称，在中美贸易摩擦背景下，美国对中国半导体企业施加广泛的单方面出口限制可能会事与愿违。BCG 对未来限制的两种情形进行的预判（即维持现状和技术脱钩），认为如果中美事实上技术脱钩，将可能会导致美国半导体行业全球市场份额下降 18%，行业收入下降 37%，研发支出减少60%，就业岗位减少12.4万个，从而打破半导体行业良性创新循环，美国最终将因此失去全球领导地位。韩国短期内可能超过美国成为世界半导体领先者，但从长远来看，中国经过短期阵痛调整，最终可能取得半导体行业领导地位。

二、新冠肺炎疫情冲击为数字经济发展创造了特殊应用场景

2020年3月11日被世界卫生组织（WHO）正式宣布新型冠状病毒肺炎（简称新冠肺炎）为"全球大流行"疾病。作为突发公共卫生事件，新冠肺炎疫情给中国和世界经济带来了巨大的冲击。如何有效防控疫情和重新恢复经济秩序，成为2020年中国和世界共同面对的问题。

新冠肺炎疫情的暴发为人类安全和全球经济发展敲响了警钟。经济合作与发展组织（OECD）在2020年3月初的预测表明，如果中国疫情峰值出现在第一季度，并且在其他国家暴发为可控的条件下，2020年全球GDP增长率将下降到2.4%，中国GDP增长率将同比下降至5%以下。[1] 截至2020年3月26日，新冠肺炎病毒已在全球超过199个国家和地区出现，[2] 大大增加了全球经济发展的不确定性。国际货币基金组织（IMF）预测全球经济增速将下滑至2.5%以下。

2020年2月14日，在中央全面深化改革委员会第二次会议上，习近平总书记指出："要鼓励运用大数据、人工智能、云计算等数字技术，在疫情监测分析、病毒溯源、防控救治、资源调配等方面更好发挥支持作用。"在疫情防控过程中，各级政府、医疗机构、科技部门和企业积极行动，把大数据、云计算和人工智能技术不断应用到疫情监测、医疗救治、人员管控和经济秩序恢复之中，为疫情防控的常态化和实现经济和社会发展奠定了坚实的基础。

在这场新冠肺炎疫情防控战中，大数据、云计算和人工智能不仅在疫情防控领域得到应用，而且成为减缓疫情对经济冲击和有效恢复正常经济秩序的重要手段，起到了经济发展稳定器的作用。在某种意义上说，新冠肺炎疫情为数字和人工智能发展创造了一个特殊的应用场景。

---

[1] OECD Interim Economic Assessment Coronavirus：The world economy at risk. 2 March 2020.

[2] WHO Novel Coronavirus（COVID-19）Situation Dashboard. 23 March 2020.

从实际进程看,在新冠肺炎疫情防控过程中,数字和人工智能技术被广泛应用于包括疫情分析展现、疫情防范管制、医疗医治增效、生活便民服务和复工复产管理在内的诸多应用场景。[①] 通过应用场景的开放,在助力疫情防控的同时,加速了数字和人工智能技术的落地和推广,为数字经济的未来发展创造了条件。

在疫情防控过程中,企业积累的核心技术能力得到了有效应用和释放。例如,图像识别、智能外呼、知识图谱、群体智能和安全多方计算在内的技术被广泛地应用于疫情防控。[②] 百度基于 AI 图像识别技术和红外热成像技术,研发了 AI 体温检测系统,通过人群额部温度的快速筛选提供疫情预警服务。同时,百度提出的"疫情防控免费智能外呼平台",可以提供为流动人员排查、本地居民排查、特定人群通知三大场景的外呼服务,为政府的疫情管控提供技术支持。

除了疫情管控,数字和人工智能技术被广泛地应用到包括病情诊断、医疗辅助、基因检测和疫苗研发在内与医疗和护理直接相关的应用场景。百度研究院向各基因检测机构、防疫中心和全球科学研究中心免费开放线性时间算法 LinearFold。LinearFold 算法将新冠病毒基因组二级结构预测从经典算法的 55 分钟缩短至 27 秒。荣之联为中国疾控中心提供大数据计算和存储资源,以保证大规模并行样本分析、数据保存和管理。

为了提高诊断速度,人工智能应用到辅助诊断,大大缩短了确诊时间。2020 年 2 月 1 日,浙江省疾控中心上线自动化全基因组检测分析平台,利用阿里巴巴达摩院研发的 AI 算法,不仅能够有效地缩短疑似病例基因分析时间,而且能够精准检测出病毒的变异情况。科大讯飞的智医助理为安徽省内基础医院提供线上分析能力,以发热、咳嗽、呼吸困难、流行病学史、影像学、血常规为指标挖掘病历内容,筛选潜在患者,为地方政府提供决策参考。作为人工智能初创企业,推想科技提出了 AI 系统帮助影像科医生更有效地排查和筛选疑似患者。人工智能技术在疾病诊断中的应用主要解决了两个问题:①在缺少病毒检测试剂盒的条件下,能够加速早

---

① 中国信息通信研究院云计算与大数据研究所 . 疫情防防止中的数据与智能应用研究报告 [R]. 2020.

② 中国信息通信研究院云计算与大数据研究所 . 疫情防防止中的数据与智能应用研究报告 [R]. 2020.

期患者的排查；②对缺乏经验和医疗诊断力量的基层医疗机构提供帮助。

除了在疫情监控和医疗领域的应用，在数字和人工智能技术的支持下，线上经济和非接触经济的发展为经济的稳定运行做出了贡献。在疫情期间，电商平台通过与线下超市相结合，有效地解决了就近服务当地居民的目标。例如，盒马生鲜、叮咚买菜、每日优鲜、美团买菜、天猫超市、永辉买菜、京东到家，通过选择与当地线下超市门店的合作，为客户提供无接触配送服务。在降低面对面接触带来的感染风险的同时，满足了居民日常生活的需求。在广大的农村地区，依托电子商务平台，通过对农村商业的数字化服务和技术赋能减缓了疫情对农村商业活动的冲击。同时，电商平台对接农产品的生产和销售，同样减少了疫情对农业生产和销售的影响。根据国家统计局资料显示，2020 年第一季度，网上零售增速加快，全国实物商品网上零售额同比增长 5.9%，比同期社会消费品零售总额增速提高 24.9 个百分点，占社会消费品零售总额的 23.6%，比上年同期提高 5.4 个百分点。

在疫情期间，包括线上教育、线上会议、线上办公和线上会展在内的线上经济和非接触经济的发展，成为数字和人工智能技术的重要应用场景。杭州和深圳率先运用"健康码"技术进行疫情期间的出行管理，推动复工复产工作。"健康码"是以真实数据为基础，由居民或者返工返岗人员自行通过网上申报，经后台审核后，即时生成的属于个人的二维码。"健康码"分为三种：绿码可以直接通行，红码集中隔离 14 天，黄码隔离 7 天以内。"健康码"在浙江等地区得到有效实施后，在国务院办公厅电子政务办的指导下，腾讯和支付宝推出了在全国范围内用于疫情防控的健康信息码。无论是当地居民还是返工返岗人员都可以通过支付宝和微信平台自主申报获取健康码，作为本人在当地出入通行的电子凭证。当地政府、企业和其他机构根据"健康码"对人员进行分类分级管理。

阿里钉钉、腾讯会议、百度 Hi 企业智能远程办公平台和字节跳动飞书等的会议和远程办公软件在远程办公和会议上发挥了重要作用，而且为远程教学提供支撑。2020 年 2 月 11 日，百度 Hi 企业智能远程办公平台，对外开放，免费为湖北等疫区企业提供包括高清音视频会议和企业云盘在内的各项服务，满足政府机构和企业在疫情期间的远程办公需求，支持企业实现快速复工和复产。阿里巴巴的"钉钉"在支持在线课堂的同时，开发出高清视频会议、健康打卡和紧急通知功能。华宇软件则为包括法院、检察院、政法委、司法行政等法律业务场景提供云视频服务和法律视频业务相关服务的整体解决方案。

在数字和人工智能技术的支持下，疫情对中国经济的冲击表现出明显的结构性特征。从国家统计局公布的 2020 年第一季度各项经济指标看，[①]我国 GDP 为 206504 亿元，按不变价格计算，比上年同期下降 6.8%。其中，第一产业增加值 10186 亿元，下降 3.2%。第二产业增加值 73638 亿元，下降 9.6%。第三产业增加值 122680 亿元，下降 5.2%。疫情对第一产业的影响较弱。

首先，从第三产业的内部看，受新冠肺炎疫情冲击最大的领域是包括餐饮、住宿、旅游和娱乐在内的一般性服务业。而对包括物流和信息服务在内的现代服务业而言，疫情带来的冲击较小，甚至成为发展的促进因素。2020 年第一季度，网上会议、线上交易、在线教育等促进信息传输、软件和信息技术服务业增加值同比增长 13.2%，出现了快速增长的局面。

其次，新冠肺炎疫情对制造业的冲击表现出两个方面的特征。一方面对需求和供给都存在冲击。与一般经济危机主要冲击市场需求不同，在新冠肺炎疫情冲击下与防疫有关的物质反而出现市场需求激增。而供给侧冲击则集中表现为复工复产问题。另一方面暴露出我国制造业在全球价值链核心技术环节的短板和不足。从国际市场迫切需要的防疫物资的生产来看，包括呼吸机在内的重点产品关键零部件正在面临断供风险。到目前为止，包括电子信息在内的重要产业的全球价值链核心和关键产业部门基本都掌握在美国、欧洲、日本和韩国手中。在关键零部件断供的条件下，即使我国能够控制疫情并顺利实现复工复产，但是经济同样可能难以顺利实现真正的复苏。

最后，为现代服务业的发展提供了机遇。例如，在重资产的电子信息制造业行业可能存在产业链断供风险的同时，轻资产的软件与信息技术服务行业却迎来了发展的新机遇。软件与信息技术服务业主要依赖高端人力资源，从业人员在家远程办公即可完成相关产品的开发。同时，包括信息

---

① 赵同录．一季度经济受疫情冲击影响显现长期向好发展趋势没有改变．中国经济网，2020-04-19.

服务、互联网、物联网、大数据、云计算和人工智能在内的新兴产业，表现出强劲的增长态势，成为经济的新增长点。

在新冠肺炎疫情的冲击下，新一轮全球价值链分化整合的窗口开始显现。随着后疫情时代的到来，如何依托数字经济的发展重塑全球价值链，是中国和世界经济发展的重要课题。如果说制造业跨国公司的产品内分工战略是上一轮经济全球化和全球价值链形成的主导者，那么基于网络空间发展的数字经济发展则是新的全球价值链重塑的引领者。对于我国的经济发展而言，率先实现基于网络空间技术革命的生产力和生产关系重构，是引领全球价值链重构的关键。

三、疫情冲击下的战略举措

面对新冠肺炎疫情冲击，在推动数字和人工智能技术广泛应用的同时，进一步催生了包括新型基础设施建设、区块链技术创新和数据要素市场培育在内的新战略举措的出台。随着新战略举措的实施和推进，数字经济将迎来爆发式增长的局面。

2019 年 10 月 24 日，习近平总书记在主持中央政治局第十八次集体学习时强调："区块链技术的集成应用在新的技术革新和产业变革中起着重要作用。我们要把区块链作为核心技术自主创新的重要突破口，明确主攻方向，加大投入力度，着力攻克一批关键核心技术，加速推动区块链技术和产业创新发展。"在国家政策的推动下，区块链技术创新及其应用成为 2019 年数字经济发展的热点领域。

与其他数字技术相比，区块链技术是一种由各节点共同参与共建的共享数据库，存储于其中的数据和信息，具有可追溯性、去中心化、开放性、自治性和匿名性等特征，是数字经济发展的基础设施。作为分布式网络，区块链技术保证在线条件下系统网络具有充分弹性和安全性的同时，能够保证参与者的广泛性和公平性，使数字交易建立在信任的基础上。同时，作为分布式账本，区块链技术使数字账户体系实现数字资产化，为数字产权制度的建立和运行奠定了基础。

为了加快完善社会主义市场经济体制，推动数字经济发展，2020 年 4 月 9 日，中共中央、国务院印发《关于构建更加完善的要素市场化配置体制机制的意见》（简称《意见》）明确提出要加快培育数据要素市场，为数字经济发展提供制度保障。《意见》强调通过推进政府数据开放共享、提升社会数据价值和加强数据资源整合和安全保护，加快数据要素市场的培育。政府数据的开放共享是启动数据要素市场培育的重要举措，"优化经济治理基础数据库，加快推动各地区各部门间的数据共享交换，制定出台新一批数据共享责任清单。研究建立促进企业登记、交通运输、气象等公共数据开放和数据资源有效流动的制度规范"。通过数据的开放共享，提升社会数据资源价值。培育数字经济新产业、新业态和新模式，支持构建农业、工业、交通、教育、安防、城市管理、公共资源交易等领域规范化数据开发利用的场景。发挥行业协会商会作用，推动人工智能、可穿戴设备、车联网、物联网等领域数据采集标准化。加强数据资源整合和安全保护，是提升社会数据资源价值的重要保障。"探索建立统一规范的数据管理制度，提高数据质量和规范性，丰富数据产品。研究根据数据性质完善产权性质。制定数据隐私保护制度和安全审查制度。推动完善适用于大数据环境下的数据分类分级安全保护制度，加强对政务数据、企业商业秘密和个人数据的保护。"

2018年12月19日，中央经济工作会议首次提出"新型基础设施建设"概念，指出"加快5G商用步伐，加强人工智能、工业互联网、物联网等新型基础设施建设"。2019年3月3日召开的两会提出"强化逆周期调节，除了传统基建以外，以5G、人工智能和工业互联网、物联网为代表的新型基础设施建设将承担更为重要的角色"。2019年7月30日召开的中央政治局会议强调"要稳定制造业投资、实施补短板工程、加快推进信息网络等新型基础设施的建设"。2020年1月3日召开的国务院常务会议进一步指出："大力发展先进制造业，出台信息网络等新型基础设施建设投资支持政策，推进智能、绿色创造。" 2020年2月14日召开的中央全面深化改革委员会会议进一步强调"基础设施是经济社会发展的重要支撑，要以整体优化、协同融合为导向，统筹存量和增量、传统和新型基础设施发展，打造集约高效、经济适用、智能绿色、安全可靠的现代化基础设施体系"。2020年3月4日召开的中央政治局常委会明确提出："加快推进国家规划已明确的重大工程和基础设施建设。要加大公共卫生服务、应急物资保障领域投入，加快5G网络、数据中心等新型基础设施建设进度。要注重调动民间投资积极性。"

2020 年 4 月在国家发改委召开的例行新闻发布会上，提出新型基础设施以新发展理念为引领，以技术创新为驱动，以信息网络为基础，面向高质量发展需求，提供数字转型、智能升级、融合创新等服务的基础设施体系。其中，"新基建"的范围主要包括：5G 基建、工业互联网、特高压、城际高速铁路和城际轨道交通、新能源汽车及充电桩、大数据中心和人工智能等。

2020 年 5 月 22 日，李克强总理在 2020 年《政府工作报告》中提到"加强新型基础设施建设，发展新一代信息网络，拓展 5G 应用，建设充电桩，推广新能源汽车，激发新消费需求、助力产业升级"。

从以上七个领域的来看，新型基础设施主要包括三个方面的内容。①信息基础设施。主要指基于新一代信息技术演化生成的基础设施，比如，以 5G、物联网、工业互联网、卫星互联网为代表的通信网络基础设施，以人工智能、云计算、区块链等为代表的新技术基础设施，以数据中心、智能计算中心为代表的算力基础设施。②融合基础设施。主要是指深度应用互联网、大数据、人工智能等技术，支撑传统基础设施转型升级，进而形成的融合基础设施，比如智能交通基础设施、智慧能源基础设施等。③创新基础设施。主要是指支撑科学研究、技术开发、产品研制的具有公益属性的基础设施，比如重大科技基础设施、科教基础设施、产业技术创新基础设施。

新型基础设施建设一方面为新兴技术的创新发展提供应用场景，另一方面为新兴技术的发展及其与经济社会的融合发展提供基础支撑。新型基础设施建设将极大地推动我国网络空间的发展，使数字和人工智能科技的产业化、产业的数字和智能化、城市的数字和智能化成为推动我国经济转型升级的强大推动力。

第二章

中国数字经济的微观结构

为了掌握中国数字经济发展的现状和趋势，本书在系统调查研究的基础上，采用了调查数据和大数据采集相结合的方法，建立中国数字经济企业样本数据库。[①] 通过分析数据库样本企业的属性数据和关系数据，本章阐述中国数字经济发展的基本情况、内在结构和动力机制。

第一节　研究方法和设计

一、样本选择

迄今为止，对于什么是数字经济尚没有统一的定义。存在不同的界定，因此导致对数字经济统计口径和统计结果的差异。目前对数字经济发展规模的统计和测算只存在估计值，例如，联合国《2019 年数字经济发展报告》的估测表明，数字经济规模占全球国内生产总值的比重为 4.5% ~ 15.5%。而中国信通院测算的结果表明，2018 年全球 47 个国家数字经济总规模超过 30.2 万亿美元，占 GDP 的比重高达 40.3%。其中，约半数国家数字经济规模超过 1000 亿美元，美国数字经济规模全球第一，达到 12.34 万亿元，中国数字经济规模位列全球第二，达到 4.73 万亿美元。同时，在国家互联网信息办公室发布的《数字中国建设发展报告（2018）》中，测算中国数字经济规模达到 31.3 万亿元，位居世界前列，占国内生产总值的比重达到 34.8%。

之所以不同的测算方法在结果上表现出如此大的差异，主要是因为数字科技属于通用技术（general purpose technologies），对现实经济存在广泛的渗透性和"间接贡献"。数字经济发展不仅包括 ICT 硬件和软件在内的

---

① 在数据库的建设过程中，感谢天眼查公司提供的帮助。首先，根据数字技术人才招聘的情况，从天眼查企业数据库中筛选从 7190 家准数据企业。其次，根据准样本企业是否研发和生产数字产品和服务、是否存在着持续的业务活动和是否出现公开的融资活动，确定了 6836 家样本企业作为考察中国数字经济发展的基础。

数字化产品和服务的价值，而且包括"间接贡献"，即数字和人工智能科技与经济社会融合发展中创造的价值。

为了更好地刻画和描述数字经济发展的现状、结构、动力和机制，本书直接把数字经济的微观主体——数字企业作为研究对象，研究中国数字经济的发展。这一研究思路的优势集中表现为数据采集更易实现且数据更逼近现实，能够精准把握数字经济发展的微观基础。

为了更好地刻画数字经济的"直接贡献"和"间接贡献"，本书把数字和人工智能企业划分为两类：核心产业部门企业和融合产业部门企业。其中，核心产业部门企业主要包括 ICT 硬件、软件和网络基础设施企业。而融合产业部门则是指数字和人工智能技术与经济和社会融合发展过程中创造的产业部门。融合产业部门中的企业广泛分布在其他产业。

同时，从技术层次划分，本书把筛选的企业样本划分为基础层、技术层和应用层企业。其中，基础层企业主要是为数字经济提供基础硬件、基础软件和网络基础设施服务。技术层企业主要是为数据经济提供核心技术服务。而应用层企业则主要把数字和人工智能核心技术和产品应用于传统产业的企业。其中，核心产业部门主要包括基础层和技术层企业，而融合产业部门则主要包括应用层企业。

不同技术层次和产业部门的企业在数字经济发展中发挥的作用存在差异。其中，平台在数字经济发展中起到举足轻重的作用。联合国《2019 年数字经济发展报告》中指出，平台化是数字经济发展的重要驱动因素。"在过去十年里，世界各地出现了大量使用数据驱动商业模式的数字平台，以平台为中心的企业在数据驱动型经济中具有主要优势。"[①] 除了平台，掌握核心技术的独角兽公司和非初始数字上市公司同样发挥着重要作用。其中，独角兽公司通过与平台和传统产业龙头企业的合作，推动数字技术与实体经济融合发展。而非初始数字企业的上市公司则通过自主研发、兼并收购和合作研发的方式转型发展为数字企业。

为了更精确地刻画和分析中国数字经济的发展，本书进一步将数据库企业样本划分为两个部分：基础样本和核心样本。其中，基础样本企业为

---

① 联合国《2019 年数字经济发展报告》把平台划分为两种类型：交易平台和创新平台。其中交易平台是以在线基础设施支持不同多方之间交换的双边或多边市场。它们已经成为主要数字公司（例如亚马逊、阿里巴巴、脸书和易趣）以及为数字带动的部门提供支持的公司（例如优步、滴滴）的核心商业模式。创新平台以操作系统（例如安卓或 Linux）或技术标准的形式为代码和内容制作者开发应用程序和软件创造环境。

6836 家①，核心样本企业 797 家②。与基础样本企业相比，797 家核心样本企业均属于数字和智能经济的骨干企业。首先，本书第二章对 6836 家基础样本企业和 797 家核心样本的属性数据进行分析，描述了中国数字经济发展的现状和基本结构。其次，本书第三章使用 797 家核心样本的关系数据考察中国数字经济发展的动力和机制③。

表 2-1　数字经济样本企业的构成

企业类别	基础样本（家）	核心样本（家）
上市公司	398	144*
独角兽	187	97
其他	6251	556
企业样本合计	6836	797

*注：上市公司包括境内外上市公司。其中，在境内外上市的互联网公司总数为 135 家（截至时间为 2019 年 12 月 31 日）。

二、数据采集和分析

为全面概括中国数字经济发展的真实图景，本书采集的样本企业数据包括两类：属性数据和关系数据。属性数据是指样本企业基本信息，例如，创建的时间、地点、员工数、发表的论文数和专利数。关系数据则是指样本企业（样本节点）和关系节点（其他企业、组织和机构）之间的相互关系中所包含的三个维度关系（人力资本、技术和投融资）和互动规则方面的信息。④

本书通过对 797 家核心样本企业基于关系数据的价值网络统计分析，得到了 21473 个节点和 31949 条关系。通过分析 797 家核心人工智能企业样本节点、21473 个节点和 31949 条关系的属性数据和关系数据，再结合

---

①　6836 家基础样本从天眼查提供的 7190 家数字和人工智能企业中进一步筛选而来。

②　核心样本企业是从 6836 家基础样本企业中进一步筛选出来的，都属于人工智能企业，是中国数字经济的典型样本。

③　因为 797 家核心样本企业的关系数据具有更好地可获得性和可表达性，能够清晰地考察中国数字和智能经济的动力和机制。

④　样本节点是指中国智能经济数据库的样本企业和机构，关系节点则是与样本节点存在着相互联系的其他企业、组织和机构。因为样本企业和机构之间同样存在着相互联系的情况，所以关系节点可能包括样本节点。

相关数据和资料，能够从整体上概括和揭示中国数字经济发展的内部结构、基本形态和发展演进的动力机制。

第二节　中国数字经济发展的微观基础

一、基础样本企业

（一）创建时间

基础样本企业创建时间主要集中在 2010 年至 2018 年，占比为 83.1%，企业创建的峰值出现在 2015 年，占比为 16.0%。此外，基础样本企业最早创建于 1980 年，2010 年之前创建的企业占比为 14.6%。除了基础层和技术层企业，2010 年创建的样本企业大都属于融合产业部门，通过自主研发、兼并收购和合作研发的方式进入数字经济领域（详见图 2-1）。

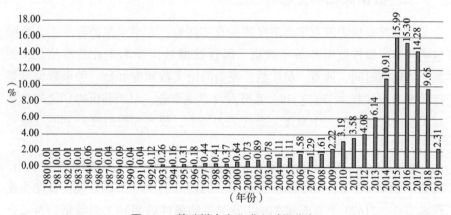

图 2-1　基础样本企业成立时间分布

（二）地域分布

从地域分布看，基础样本企业主要分布在北京市、广东省、上海市、浙江省、江苏省、四川省、湖北省、福建省、山东省和陕西省。其中，北京市占比最高，为 24.9%；排名第二的是广东省，占比为 23.9%，主要分布在深圳市和广州市；排名第三的是上海市，占比为 14.5%；排名第四的是浙江省，占比为 9.5%，主要集中在杭州市（详见图 2-2）。

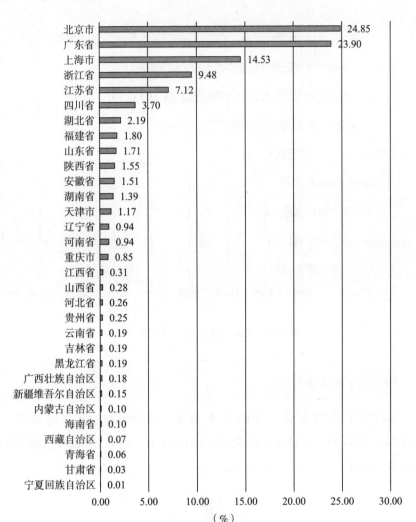

图 2-2 基础样本企业的地域分布

（三）关键技术分布

从关键技术分布来看，基础样本企业关键技术主要包括大数据与云计算、智能硬件、视觉识别、机器人技术、语音识别和自然语言处理、机器学习和推荐、智能芯片、其他和区块链技术。其中，大数据与云计算占比最高，为 37.20%；排名第二位的是智能硬件，占比为 20.21%；排名第三的是视觉识别，占比为 18. 25% （详见图 2-3）。

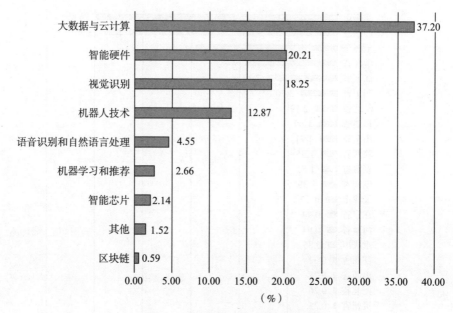

图 2-3　基础样本企业关键技术分布

（四）技术层次分布

从技术层次分布看，基础样本企业中应用层企业占比最高，为 66. 17%；排名第二的是技术层企业，占比为 32. 46%；排名第三的是基础层企业，占比为 1. 37%（详见图 2-4）。

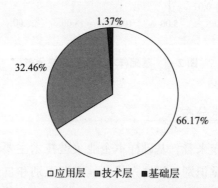

图 2-4　基础样本企业所处技术层次分布

（五）应用领域分布

从应用领域分布来看，基础样本企业关键技术主要为企业技术集成与方案、智能硬件、智能机器人、智能商业和零售、智慧医疗、智能安防、智能家居、智能制造、金融科技和新媒体和数字内容。其中，企业技术集成与方案占比最高，为11.59%；排名第二的是智能硬件，占比为10.98%；排名第三的是智能机器人，占比为10.51%（详见图2-5）。

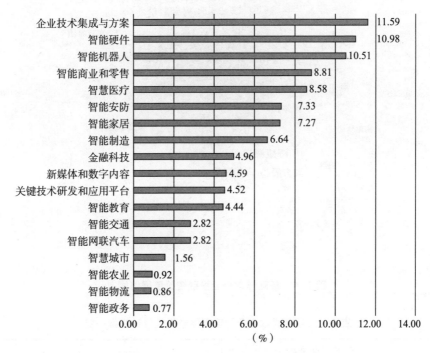

图2-5　基础样本企业应用领域分布

（六）投融资价值网络

把采集的6836家基础样本企业的投融资关系数据输入Gephi 9.2社会网络分析软件，得到基于基础样本企业的价值网络结构图（详见图2-6）。图表的统计分析表明，基础样本企业价值网络的节点总数为19017个，关系数为20472条。价值网络平均度为1.077，模块度为0.863，平均聚类系数为0.001，平均路径长度为1.808（详见表2-2）。

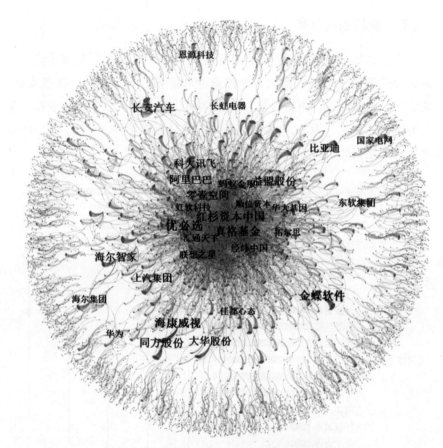

图 2-6　基础样本企业投融资价值网络图①

表 2-2　基础样本企业价值网络结构性统计指标一览

统计指标	样本节点个数（个）	平均度	模块度	平均聚类系数	平均路径长度
统计值	6836	1.077	0.863	0.001	1.808

　　图 2-7 刻画的基础样本企业投融资价值网络的度数中心度分布情况，表明了若干核心节点拥有很高的度数中心度。投融资价值网络节点度数中心度的"幂率"分布特征表明：占比很小的投资机构深刻地影响着基础样

---

　　① 为了便于观察价值网络的核心节点和比较不同节点的重要程度差异，图中仅显示了加权度数中心度排名前 30 的节点标签。

本企业乃至中国数字经济发展的结构和方向。

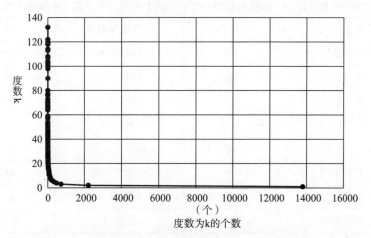

图 2-7　基础样本企业投融资价值网络的度数中心度分布

（七）基础样本企业投融资价值网络节点的活跃度

表 2-3 列出了在基础样本企业的发展中，活跃度排名前十五的样本节点和关系节点。从样本节点看，优必选、金蝶软件、海康威视、同方股份、益盟股份、长安汽车、阿里巴巴、科大讯飞、海尔智家和零壹空间是最活跃的样本企业，这些企业既包括 AI 平台，又包括融合产业部门企业和软件类企业。值得注意的是，包括长安汽车、比亚迪和上汽集团在内的汽车行业样本企业是投融资价值网络中较为活跃的样本企业，反映出汽车企业为数字和人工智能的发展提供了广阔的应用场景。

表 2-3　基础样本企业投融资价值网络排名前十五的节点

前十五的样本节点	加权度数中心度	前十五的关系节点	加权度数中心度
优必选	132	真格基金	120
金蝶软件	122	红杉资本中国	119
海康威视	118	经纬中国	77
同方股份	114	联想之星	73
益盟股份	113	顺位资本	65
长安汽车	108	腾讯投资	65

续表

前十五的样本节点	加权度数中心度	前十五的关系节点	加权度数中心度
阿里巴巴	107	英诺天使基金	59
科大讯飞	104	晨兴资本	52
海尔智家	103	创新工场	49
零壹空间	102	线性资本	49
大华股份	100	明势资本	47
比亚迪	98	北极光创投	46
上汽集团	90	金沙江创投	45
东软集团	80	君联资本	44
蚂蚁金服	76	深创投	44

从关系节点看,以真格基金、红杉资本中国、经纬中国、联想之星、顺位资本、腾讯投资、英诺天使基金、晨兴资本、创新工场和线性资本为代表的投资机构是价值网络中最重要的关系节点。一方面,它们为价值网络中样本企业输送了大量资本;另一方面,它们也成为价值网络中部分样本节点的链接者,推动了价值网络创新主体的互动关系。

(八) 关系数据分析

表2-4列出基础样本企业投融资价值网络关系数据的分类统计结果。从投融资关系数据的统计分析看,获投关系数占比为42.75%,而投资关系数占比为57.25%。

表2-4　基础样本企业投融资价值网络关系数据分类统计

	类别	关系数 (条)	占比 (%)
投融资关系	投融资	23211	100
	获投	9923	42.75
	投资	13288	57.25

在基础样本企业发展中,活跃度最高的投资机构为真格基金、红杉资本中国、经纬中国、联想之星、顺为资本。活跃度最高的非投资机构为京东数科、科大讯飞、阿里巴巴、小米科技和奇虎360 (详见表2-5)。

表 2-5 活跃度排名前十的投资机构和非投资机构

投资机构前十	投资样本企业数（家）	非投资机构前十	投资样本企业数（家）
真格基金	120	京东数科	47
红杉资本中国	119	科大讯飞	41
经纬中国	77	阿里巴巴	37
联想之星	73	小米科技	29
顺为资本	65	奇虎 360	26
腾讯投资	65	哈工大机器人集团	14
英诺天使基金	59	好未来	13
晨兴资本	52	蚂蚁金服	13
创新工场	49	红星美凯龙	10
线性资本	49	恒生电子	9

二、核心样本企业[①]

(一) 创建时间

核心样本企业创建时间主要集中在 2010—2017 年，占比为 69.89%；企业创建的峰值出现在 2015 年，占比为 15.81%。截至 2019 年 3 月底，全球活跃人工智能企业达 5386 家，美国、中国、英国、加拿大、印度位列全球前五。其中美国为 2169 家，中国大陆为 1189 家，占比分别为 26.85%和 22.08%（详见图 2-8）。[②]

图 2-9 显示了 121 家非初始数字核心样本上市公司进入数据科技领域的时间分布[③]，依据为标志性收购事件、企业实施数字科技战略、数字技术研发投入和产品数字化和智能化实施的时间节点。121 家非初始核心样

---

① 本书的核心样本都属于人工智能企业。因而，在与其他国家和地区企业的比较分析中，以人工智能企业数为标准。

② 全球人工智能企业数和美国人工智企业数采用的是中国信通院《2019 年 Q1 全球人工智能产业数据报告》公布的数据，797 家中国核心样本企业数是本书检测和确认的企业数。

③ 此处统计不包括成立之初即属于数字科技领域的核心产业部门的数字科技上市公司，如科大讯飞等，主要考察的是融合产业部门上市公司进入数字科技领域的时间分布。

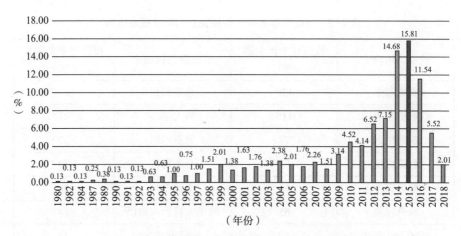

图 2-8　797 家核心样本企业的成立时间分布

本企业上市公司大致可分为两类，第一类是 IT/ICT 类企业，这类公司在软件和数据化方面具有前期技术积累的优势；第二类是传统产业企业，主要包括制造业、商业和金融业，前期技术积累与数字技术不相关。从图中可以发现，IT/ICT 类企业集中进入数字科技领域的时间为 1998 年至 2010 年，传统产业企业集中进入人工智能领域的时间为 1995—2005 年。IT/ICT 产业类企业转型成为核心样本企业上市公司是因为其原有技术与数字技术和业务领域具有高度相关性，传统产业类企业通过战略转型成为核心样本企业中的上市公司是因为其雄厚的资本积累或形势驱动，大都成为融合产业部门数字经济发展的主导者。

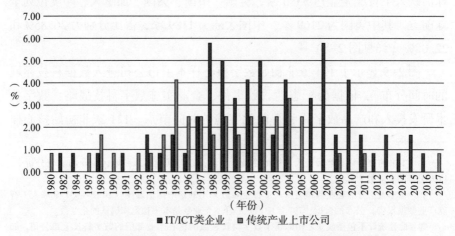

图 2-9　非初始数字核心样本上市公司进入数字科技领域时间分布

（二）地域分布

2019 年，从地域分布看，核心样本企业主要分布在京津冀、长三角和珠三角三大都市圈，占比分别为 44.04%、28.86% 和 16.94%。依托国家科技创新中心和互联网发展的优势，京津冀地区在数字和智能经济的发展上走在了全国的前列（详见图 2-10）。

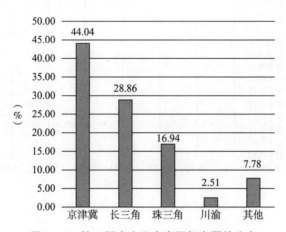

图 2-10　核心样本企业在全国都市圈的分布

在各省市自治区中，核心样本企业主要分布在北京市、广东省、上海市、浙江省、江苏省、四川省、湖北省、天津市、福建省和山东省。其中，北京市占比最高，为 42.53%；排名第二的是广东省，占比为 16.94%，主要分布在深圳市和广州市；排名第三的是上海市，占比为 15.31%；排名第四的是浙江省，占比为 8.16%，主要集中在杭州市。

在国内主要城市中，核心样本企业分布密集的城市是北京市、上海市、深圳市和杭州市，占比分别为 42.53%、15.31%、12.05% 和 7.15%，是中国数字经济发展的前沿城市。西部地区的成都市和中部地区的武汉市同样是核心样本企业数排名靠前的城市。

（三）员工规模[①]

图 2-13 列出了 120 家核心样本企业上市公司员工数分布情况。

---

①　在对核心样本企业上市公司的员工数、销售收入和市值的数据采集过程中，只获得了部分样本企业的数据，数据的统计分析以可获得数据的企业为样本。

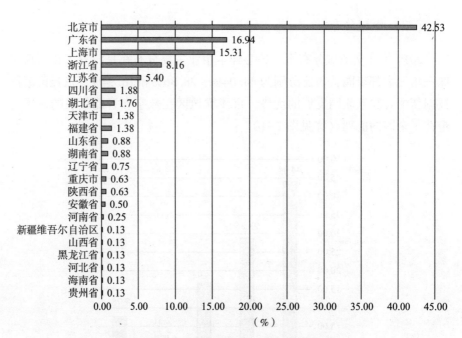

图 2-11　核心样本企业在省市自治区的分布

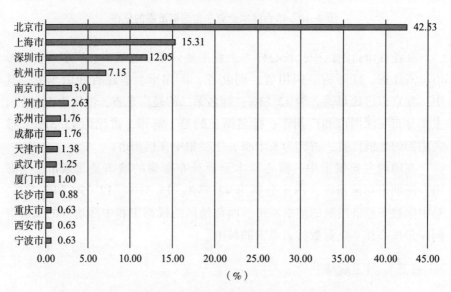

图 2-12　核心样本企业在全国主要城市的分布（占比排名前十五）

56.67%的数字科技上市公司员工数量在 2000 人以内，员工数在 2001～4000 人的企业占比为 15.00%，员工数在 4001～6000 人的企业占比仅为

10.00%。尽管员工数量在 6000 人以上的企业占比较低，为 18.33%，但是大多属于基础层和技术层平台企业，是中国数字经济发展的主导者。

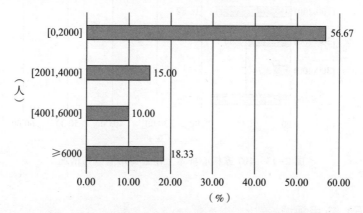

图 2-13　120 家核心样本上市公司员工规模分布情况

（四）销售收入和市值

图 2-14 列出了 144 家核心样本企业上市公司销售收入分布情况。销售收入在 40 亿元以下的企业占比为 65.97%，销售收入达到 80 亿元以上的企业占比为 22.22%。

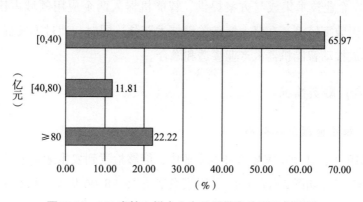

图 2-14　144 家核心样本上市公司销售收入分布情况

图 2-15 列出了 107 家核心样本企业上市公司市值分布情况，市值在 100 亿元以下的数字科技企业数量最多，占比达到 52.34%，市值超过 400 亿元的占比达到 17.76%。

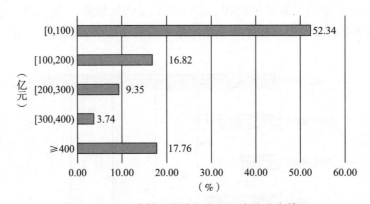

图 2-15 107 家核心样本上市公司市值分布情况

（五）应用领域

如图 2-16 所示，核心样本企业广泛分布在 18 个应用领域，其中企业技术集成与方案提供、智能机器人两个应用领域的企业数占比最高，分别为 15.43% 和 9.66%。关键技术研发和应用平台、新媒体和数字内容、智慧医疗、智能硬件、科技金融、智能商业和零售、智能制造领域企业数占比相对较高，分别为 8.91%、8.91%、7.65%、7.03%、6.65%、6.52%、6.15%。企业技术集成与方案提供、智能机器人两个应用领域占比最高，说明中国数字经济正在努力突破关键技术瓶颈。同时，通过方案提供商的技术集成推动智能机器人产业渗透和融合。

（六）融资情况

1. 融资金额总体分布

2019 年，在 797 家核心样本企业中，能够检索到发生融资事件的企业数为 653 家（如图 2-17 所示），融资总额为 15298.06 亿元。从 653 家企业融资情况看，截至 2019 年 12 月，37.37% 的企业融资额小于 1 亿元，39.51% 的企业融资额在 1 亿~10 亿元，融资额超过 10 亿元的企业数占 23.12%。

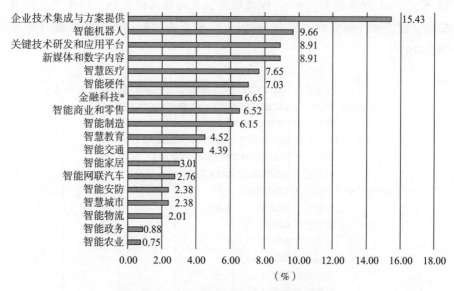

图 2-16 核心样本企业的应用领域分布

注：*金融科技（financial technology，简称 FinTech），是指一群企业运用科技手段使得金融服务变得更有效率，因而形成的一种经济产业。

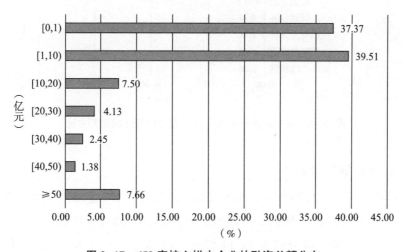

图 2-17 653 家核心样本企业的融资总额分布

2. 应用领域融资金额分布

从数字科技应用领域企业融资额的分布看，截至 2019 年 12 月 31 日，智慧零售、新媒体和数字内容、智慧金融的融资额最高，占比分别为

18.37%、15.96%和15.94%。除此以外，关键技术研发和应用平台、智慧交通、智能硬件融资额占比在5%以上，属于占比较高的应用领域（详见图2-18）。

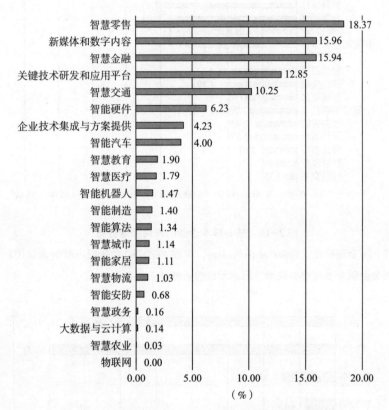

图2-18 653家核心样本企业所在应用领域融资额占比

3. 地域融资金额分布

从653家核心样本企业平均融资额的地域分布看，企业平均融资额排名前五的省市自治区分别是浙江省、北京市、上海市、江苏省、黑龙江省，企业平均融资额分别为19.14亿元、10.46亿元、7.8亿元、6.10亿元和5.25亿元（详见图2-19）。

4. 应用领域融资金额年度分布

从653家核心样本企业所在应用领域的新增融资额看，2019年，新媒体和数字内容、智慧零售、关键技术研发和应用平台是最受资本关注的应

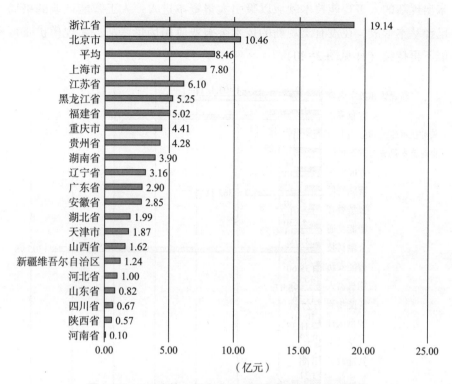

图 2-19 653 家核心样本企业平均融资额地域分布情况

用领域。与 2018 年相比，2019 年各企业的融资金额均有下降。2019 年人工智能样本企业融资金额的下降可能存在两方面的原因：

一方面，人工智能近些年的发展已经到了瓶颈期。人工智能所展示出的场景并不如人们所想象的，投资的狂热伴随这种逐渐沉静下的思考而冷却，正如 2000 年前后互联网的兴起一般。为避免人工智能产业重蹈互联网产业的覆辙，人工智能产业的盲目扩张结束，进入人工智能产业发展的稳定期。

另一方面，现在主要的人工智能领域已经获得了足够的资本。各主要人工智能领域已经出现领军企业，开拓新的人工智能领域以及应用场景已经变得愈加困难，资本的边际回报率接近于平均行业水平。人工智能产业发展开始进入下一个阶段，即各人工智能领域的领军企业开始着力深耕已涉足领域，开拓应用场景、落实技术应用，将资本对该领域人工智能技术发展的期许落地。目前，人工智能领域该出现的技术和概念均已经出现，未出现新的人工智能技术领域以吸引大量资本进入。人工智能产业的格局已经基本形成，在没有出现新的技术突破或应用场景之前，大规模扩张可能不再持续（详见图 2-20）。

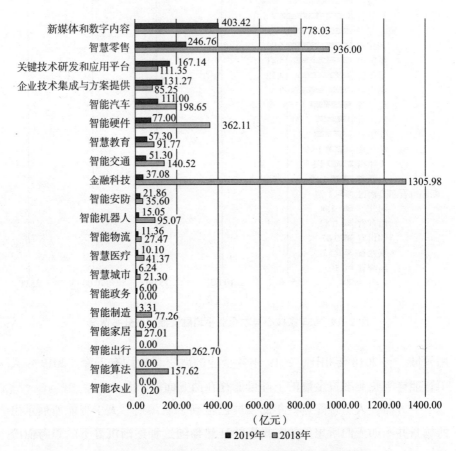

图 2-20　653 家核心样本所在应用领域的年度融资额

5. 应用领域融资次数年度分布

从 653 家核心样本企业所在应用领域的融资次数看，2019 年，融资次数最多的五个领域分别是企业技术集成与方案提供、关键技术研发和应用平台、智慧零售、新媒体和数字内容、智慧医疗。与 2018 年相比，2019年各企业的融资次数均有下降（详见图 2-21）。

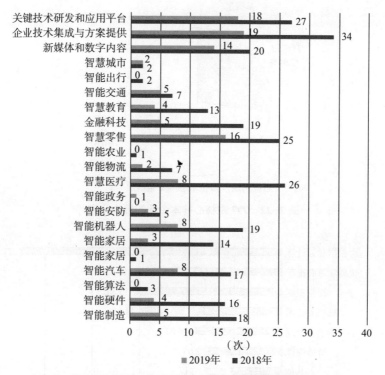

图 2-21 653 家核心样本企业所在应用领域的年度融资次数

(七) 技术和研发活动

1. 技术层次分布

从所属技术层次看，应用层核心样本企业数占比最高，达到 72.77%；其次是技术层企业数，占比为 23.84%；基础层企业数占比最低，为 3.39%（详见图 2-22）。

2. 核心技术分布

从核心样本企业核心技术的分布看，大数据和云计算占比最高，达到 27.60%；其次是机器学习和推荐、视觉识别、机器人技术，占比分别为 15.43%、15.31%、14.68%；语音识别和自然语言处理、智能硬件、智能芯片和生物识别的占比分别为 9.03%、7.65%、2.26%、1.51%（详见图 2-23）。

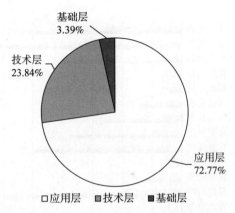

图 2-22　797 家核心样本企业的层次分布

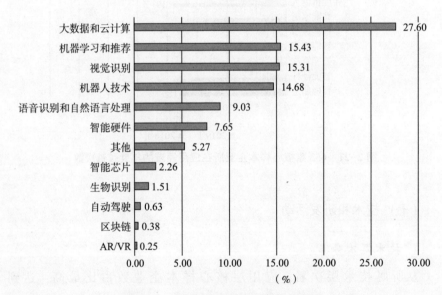

图 2-23　797 家核心样本核心技术分布

　　图 2-24 展示了 217 家基础层和技术层核心样本企业的核心技术分布情况，其中视觉识别、大数据和云计算两个技术领域的企业数占比最高，分别为 25.81% 和 23.50%。机器人技术、语音识别和自然语言处理、机器学习和推荐、智能芯片、智能硬件、生物识别的企业数占比相对较高，分别为 12.90%、10.14%、8.76%、7.83%、2.76%、2.30%。

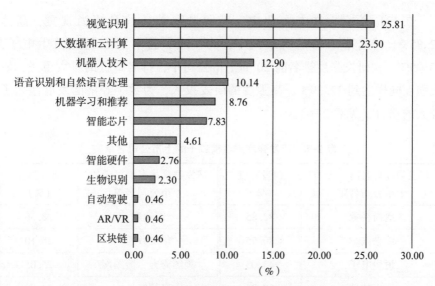

图 2-24 217 家基础层和技术层核心样本企业的核心技术分布

3. 研发活动

如图 2-25 所示，在中国 131 家核心样本企业上市公司中，研发强度小于 5% 的企业数占比为 29.01%，研发强度在 5% ~ 15% 的企业数占比为 47.33%，研发强度大于 15% 的企业数占比为 23.66%。131 家核心样本企业的平均研发强度达到 12.10%，远高于国内企业的平均水平。

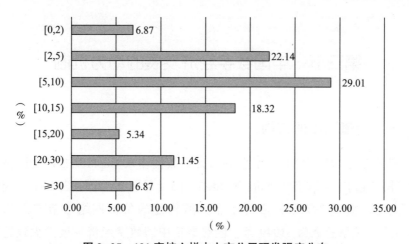

图 2-25 131 家核心样本上市公司研发强度分布

在 131 家核心样本企业中，研发强度最高的是捷尚视觉，高达 82.85%，排名第二的是蔚来汽车，80.75%，排名第三的是恒生电子，43.05%。在研发强度排名前 20 的上市公司中，排名最低的科大讯飞，研发强度同样达到 22.39%。高强度的研发投入，为数字经济的发展注入了强大的动力（见表 2-6）。

表 2-6　研发强度排名前二十的上市公司名单

研发强度排名前二十的上市公司名单	研发强度（%）	研发强度排名前二十的上市公司名单	研发强度（%）
捷尚视觉	82.85	同花顺	28.56
蔚来汽车	80.75	华中数控	26.10
恒生电子	43.05	美图秀秀，美图网	25.05
金山软件	37.85	高德红外	24.72
保千里	37.02	九安医疗	24.38
英富森	35.92	深信服科技	24.16
海鑫科金	35.36	远光软件	23.31
绿景控股股份有限公司	34.98	全志科技	22.88
虹软科技	32.42	汇顶科技	22.53
携程	29.51	科大讯飞	22.39

第三节　中国数字经济发展的动力机制

一、价值网络的结构

把采集的 797 家核心样本企业的关系数据输入 Gephi 9.2 社会网络分析软件，得到中国数字经济价值网络结构图（见图 2-26）。表 2-7 的统计分析表明，基于 797 家核心样本企业所构建的价值网络中节点总数为 21413 个，关系总数为 31949 条，能够概括中国数字经济发展的大致轮廓和形态。价值网络平均度为 1.492，平均聚类系数为 0.021，平均路径长度为 4.407。这些统计值表明，中国数字经济是高度集聚的。表 2-7 的价值网络结构性统计指标表明，中国数字经济价值网络具有较短的平均路径长度和较小的平均聚类系数特征。

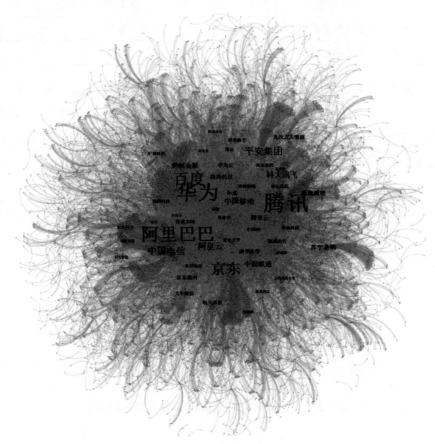

图 2-26 基于 797 家核心样本企业关系数据的中国数字经济价值网络图①

表 2-7 中国数字经济价值网络结构性统计指标一览

统计指标	统计值
样本节点总数（个）	797
价值网络节点总数（个）	21413
价值网络关系总数（条）	31949

---

① 为了便于观察价值网络的核心节点和比较不同节点的重要程度差异，图中仅显示了价值网络度数中心度排名前五十的节点标签。

统计指标	统计值
平均度	1.492
平均聚类系数	0.021
平均路径长度	4.407

图 2-27 刻画了中国数字经济价值网络的度数中心度分布情况，表明中国数字经济发展表现出明显的"极核"状结构，即若干核心节点拥有很高的度数中心度。价值网络节点度数中心度的"幂率"分布特征表明，占比很小的核心节点深刻地影响着中国数字经济发展的结构和方向。

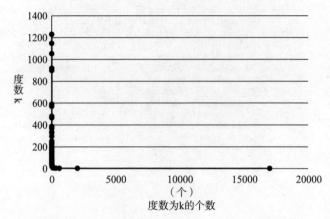

图 2-27　中国数字经济价值网络的度数中心度分布

二、数字经济发展的主导者

1. 数字经济价值网络和关系节点

表 2-8 列出了在中国数字经济发展中最有影响力和辐射力排名前三十的样本节点及关系节点。从样本节点看，包括腾讯、华为、阿里巴巴、百度、京东、中国电信、阿里云、科大讯飞、中国移动、中国联通、蚂蚁金服、苏宁易购、小米、九次方大数据、海康威视、滴滴出行和商汤科技在内的关键节点，均是最具影响力的样本企业。无论从人力资本还是从技术和投融资关系方面看，它们在中国数字科技和经济发展中都扮演着重要角色。尤其是腾讯、华为、阿里巴巴、百度、京东和平安集团等人工智能开

放创新平台，通过数字化和智能化赋能，推动数字科技与经济和社会的融合，不仅催生出新技术、新产品、新业态和新模式，而且引发了一系列组织和制度变革，成为中国数字科技产业的关键主导者。

表2-8 中国数字经济价值网络排名前三十的样本节点和关系节点

排名前三十的关系节点	加权度数中心度	排名前三十的样本节点	加权度数中心度
清华大学	350	腾讯	1572
英特尔	232	华为	1504
北京大学	167	阿里巴巴	1283
上海交通大学	120	百度	1175
微软	119	京东	1071
红杉资本中国	117	中国电信	711
浙江大学	107	平安集团	650
富士康	94	阿里云	564
英伟达	80	科大讯飞	538
真格基金	66	中国联通	536
经纬中国	66	中国移动	522
IBM	64	蚂蚁金服	425
复旦大学	62	苏宁易购	414
启明星辰	61	腾讯云	379
中国人民大学	59	海康威视	375
高通	58	商汤科技	349
华中科技大学	51	小米	303
晨兴资本	46	奇虎360	272
中国科学技术大学	45	华为云	258
哈尔滨工业大学	44	九次方大数据	249
南京大学	40	京东数科	248
北京航空航天大学	39	滴滴出行	245
北京理工大学	38	依图科技	218
腾讯投资	38	大华股份	217

排名前三十的关系节点	加权度数中心度	排名前三十的样本节点	加权度数中心度
君联资本	38	航天信息	204
数梦工场	36	神州数码	201
电子科技大学	35	恒生电子	193
北京邮电大学	34	用友	193
中国信通院	34	东软集团	193
中国科学院	33	旷视科技	179

从关系节点看，以清华大学、北京大学、上海交通大学和浙江大学为代表的高校和科研院所是价值网络中最重要的关系节点。一方面，作为学术生态系统的重要组成部分，它们为价值网络中的样本企业输送了大量人力资源。另一方面，作为样本企业重要的技术合作方，它们为整个价值网络的样本企业提供了强有力的技术支持。此外，以红杉资本、真格基金、经纬中国为代表的国内外投融资机构是价值网络的关键关系节点，为中国数字科技产业发展提供了强大的资金支持。同时，以英特尔、英伟达为代表的国际智能芯片企业和以微软为代表的国外互联网巨头同样构成了中国数字科技产业创新生态系统的重要组成部分。它们一方面是核心样本企业人力资本的重要的来源方，另一方面为中国数字科技产业提供国际技术支持。

2. 专利数

图 2-28 显示，从 797 家核心样本企业的专利数分布看，专利数小于 50 的企业占比高达 63.61%，专利数大于 50 的企业占比为 36.38%。从专利数的企业类型分布看，中国数字经济领域的技术专利主要集中在独角兽和上市公司。

从核心样本企业专利数排名的地域分布看，专利数排名前 200 的核心样本企业主要集中在北京市、广东省、上海市、浙江省和江苏省五省市，占比达到 87%。其中，北京市占比最高，为 44.00%；排名第二的是广东省，占比为 15.00%；排名第三的是上海市，占比为 14.00%；浙江省和江苏省并列第四，占比均为 7.00%（见图 2-29）。

从核心样本企业专利数排名的技术层次看，专利数占比最高的是应用

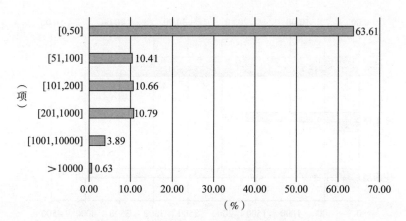

图2-28 797家核心样本企业的专利数分布

层企业，达到44.91%。处于应用层的核心样本企业平均专利数为226项。基础层和技术层企业的专利数占比分别为36.17%和18.93%，企业平均专利数分别为3910项和291项（如图2-30所示）。

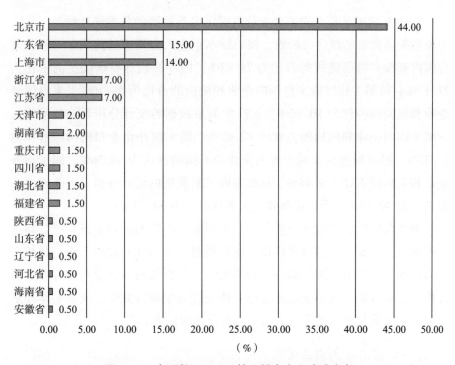

图2-29 专利数TOP200核心样本企业地域分布

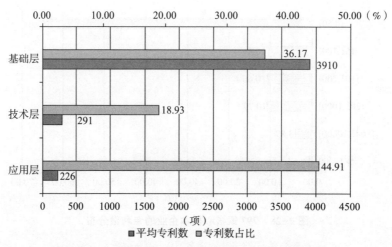

图 2-30　各技术层次企业专利数占比及平均专利数

三、关系数据分析

表 2-9 描述了核心样本企业价值网络关系数据的分类统计结果。从人力资本关系数据的统计分析看，核心样本企业人力资本的前期学习经验来自国内高校和科研院所的占比为 78.83%，国外高校和科研院所的占比为 21.17%，前期工作经验来自国内企业和机构的占比为 89.10%，来自国外企业和机构的占比为 10.90%。从技术关系数据的统计分析看，技术输入方属于国内企业和机构的占比为 82.67%，属于国外企业和机构的占比为 17.33%。技术赋能对象属于国内企业和机构的占比为 90.56%，属于国外企业和机构的占比为 9.44%。从投融资关系数据的统计分析看，获投关系数占比为 39.15%，而投资和收购关系数占比为 60.85%。

关系数据的分类统计分析表明，中国数字经济的创新生态系统是高度开放的。一方面，中国数字科技产业发展对外是高度开放的，无论是核心人力资本还是技术来源，国外的知名大学、科研机构和企业均占有一定的比例。另一方面，数字企业正在与实体经济发生融合效应，成为实体经济数字化和智能化改造的重要人力资本和技术供给方。

（一）核心人力资本关系

797 家核心样本企业的人力资本有 21.17% 毕业于国外高校和科研院

所，78.83%毕业于国内高校和科研院所；10.90%拥有国外企业和机构的工作经验，89.10%拥有国内企业和机构的工作经验。由此可以看出，无论从前期学习经验还是前期工作经验看，中国数字经济发展所需要的核心人力资本主要来自国内企业、大学和科研机构。同时，在人力资本的培养上，国外高校、研究机构和企业同样为中国数字经济的发展做出了重要贡献（见表2-9）。

表2-9 核心样本企业价值网络关系数据分类统计

	类别	关系数（条）	占比（%）
人力资本	前期学习经验	2008	100
	国内	1583	78.83
	国外	425	21.17
	前期工作经验	5039	100
	国内	4490	89.10
	国外	549	10.90
技术关系	技术输入	3422	100
	国内	2829	82.67
	国外	593	17.33
	技术赋能	12618	100
	国内	11427	90.56
	国外	1191	9.44
投融资关系	投融资	13315	100
	获投	5213	39.15
	投资	8102	60.85

在国内教育机构中，清华大学、北京大学、上海交通大学、浙江大学、复旦大学、中国人民大学、华中科技大学、中国科学技术大学、哈尔滨工业大学、南京大学、北京航空航天大学、北京理工大学、电子科技大学、北京邮电大学、中国科学院是排名前十五的高校和科研机构。在国外教育机构中，美国斯坦福大学、美国加州大学伯克利分校、美国麻省理工学院、新加坡国立大学、美国卡内基梅隆大学、美国耶鲁大学、美国哥伦

比亚大学、美国西北大学、新加坡南洋理工大学、美国华盛顿大学、美国普渡大学、美国南加州大学、美国宾夕法尼亚大学、美国哈佛大学、美国伊利诺伊大学是排名前十五的高校。这些高校和科研院所是中国数字经济发展中关键人力资本前期学习经验的重要来源（见图2-31、图2-32）。

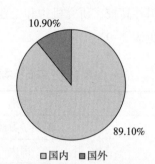

图 2-31　797 家核心样本企业人力资本前期学习经验关系数据统计　　**图 2-32　797 家核心样本企业人力资本前期工作经验关系数据统计**

在前期工作经验获取方面，百度、阿里巴巴、腾讯、华为、中国联通、清华大学、滴滴出行、北京大学、浙江大学、中国科学院是国内排名前十的企业和机构。英特尔、微软、IBM、高通、美国斯坦福大学、谷歌、亚马逊、甲骨文、惠普、普华永道是国外排名前十的企业和机构。无论从国内还是从国际看，中国数字经济核心人力资本获取前期工作经验的机构不仅包括互联网企业，而且包括传统的 IT 企业、大学和科研院所。尤其值得关注的是，跨国公司在中国设立的公司和研究院，例如，微软亚洲研究院是中国数字经济核心人力资本的重要供应方（见表2-10）。

表 2-10　获取前期学习和工作经验排名前二十的关系节点

前期学习经验排名前二十关系节点				前期工作经验排名前二十关系节点			
国内	加权度数中心度	国外	加权度数中心度	国内	加权度数中心度	国外	加权度数中心度
清华大学	350	美国斯坦福大学	23	百度	1175	英特尔	232

续表

前期学习经验排名前二十关系节点				前期工作经验排名前二十关系节点			
国内	加权度数中心度	国外	加权度数中心度	国内	加权度数中心度	国外	加权度数中心度
北京大学	167	美国加州大学伯克利分校	14	阿里巴巴	1583	微软	119
上海交通大学	120	美国麻省理工学院	13	腾讯	1572	IBM	64
浙江大学	107	新加坡国立大学	10	华为	1504	高通	58
复旦大学	62	美国卡内基梅隆大学	10	中国联通	536	美国斯坦福大学	23
中国人民大学	59	美国耶鲁大学	9	清华大学	350	谷歌	21
华中科技大学	51	美国哥伦比亚大学	9	滴滴出行	245	亚马逊	16
中国科学技术大学	45	美国西北大学	8	北京大学	167	甲骨文	15
哈尔滨工业大学	44	新加坡南洋理工大学	8	浙江大学	107	惠普	14
南京大学	40	美国华盛顿大学	6	中国科学院	33	普华永道	11
北京航空航天大学	39	美国普渡大学	6	中国建设银行	28	Facebook	11
北京理工大学	38	美国南加州大学	5	长沙高压开关有限公司	25	宝洁	11
电子科技大学	35	美国宾夕法尼亚大学	4	微软亚洲研究院	19	麦肯锡	9

前期学习经验排名前二十关系节点				前期工作经验排名前二十关系节点			
国内	加权度数中心度	国外	加权度数中心度	国内	加权度数中心度	国外	加权度数中心度
北京邮电大学	34	美国哈佛大学	4	搜狗	16	雅虎	6
中国科学院	33	美国伊利诺伊大学	4	南京埃斯顿自动化股份有限公司	11	美国普渡大学	6
武汉大学	31	英国伯明翰大学	4	深圳市保千里电子有限公司	11	摩托罗拉	5
中山大学	31	澳大利亚墨尔本大学	3	炬力集成电路设计有限公司	9	eBay	5
南开大学	30	加拿大多伦多大学	3	鞍山聚龙金融设备有限公司	8	毕马威	5
东北大学	26	美国杜克大学	3	万安集团有限公司	8	领英	3
中欧国际工商学院	22	美国马里兰大学	3	北京梅泰诺通信技术股份有限公司	7	高盛	3

（二）技术关系

图 2-33 和图 2-34 分别描述了 797 家核心样本企业技术输入与技术赋能关系占比情况和技术输入与技术赋能关系国内外占比情况。从统计结果可以看出，797 家核心样本企业的技术输入关系占比为 21.33%，技术赋能关系占比为 78.67%。技术输入关系中 82.67% 来自国内，17.33% 来自国外。技术赋能关系中，90.56% 为国内赋能，9.44% 为国外赋能。由此表明，797 家核心样本企业具有强大的赋能能力，并且以对国内的技术赋能为主。

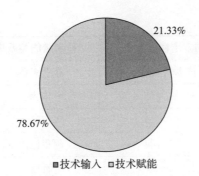

图 2-33　核心样本企业技术输入与技术赋能关系占比

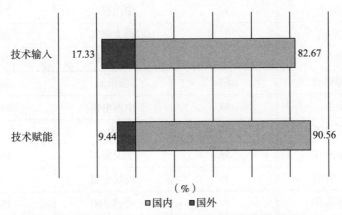

图 2-34　核心样本企业技术输入与技术赋能关系国内外占比

表 2-11 描述了技术输入与技术赋能关系排名前三十的核心样本节点。技术输入关系数排名靠前的样本企业包括百度、腾讯、阿里巴巴、京东、华为、中国联通、阿里云、腾讯云、滴滴出行、中国移动。技术赋能关系数排名靠前的样本企业包括腾讯、华为、京东、阿里巴巴、百度、阿里云、中国移动、科大讯飞、中国联通、腾讯云。在技术输入和赋能关系排名靠前的企业中，腾讯无论在技术输入还是技术赋能方面表现都非常突出。

表 2-11　技术输入与技术赋能关系排名前三十的核心样本节点

技术输入关系排名前三十样本节点		技术赋能关系排名前三十样本节点	
企业名称	技术输入数（项）	企业名称	技术赋能数（项）
百度	149	腾讯	1039

技术输入关系排名前三十样本节点		技术赋能关系排名前三十样本节点	
企业名称	技术输入数（项）	企业名称	技术赋能数（项）
腾讯	115	华为	978
阿里巴巴	113	京东	645
京东	104	阿里巴巴	602
华为	88	百度	594
中国联通	76	阿里云	350
阿里云	72	中国移动	294
腾讯云	67	科大讯飞	289
滴滴出行	66	中国联通	288
中国移动	65	腾讯云	260
小米	58	中国电信	255
平安集团	57	华为云	224
海康威视	55	平安集团	164
中国电信	49	蚂蚁金服	158
东方明珠	47	奇虎360	154
依图科技	45	海康威视	147
神州数码	41	商汤科技	137
大华股份	38	依图科技	124
中科创达	36	小米	123
钉钉	35	滴滴出行	115
奇虎360	32	大华股份	94
用友	32	金山云	89
蚂蚁金服	31	钉钉	86
新华三	28	旷视科技	85
明略科技	26	九次方大数据	81
商汤科技	24	神州数码	80
浙大网新	22	新华三	78
VIVO	20	京东数科	76

技术输入关系排名前三十样本节点		技术赋能关系排名前三十样本节点	
企业名称	技术输入数（项）	企业名称	技术赋能数（项）
东软集团	20	明略科技	74
京东数科	20	新松机器人	73

除了 797 家人工智能样本企业，技术赋能排名靠前的关系节点主要包括三类组织和机构：第一类是包括清华大学、浙江大学、上海交通大学和北京大学在内的大学和科研院所，第二类是包括英特尔、高通、英伟达、IBM 和微软在内的国外智能硬件和软件企业，第三类是包括中兴通讯、长安汽车在内的国内融合产业部门企业（见表 2-12）。

表 2-12 技术输入与技术赋能关系排名前二十的关系节点

技术输入关系排名前二十关系节点		技术赋能关系排名前二十关系节点	
企业名称	技术输入数（项）	企业名称	技术赋能数（项）
英特尔	129	英特尔	96
清华大学	79	清华大学	64
微软	58	高通	35
长安汽车	46	英伟达	35
英伟达	45	IBM	23
中兴通讯	30	中兴通讯	23
浙江大学	28	浙江大学	22
重庆市政府	26	上海交通大学	21
美的集团	25	北京大学	15
上海交通大学	25	微软	13
上海市政府	24	长安汽车	13
长城汽车	24	中国信通院	13
中国工商银行	23	四维图新	12
北京大学	22	联发科	10
贵阳市政府	22	中科院	10

技术输入关系排名前二十关系节点		技术赋能关系排名前二十关系节点	
企业名称	技术输入数（项）	企业名称	技术赋能数（项）
联想集团	21	中科院自动化所	10
中国信通院	21	ARM	9
宝马汽车	20	恩智浦	9
永辉超市	20	博世集团	8
广汽集团	19	威睿	8

（三）投融资关系

表2-13列出了在中国数字经济领域最活跃的排名前二十的投资机构和前二十的非投资机构。其中，活跃度最高的前十投资机构为红杉资本中国、经纬中国、真格基金、创新工场、晨兴资本、启明创投、北极光创投、腾讯投资、君联资本、深创投。活跃度最高的前十非投资机构为腾讯、百度、阿里巴巴、联想、京东、小米集团、蚂蚁金服、奇虎360、富士康、科大讯飞。

表2-13　中国数字经济领域最活跃排名前二十的投资机构和非投资机构

投资机构	投资企业数（家）	非投资机构	投资企业数（家）
红杉资本中国	116	腾讯	69
经纬中国	65	百度	35
真格基金	64	阿里巴巴	32
创新工场	50	联想	30
晨兴资本	46	京东	19
启明创投	42	小米集团	15
北极光创投	40	蚂蚁金服	11
腾讯投资	38	奇虎360	9
君联资本	36	富士康	8
深创投	34	科大讯飞	6
联想之星	31	新东方	6

投资机构	投资企业数（家）	非投资机构	投资企业数（家）
达晨创投	30	滴滴出行	5
云锋基金	30	金山软件	5
高瓴资本	29	好未来	5
顺为资本	29	东方网力	4
纪源资本	28	谷歌	4
百度风投	27	今日头条	4
蓝驰创投	27	苏宁	4
金沙江创投	26	万达集团	4
淡马锡	23	中国平安	4

第三章

平台主导的创新生态系统

平台源于互联网的发展。作为网络空间的搭建者和运营者，平台首先出现在互联网交易、搜索引擎、社交和众包领域。在开展交易、搜索、社交和众包活动过程中，平台实现了数据和计算的实时在线和共享，为人工智能技术的创新和应用创造了条件。在核心产业部门的发展过程中，平台成为数字和人工智能科技产业化的主要推动者。随着核心技术的创新和积累，平台同样成为数字和人工智能与实体经济融合发展的主要推动者。

第一节　平台主导的创新生态系统

科技部在 2019 年 8 月印发的《国家新一代人工智能开放创新平台建设工作指引》中指出，国家新一代人工智能开放创新平台是聚焦人工智能重点细分领域，充分发挥行业领军企业、研究机构的引领示范作用，有效整合技术资源、产业链资源和金融资源，持续输出人工智能核心研发能力和服务能力的重要创新载体[①]。鉴于平台在人工智能科技产业发展中的作用，国家努力通过建设新一代人工智能开放创新平台主导的创新生态系统，推动数字和人工智能科技产业的快速发展。

2017 年 11 月，科技部公布第一批国家新一代人工智能开放创新平台建设名单。其中，依托百度公司建设自动驾驶国家新一代人工智能开放创新平台；依托阿里云公司建设城市大脑国家新一代人工智能开放创新平台；依托腾讯公司建设医疗影像国家新一代人工智能开放创新平台；依托科大讯飞公司建设智能语音国家新一代人工智能开放创新平台[②]。

2018 年 9 月，科技部宣布依托商汤集团建设的智能视觉国家新一代人工智能开放创新平台亮相[③]。2019 年 8 月，在上海举办的第二届世界人工

---

① 科技部，国科发高〔2019〕265 号，科技部关于印发《国家新一代人工智能开放创新平台建设工作指引》的通知；http://www.gov.cn/xinwen/2019-08/04/content_5418542.htm.

② 央视财经，科技部：首批国家人工智能开放创新平台名单公布；https://baijiahao.baidu.com/s?id=1584110276455788604&wfr=spider&for=pc.

③ 新华网，智能视觉国家新一代人工智能开放创新平台正式亮相；http://www.xinhuanet.com/politics/2018-09/20/c_1123461737.htm.

智能大会开幕式上，科技部公布第二批国家新一代人工智能开放创新平台。它们分别是：依托上海依图网络科技有限公司建设视觉计算平台，依托上海明略人工智能（集团）有限公司建设营销智能平台，依托华为技术有限公司建设基础软硬件平台，依托中国平安保险（集团）股份有限公司建设普惠金融平台，依托杭州海康威视数字技术股份有限公司建设视频感知平台，依托北京京东世纪贸易有限公司建设智能供应链平台，依托北京旷视科技有限公司建设图像感知平台，依托北京奇虎科技有限公司建设安全大脑平台，依托北京世纪好未来教育科技有限公司建设智慧教育平台，依托小米科技有限责任公司建设智能家居平台①。

截至 2019 年 12 月，科技部共公布 15 家国家新一代人工智能开放创新平台。为了响应国家战略，2018 年 10 月 24 日，广东省科学技术厅发布首批"广东省新一代人工智能开放创新平台"的通知，依托腾讯计算机系统有限公司建设"智慧医疗广东省新一代人工智能开放创新平台"，依托深圳市大疆创新科技有限公司建设"智能无人系统广东省新一代人工智能开放创新平台"，依托珠海格力电器股份有限公司建设"智能制造广东省新一代人工智能开放创新平台"，依托美的集团股份有限公司建设"智能家居广东省新一代人工智能开放创新平台"②。2019 年 10 月 24 日，广东省发布了第二批共 8 家广东省新一代人工智能开放创新平台：中国平安建设智能金融平台、商汤科技建设视觉智能处理平台、科大讯飞建设机器人智能交互平台、鹏城实验室建设基础理论与开源软硬件平台、佳都科技建设智慧交通平台、云从科技建设人机协同平台、欧派建设智能设计与制造平台以及云洲建设无人船艇平台③。在国家和地方政府的政策支持下，新一代人工智能开放创新平台将成为推动数字和人工智能科技产业发展的重要抓手。

一、平台主导的创新生态系统价值网络的结构

将采集的 15 家人工智能开放创新平台企业的关系数据导入 Gephi9.2

---

① 光明日报，第二批国家新一代人工智能开放创新平台公布；http://news.gmw.cn/2019-08/29/content_33118881.htm.

② 广东省科学技术厅，粤科函高字〔2018〕2186 号，《广东省科学技术厅关于发布首批"广东省新一代人工智能开放创新平台"的通知》；http://gdstc.gd.gov.cn/gkmlpt/content/0/633/post_633069.html#723.

③ 南方都市报，广东新增 8 个人工智能开放创新平台；https://www.sohu.com/a/349443055_161795.

社会网络分析软件，得到基于 15 家人工智能开放创新平台企业的价值网络结构图（见图 3-1）。图表的统计分析表明，15 家人工智能开放创新平台企业节点总数为 6976 个，关系数为 9884 条。价值网络平均度为 1.417，模块度为 0.745，平均聚类系数为 0.047，平均路径长度为 3.94（见表 3-1）。价值网络的统计指标表明，15 家人工智能开放创新平台具有非常强的辐射和带动能力，构成了中国数字经济创新生态系统的核心。

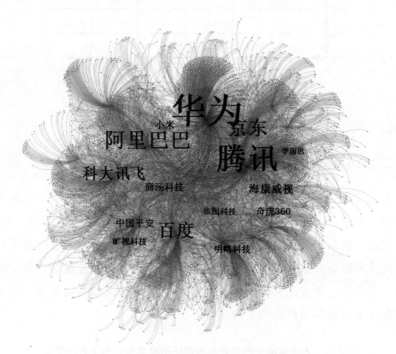

图 3-1　人工智能平台智能经济价值网络图①

表 3-1　人工智能平台人工智能价值网络结构性统计指标

统计指标	样本节点个数（个）	平均度	模块度	平均聚类系数	平均路径长度
统计值	15	1.417	0.745	0.047	3.94

图 3-2 刻画了 15 家人工智能开放创新平台价值网络的度数中心度分布情况。以平台主导的中国智能经济发展表现出明显的"极核"状结构。

---

① 为了便于观察价值网络的核心节点和比较不同节点的重要程度差异，图中仅显示了 15 个人工智能开放创新平台的节点标签。

价值网络节点度数中心度的呈现明显的"幂率"分布特征。

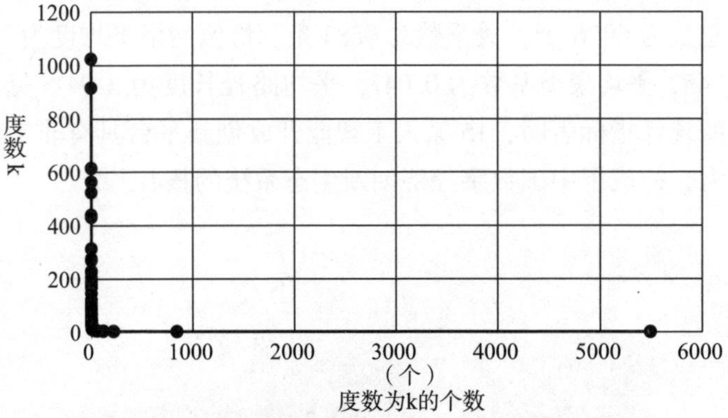

图3-2　人工智能平台价值网络的度数中心度分布

二、15家人工智能开放创新平台的活跃度

表3-2列出了人工智能开放创新平台构成的价值网络中活跃度排名前十五的样本节点、子样本节点[①]和关系节点。从样本节点看，华为、腾讯、阿里巴巴、京东和百度是最活跃的人工智能开放创新平台，通过数字化和智能化技术创新和赋能，推动智能科技与经济社会的融合发展，催生出新技术、新产品、新业态和新模式，引发了一系列组织和制度变革，是中国数字和人工智能科技产业的关键主导者。

表3-2　人工智能平台企业价值网络活跃度排名前十五的节点

排名前十五 样本节点	加权度数 中心度	排名前十五 子样本节点	加权度数 中心度	排名前十五 关系节点	加权度数 中心度
华为	1200	阿里云	443	清华大学	78
腾讯	1058	腾讯云	349	中国联通	49
阿里巴巴	710	平安创投	306	微软	46
京东	649	蚂蚁金服	292	中国电信	41
百度	589	华为云	236	英特尔	38

---

① 子样本节点为样本节点下的二级节点，包括平台旗下的关键子公司、核心技术部门等。

续表

排名前十五样本节点	加权度数中心度	排名前十五子样本节点	加权度数中心度	排名前十五关系节点	加权度数中心度
科大讯飞	494	京东数科	215	北京大学	36
海康威视	247	京东物流	187	浙江大学	36
小米	215	京东云	128	中国移动	35
商汤科技	194	爱奇艺	107	上海交通大学	29
中国平安	190	高德地图	91	中国科学技术大学	22
奇虎360	182	百度智能云	91	西安市政府	20
明略科技	169	影谱科技	86	西安交通大学	19
旷视科技	125	百度风投	86	英伟达	18
依图科技	111	菜鸟网络	79	重庆市政府	18
学而思	90	特斯联	76	南京大学	17

从子样本节点看，以阿里云、腾讯云、华为云、京东云、百度智能云为代表的云计算平台，以平安创投、百度风投为代表的平台风投基金，以蚂蚁金服、京东数科、京东物流和爱奇艺为代表的子业务平台，是价值网络中最活跃的子样本节点。其中，作为基础算力的提供者，云计算平台是人工智能发展的基础。依托平台的资金和业务发展中的市场机会识别能力，平台附属的风投基金成为人工智能技术不断扩展应用场景的推动者，而业务平台本身则成了对应用场景垂直整合的实施者。

在关系节点中，以清华大学、北京大学、浙江大学和上海交通大学为代表的高校和科研院所是价值网络中最重要的关系节点。作为学术生态系统的重要组成部分，他们不仅为样本企业提供核心人力资本，而且提供技术研发支持。

以英特尔、英伟达和微软为代表的国外基础硬件和软件企业，同样是价值网络的重要组成部分。除了为中国人工智能科技产业提供基础硬件和软件技术支持，还是核心人力资本前期工作经验的重要来源。同时，以中国移动、中国电信和中国联通为代表的网络基础设施服务商则为平台主导的创新生态系统提供基础设施服务。

第二节　平台主导的创新生态系统形成和演化的机制

表3-3列出人工智能开放创新平台价值网络关系数据的分类统计结果：从技术关系数据的统计分析看，技术输入方属于国内企业和机构的占比为81.37%，属于国外企业和机构的占比为18.63%；技术赋能对象属于国内企业和机构的占比为91.49%，属于国外企业和机构的占比为8.51%。

从人力资本关系数据的统计看，平台企业核心人力资本的前期学习经验，来自国内高校和科研院所的占比达到71.66%，来自国外高校和科研院所的占比为28.34%；前期工作经验来自国内企业和机构的占比为73.92%，来自国外企业和机构的占比为26.08%；从投融资关系数据的统计分析看，获投关系数占比为20.95%，而投资关系数占比为79.05%。

关系数据的分类统计分析表明，15家人工智能开放创新平台的创新生态系统是高度开放的。人工智能开放创新平台具有更高的国际化水平，无论是核心人力资本还是技术来源，国外的知名大学、科研机构和企业的数量都占较高比例。同时，人工智能开放创新平台通过为融合产业部门企业提供核心人力资本和技术赋能，推动了数字和人工智能与实体经济的融合发展。

表3-3　15家人工智能平台价值网络关系数据分类统计

类别		关系数（条）	占比（%）
技术关系	技术输入总计	1095	100
	国内	891	81.37
	国外	204	18.63
	技术赋能总计	6417	100
	国内	5871	91.49
	国外	547	8.51

续表

	类别	关系数（条）	占比（%）
人力资本	前期学习经验总计	307	100
	国内	220	71.66
	国外	87	28.34
	前期工作经验总计	510	100
	国内	377	73.92
	国外	133	26.08
投融资关系	投融资	2076	100
	获投	435	20.95
	投资	1641	79.05

一、关键赋能者

关系数据的统计分析表明，15 家人工智能开放创新平台的技术输入关系占比为 14.58%，技术赋能关系占比为 85.42%；技术输入关系中 81.37% 来自国内，18.63% 来自国外；技术赋能关系中，91.49% 为国内赋能，8.51% 为国外赋能。因而，15 家人工智能开放创新平台具有强大的技术赋能能力，是数字和人工智能科技产业发展的主要推动者（见图 3-3、图 3-4）。

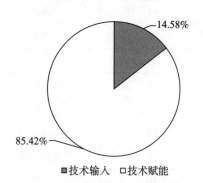

■技术输入 □技术赋能

图 3-3　15 家人工智能平台技术输入和技术赋能关系分布

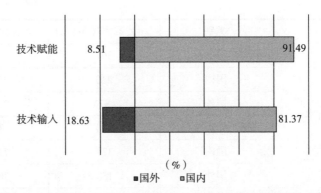

图 3-4　15 家人工智能平台技术输入和技术赋能关系国内外占比

　　技术输入关系数排名前列的样本企业包括华为、百度、腾讯、阿里巴巴和京东。技术赋能关系数排名前列的样本企业包括华为、腾讯、百度、京东和阿里巴巴。在技术输入和赋能关系排名前列的企业中，华为在技术输入和赋能关系两个方面的表现都非常突出。随着融合产业部门的发展，以华为为代表的硬科技创新平台将发挥越来越重要的作用（见表 3-4）。

表 3-4　15 家人工智能平台样本节点技术输入与技术赋能关系数排名①

样本节点技术输入关系数		样本节点技术赋能关系数	
企业名称	技术输入数（项）	企业名称	技术赋能数（项）
华为	78	华为	969
百度	61	腾讯	756
腾讯	60	百度	382
阿里巴巴	58	京东	368
京东	58	阿里巴巴	329
小米	37	科大讯飞	260
明略科技	26	商汤科技	97
海康威视	25	奇虎 360	91
奇虎 360	20	小米	87

---

　　① 此处仅考虑平台样本节点的技术输入和赋能关系数，不包括平台子样本节点技术输入和赋能数。

样本节点技术输入关系数		样本节点技术赋能关系数	
企业名称	技术输入数（项）	企业名称	技术赋能数（项）
商汤科技	17	明略科技	74
中国平安	17	海康威视	61
依图科技	15	中国平安	53
科大讯飞	13	依图科技	48
旷视科技	6	旷视科技	39
学而思	5	学而思	14

如表 3-5 所示，除了 15 家人工智能开放创新平台，对平台技术输入关系排名前列的关系节点主要包括两类：第一类是包括英特尔、微软、英伟达和高通在内的国外基础硬件和软件企业；第二类是包括清华大学、浙江大学、上海交通大学、北京大学和西安交通大学在内的大学和科研院所。平台技术赋能关系排名前列的关系节点主要包括四类：第一类是包括中国电信、中国联通、中国移动在内的通信基础设施服务供应商；第二类是包括西安市政府、重庆市政府、上海市政府在内的各级地方政府；第三类是包括清华大学在内的国内高校；第四类是包括微软、英特尔在内的国外基础硬件和软件企业（见表 3-5）。

表 3-5　技术输入与技术赋能关系排名前十的关系节点

技术输入关系排名前十关系节点		技术赋能关系排名前十关系节点	
企业名称	技术输入数（项）	企业名称	技术赋能数（项）
英特尔	24	中国电信	37
清华大学	19	中国联通	37
微软	18	中国移动	29
英伟达	12	清华大学	27
中国联通	10	西安市人民政府	20
浙江大学	9	重庆市人民政府	18
上海交通大学	8	微软	16
高通	7	上海市人民政府	15

技术输入关系排名前十关系节点		技术赋能关系排名前十关系节点	
企业名称	技术输入数（项）	企业名称	技术赋能数（项）
北京大学	6	宝马汽车	14
西安交通大学	6	英特尔	14

从15家人工智能创新平台技术输入和技术赋能关系节点的地区分布看，北京、广东、上海和浙江是对平台技术输入和平台技术赋能最为活跃的国内地区，美国和德国则是对平台技术输入和平台技术赋能最活跃的国外地区。从这一指标看，北京、广东、上海和浙江是人工智能科技产业最为发达的地区，而美国和德国是与中国数字和人工智能科技产业关系最为密切的国家（见表3-6）。

表3-6 技术输入与技术赋能关系排名前十关系节点的国内外分布

技术输入关系排名前十国内地区			技术输入关系排名前十国家		
省市	技术输入数（项）	技术输入数占比（%）	国家	技术输入数（项）	技术输入数占比（%）
北京	325	29.68	美国	126	11.51
广东	188	17.17	德国	23	2.10
上海	92	8.40	英国	13	1.19
浙江	63	5.75	新加坡	11	1.00
江苏	31	2.83	韩国	8	0.73
山东	20	1.83	日本	8	0.73
福建	19	1.74	以色列	7	0.64
陕西	17	1.55	荷兰	6	0.55
安徽	16	1.46	法国	4	0.37
四川	15	1.37	芬兰	4	0.37
技术赋能关系排名前十国内地区			技术赋能关系排名前十国家		
省市	技术赋能数（项）	技术赋能数占比（%）	国家	技术赋能数（项）	技术赋能数占比（%）
北京	1426	22.22	美国	165	2.57
广东	972	15.15	德国	70	1.09

续表

技术赋能关系排名前十国内地区			技术赋能关系排名前十国家		
省市	技术赋能数（项）	技术赋能数占比（%）	国家	技术赋能数（项）	技术赋能数占比（%）
上海	522	8.13	法国	40	0.62
浙江	336	5.24	英国	35	0.55
江苏	286	4.46	日本	29	0.45
山东	224	3.49	新加坡	24	0.37
陕西	178	2.77	瑞士	21	0.33
重庆	177	2.76	韩国	18	0.28
四川	169	2.63	荷兰	17	0.26
福建	159	2.48	意大利	12	0.19

从对 15 家人工智能开放创新平台技术输入的行业分布看，软件和信息服务、电子制造、通信、商业服务和互联网是对平台技术输入最多的融合产业部门，大数据与云计算、AI 平台、AI 技术、智能芯片和智慧城市则是对平台技术输入最多的核心产业部门。从 15 家人工智能开放创新平台技术赋能行业分布看，软件和信息服务、金融、通信、汽车和商业服务是平台技术赋能最多的融合产业部门，大数据与云计算、智慧城市、AI 技术、智慧教育和 AI 平台则是平台技术赋能最多的核心产业部门（见表 3-7）。

表 3-7 关系节点技术输入与技术赋能排名前十的行业分布

技术输入关系排名前十的融合产业部门			技术输入关系排名前十的 AI 核心产业部门		
行业	技术输入数（项）	技术输入数占比（%）	行业	技术输入数（项）	技术输入数占比（%）
软件和信息服务	97	8.86	大数据与云计算	167	15.25
电子制造	63	5.75	AI 平台	125	11.42
通信	49	4.47	AI 技术	89	8.13
商业服务	34	3.11	智能芯片	55	5.02
互联网	22	2.01	智慧城市	37	3.38
设备制造	16	1.46	视觉识别	31	2.83

技术输入关系排名前十的融合产业部门			技术输入关系排名前十的 AI 核心产业部门		
行业	技术输入数（项）	技术输入数占比（%）	行业	技术输入数（项）	技术输入数占比（%）
汽车	15	1.37	物联网	30	2.74
医疗	12	1.10	机器人	24	2.19
金融	11	1.00	智慧医疗	19	1.74
交通运输	10	0.91	区块链	17	1.55
技术赋能关系排名前十的融合产业部门			技术赋能关系排名前十的 AI 核心产业部门		
行业	技术赋能数（项）	技术赋能数占比（%）	行业	技术赋能数（项）	技术赋能数占比（%）
软件和信息服务	335	5.22	大数据与云计算	714	11.13
金融	333	5.19	智慧城市	554	8.63
通信	293	4.57	AI 技术	225	3.51
汽车	270	4.21	智慧教育	224	3.49
商业服务	251	3.91	AI 平台	161	2.51
传媒	241	3.76	智慧交通	130	2.03
医疗	220	3.43	人才培养	103	1.61
交通运输	203	3.16	智慧医疗	102	1.59
生活服务	182	2.84	智慧政务	82	1.28
电子制造	141	2.20	智慧物流	73	1.14

二、核心人力资本供给者

在 15 家人工智能开放创新平台的核心人力资本中 28.34% 毕业于国外高校和科研院所，71.66% 毕业于国内高校和科研院所。同时，26.08% 的核心人力资本拥有国外企业和机构的工作经验，其余的 73.92% 拥有国内企业和机构工作的经验。与中国智能经济价值网络相比，15 家人工智能开放创新平台核心人力资本的国外前期学习和工作经验的占比更高（见图 3-5、图 3-6）。

图 3-5　15 家人工智能平台核心人力资本　图 3-6　15 家人工智能平台核心人力资本
　　　前期学习经验关系数据统计　　　　　　前期工作经验关系数据统计

在国内教育机构中，清华大学、北京大学、浙江大学、中国科学技术大学和北京理工大学是排名前五的高校和科研机构。在国外教育机构中，美国耶鲁大学、麻省理工学院、哥伦比亚大学、加州大学伯克利分校、纽约大学是排名前五的国外高校。

从核心人力资本的前期工作经验看，中国电子科技集团公司第五十二研究所、华为、微软亚洲研究院、中国建设银行和中国科学技术大学是国内排名前五的企业和机构。微软、IBM、麦肯锡、亚马逊和脸书是国外排名前五的企业和机构。无论从国内还是从国际看，人工智能开放创新平台核心人力资本获取前期工作经验的企业和机构，不仅包括互联网企业，而且包括 IT 企业、大学和科研院所（见表 3-8）。

表 3-8　15 家平台核心人力资本前期学习和工作经验来源排名前十的关系节点

前期学习经验排名前十的关系节点				前期工作经验排名前十的关系节点			
国内	占比（%）	国外	占比（%）	国内	占比（%）	国外	占比（%）
清华大学	9.45	美国耶鲁大学	1.63	中国电子科技集团公司第五十二研究所	1.37	微软	2.35
北京大学	6.19	美国麻省理工学院	1.30	华为	0.98	IBM	1.37
浙江大学	4.56	美国哥伦比亚大学	0.98	微软亚洲研究院	0.98	麦肯锡	0.78

前期学习经验排名前十的关系节点				前期工作经验排名前十的关系节点			
国内	占比（%）	国外	占比（%）	国内	占比（%）	国外	占比（%）
中国科学技术大学	3.91	美国加州大学伯克利分校	0.98	中国建设银行	0.78	Amazon	0.59
北京理工大学	2.61	美国纽约大学	0.98	中国科学技术大学	0.78	Facebook	0.39
上海交通大学	2.61	美国德克萨斯大学奥斯汀分校	0.65	百度	0.59	美国布朗大学	0.39
复旦大学	2.28	美国哈佛大学	0.65	合肥工业大学	0.59	谷歌	0.39
华中科技大学	2.28	美国华盛顿大学	0.65	清华大学	0.59	诺基亚	0.39
中国人民大学	2.28	美国斯坦福大学	0.65	腾讯	0.39	美国普渡大学	0.39
南京大学	1.95	悉尼科技大学	0.65	阿里巴巴	0.39	普华永道	0.39

从15家人工智能创新平台核心人力资本来源企业和机构的地域分布看，北京是为平台输送核心人力资本最多的国内城市，美国则是对平台输送核心人力资本最多的国外地区（见表3-9）。

表3-9 核心人力资本学习经验和工作经验来源排名前十的国家和地区

前期学习经验排名前十的国家和地区				前期工作经验排名前十的国家和地区			
国内	占比（%）	国外	占比（%）	国内	占比（%）	国外	占比（%）
北京	27.04	美国	20.85	北京	30.20	美国	19.80
上海	9.12	英国	2.61	广东	9.41	英国	1.18
浙江	5.21	澳大利亚	1.63	浙江	9.02	芬兰	0.78
安徽	4.89	加拿大	1.63	上海	8.82	日本	0.78
湖北	4.89	法国	0.65	安徽	7.45	法国	0.59
江苏	3.91	爱尔兰	0.33	中国香港	2.16	荷兰	0.59

前期学习经验排名前十的国家和地区				前期工作经验排名前十的国家和地区			
国内	占比（%）	国外	占比（%）	国内	占比（%）	国外	占比（%）
广东	3.26	新西兰	0.33	中国台湾	1.18	加拿大	0.39
中国香港	1.95	—	—	江苏	0.98	瑞士	0.39
黑龙江	1.63	—	—	湖北	0.78	新加坡	0.39
四川	1.63	—	—	山东	0.78	爱尔兰	0.20

三、投融资活动

在人工智能开放创新平台主导的价值网络发展中，活跃度最高的投资机构为百度投资并购部、红杉资本中国基金、云锋基金、淡马锡和高瓴资本。活跃度最高的非投资机构为海康威视、商汤科技、科大讯飞、腾讯和阿里巴巴（见表3-10）。

表3-10　15家人工智能平台融资领域最活跃的机构前十

投资机构前十	投资样本企业数（家）	非投资机构前十	投资样本企业数（家）
百度投资并购部	10	海康威视	9
红杉资本中国基金	8	商汤科技	7
云锋基金	8	科大讯飞	6
淡马锡	7	腾讯	4
高瓴资本	6	阿里巴巴	3
凯鹏华盈	6	学而思	3
顺为资本	6	富士康	2
联想之星	5	蚂蚁金服	2
腾讯投资	5	奇虎360	2
创新工场	4	小米	2

从15家人工智能开放创新平台投融资关系节点的地区分布看，北京、广东、上海和浙江是平台投资和平台融资最活跃的国内地区，美国则是平台投资和平台融资最活跃的国外地区（见表3-11）。

表 3-11　人工智能平台投资和融资关系节点排名前十国内外地区分布

平台投资关系前十的国内地区			平台投资关系前十的国外地区		
省市	投资数（次）	投资数占比（%）	国家	投资数（次）	投资数占比（%）
北京	444	27.06	美国	10	0.61
广东	242	14.75	以色列	6	0.37
上海	227	13.83	英国	4	0.24
浙江	182	11.09	澳大利亚	2	0.12
江苏	100	6.09	比利时	2	0.12
天津	44	2.68	新加坡	2	0.12
重庆	39	2.38	爱尔兰	1	0.06
四川	37	2.25	德国	1	0.06
安徽	34	2.07	俄罗斯	1	0.06
湖北	34	2.07	日本	1	0.06
平台融资关系前十的国内地区			平台融资关系前十的国外地区		
省市	融资数（次）	融资数占比（%）	国家	融资数（次）	融资数占比（%）
北京	178	40.92	美国	16	3.68
上海	75	17.24	新加坡	6	1.38
广东	56	12.87	加拿大	3	0.69
浙江	24	5.52	马来西亚	2	0.46
香港	20	4.60	南非	2	0.46
江苏	12	2.76	日本	2	0.46
安徽	11	2.53	泰国	2	0.46
山东	7	1.61	阿联酋	1	0.23
天津	4	0.92	澳大利亚	1	0.23
江西	2	0.46	韩国	1	0.23

从对 15 家人工智能创新平台技术投资关系节点的行业分布看，投资机构、银行、商业服务、AI 平台和人工智能平台下属分公司是对平台投资最

多的行业和领域，人工智能平台下属分公司、软件和信息服务、商业服务、传媒、投资机构则是平台投资最多的行业和领域（见表3-12）。

表 3-12 投融资关系节点排名前十行业分布①

融资关系节点排名前十行业分布			投资关系节点排名前十行业分布		
行业/部门	融资数（次）	融资数占比（%）	行业/部门	投资数（次）	投资数占比（%）
投资机构	278	63.91	平台下属分公司	400	24.38
银行	47	10.80	软件和信息服务	169	10.30
商业服务	37	8.51	商业服务	123	7.50
AI 平台	18	4.14	传媒	122	7.43
平台下属分公司	10	2.30	投资机构	96	5.85
视觉识别	7	1.61	教育	71	4.33
传媒	4	0.92	互联网	70	4.27
房地产	4	0.92	大数据与云计算	66	4.02
互联网	4	0.92	医疗	62	3.78
汽车	4	0.92	交通运输	27	1.65

作为人工智能科技产业发展的主导者和引领者，平台的功能主要表现在三个方面：

首先，作为网络空间的搭建者和运营者，平台是数据生态的主导者。这15家人工智能开放创新平台大都是从交易平台进化而来的数据和计算平台。良好的数据生态为芯片设计、算法和操作系统创新奠定了坚实基础。

其次，在进化过程中，基于数据生态和技术优势，逐步形成了包括子平台和业务模块在内相互嵌套、功能强大的复杂生态系统。平台主导的创新生态系统通过持续迭代和进化，不断满足和适应中国经济转型升级过程中的智能化需求。同时，平台衍生的子平台和业务模块进一步发展为新的复杂生态系统，与主平台共同推动了中国智能经济的发展。例如，由阿里巴巴平台衍生的包括淘宝、天猫、支付宝、蚂蚁金服、阿里云和菜鸟网络

① 投资机构为对人工智能平台投资的风投机构，投资通常不涉及技术流动。平台下属分公司主要指平台的子业务单位。

在内的子平台及其复杂的生态系统，共同构成了功能强大的人工智能科技产业创新发展的动力源。

最后，平台及其主导的创新生态系统具有强大的赋能能力，通过"平台+中小微企业和初创企业+开发者"智能经济组织新模式，加速推动了数字和智能科技与经济社会的融合。

第四章

数据生态与新型企业成长机制

经济形态的演化往往源于微观结构的变革，而新型企业的涌现则是微观经济结构变革的基础。随着互联网、物联网、大数据、云计算和人工智能等新一代信息技术的发展，数据驱动的新型企业正在成为推动中国经济高质量发展的重要力量。其中，独角兽企业是新型企业的代表。与传统工业企业不同，独角兽企业依赖于互联网基础设施，具备强大的数据处理技术以及海量数据资源。而"数据资产"逐渐上升为企业成长过程中必备的资产形态之一，其所包含的价值创造潜力为独角兽企业的快速成长提供了基础。对于独角兽企业而言，开发数据资产的技术体系是完成数据资源价值创造的前提，随着技术体系的不断迭代与完善，数据资源被挖掘的程度越高，所创造的价值就越高。

第一节　企业成长理论

对企业成长的理论研究一直是现代企业理论的焦点之一。20 世纪 70 年代以来，对企业的本质及其成长做出解释的理论主要包括：企业合约理论和企业能力理论。随着互联网的发展，学术界开始认识到企业的网络属性。包括 Web 2.0、大数据、云计算和人工智能在内的新一代信息技术的发展和应用，创造了数据驱动的新型企业。新型企业的快速涌现和成长使人们更深刻地认识到数据资产在驱动企业成长中的关键作用。而对数据资产、数据生态与企业成长关系的讨论成为学术界关注的话题。

一、不完全合约理论

完全合约理论，包括新古典合约理论、委托代理理论等领域，最为凸显的成就是基于信息完全等假设之上提出的"阿罗-德布罗"模型和基于信息不对称、完全市场等假设之上的委托代理模型，但完全合约理论关于企业成长的论述是建立在完美假设的基础上，与现实差距甚远。现代合约理论的最前沿聚焦于不完全合约领域的研究，对于不完全合约理论产生的原因，包括有限理性、交易成本和机会主义。其中，关于企业成长的论述起源于 Coase（1937）对企业性质的研究，而交易成本理论的出现使企业这个"黑箱"以新的视角被学界解读。Coase 认为，企业在本质上就是价格机制的替代物，而企业规模的边界存在于"企业内部组织一项交易的成本等于通过公开市场上的交换方式进行同一交易的成本或在另一企业内组织他的成本"。[①] 企业成长被看作是企业边界扩大的过程，企业成行因素被看作是决定企业边界的因素，而企业成长的动因归结于企业能否在市场上节约交易成本。因此，企业成长被看作由致使生产成本和交易成本下降的制度变化过程所决定。不完全合约理论从资产专用性的视角来解释企业成长，以 Williamson（1985）正式提出"资产专用性"概念为标志，他认为交易作为基本的分析单位，通过比较不同经济组织模式的交易成本来对其配置资源的相对效率做出评价。[②] 正是由于"资产专用性"的存在，企业被视为可以替代市场的一种经济形态。而企业规模的扩张只能存在与某一特定的资产专用性范围之内，超过这一范围企业的规模不但不会扩张甚至还会收缩。这就意味着，原本交易成本理论中关于企业成长的含义被限定在一定交易的范围内，而影响交易的治理结构则应该根据交易频率、不确定性和资产专用性三个维度来进行划分，如表4-1所示。

表4-1 资产专用性、交易频率和治理结构选择的关系

		资产专用性程度		
		低	中等	高
交易频率	低频	市场治理	三方治理	三方治理或统一治理（一体化）
	高频		双方治理	统一治理（一体化）

资料来源：根据 Williamson O E. The Economic Institutions of Capitalism：Firms，Markets，Relational Contracting［M］. New York：Free Press，1985 整理而来。

之后，Klein et al.（1978）[③] 补充了资产专用性理论中的动因分析，

---

① Coase R H. The Nature of the Firm［J］. Economica，1937，4（16）：386-405.

② Williamson O E. The Economic Institutions of Capitalism：Firms，Markets，Relational Contracting［M］. New York：Free Press，1985.

③ Klein B，Crawford R A，Alchian A A. Vertial integration，appropriable rents，and the competitive contracting process［J］. Journal of Law and Economics，1978（22）：297-326.

提出由"可占用性准租"而形成合约机会主义行为，导致企业纵向一体化比市场合约更为有效。上述理论均是从资产专用性理论出发，实质上资产专用性具有一种套牢（lock-in）效应。一旦做出关系专用性投资，在一定程度上就锁定了当事人之间的关系，合约关系就会发生"根本性转变"，事前的竞争就会被事后的垄断所替代，从而导致敲竹杠（hold-up）的机会主义行为发生。这意味着，关系专用性投资提高了对伙伴的依赖性，资产专用性程度越强，对交易伙伴的依赖性就越大，在没有制度阻拦的条件下，专用性投资较强的一方被交易另一方的机会主义行为损害的可能性就越大。

结合独角兽企业案例来看，部分具备数据计算和处理能力的独角兽企业之间，或者与其他主体之间的合作关系，实质上是基于数据及其处理技术等相关资产的专用性程度而产生的。能够通过在数据和技术上的合作，使得合作主体能够涉足不同领域，尤其对于新型企业组织而言其行业边界并不明晰，很多具有双重或者多重含义，如阿里巴巴生态化运营模式已经融合了众多行业。这意味着在数字经济时代，基于技术的数据资产专用性整体上处于较低程度，使得不同行业的企业之间的互通性变得更强，多方治理结构下的交易行为十分普遍。尤其，对于以数据技术和数据资源为核心的新型企业组织而言，其所属行业边界变得模糊，企业成长能够跨越自身经营范围而在不同领域进行扩张。

二、企业能力理论

隐藏在企业背后的特定能力（配置、利用、开发和保护资源的能力）是企业竞争优势的深层来源，只有拥有有效利用资源背后的能力才能创造并保持独有的竞争优势（Park 和 Mezias，2004；Lemer，2002；Harrison，1997）。[1][2][3] 企业能力决定了企业经营的深度和广度，并影响生产力、生产效率以及生产成本等众多方面。因此，企业所具备的相关能力是其实施

---

① Park N K, Mezias J M, Song J. A resource-based view of strategic alliances and firm value in the electronic marketplace [J]. Journal of Management, 2004, 30 (1): 7-27.

② Harrison B. Lean and Mean: The Changing Landscape of Corporate Power in the Age of Flexibility [M]. 1994, The Guildford Press.

③ Lemer A C. Standards for intelligent transportation systems [R]. TR News, 2001, Transportation Research Board & The National Research Council.

战略决策、获取竞争优势，实现快速成长的关键。

企业能力理论大致包括四个发展阶段：①资源基础论（Dierickx 和 Cool，1989；Peteraf，1993；Collins 和 Montgomery，1995）；①②③ ②核心能力论（Prahalad 和 Hamel，1990；Barton，1992）；④⑤ ③知识基础论（Spender，1996）；⑥ ④动态能力论（Teece 等，1997；Zollo 和 Winter，2002）。⑦⑧ 首先，企业资源基础理论是建立在 Poter（1980）的竞争战略与核心能力竞争理论基础之上的（Collis，1994）。⑨⑩ 该理论主要观点认为，企业是各类异质性资源的集合体。企业参与市场竞争的各类竞争性资源具有差异性，且由于不能完全流动导致资源的稀缺性，是企业能够获取利润与竞争优势主要原因（Penrose，1959）。⑪ 其次，在核心能力理论中，企业是能力的独特集合体，企业成长的长期竞争优势主要来自企业的核心能力（Prahalad 和 Hamel，1990）⑫。同时，该理论认为企业维系持续竞争优势的关键的还来自企业内部知识的积累和培养。再次，对于知识基础理论方面，研究人员从组织知识积累的视角发展了企业能力理论，认为企业是知

① Dierickx I, Cool K. Asset Stock Accumulation and Sustainability of Competitive Advantage［J］. Management Science, 1989, 35（12）: 1514-1514. 1/2p.

② Peteraf M A. The cornerstones of competitive advantage: A resource-based view［J］. Strategic Management Journal, 1993, 14（3）: 179-191.

③ Collins D J, Montgomery C A. Competing on Resources: Strategy for the 1990's［J］. Harvard Business Review, 1995: 118-128.

④ Prahalad C K, Hamel G. The Core Competence of the Corporation［J］. Harvard Business Review, 1990: 969-987.

⑤ Barton. Core capabilities and core rigidities: A paradox in managing new product development［J］. Strategic Management Journal, 1992, 13（s1）: 111-125.

⑥ Spender J C. Making knowledge the basis of a dynamic theory of the firm［J］. Strategic Management Journal, 1996, 17（s2）: 45-62.

⑦ Teece D J, Pisano G, Shuen A. Dynamic capabilities and strategic management［J］. Strategic Management Journal, 1997, 18（7）: 509-533.

⑧ Zollo M, Winter S. From organizational routines to dynamic, capabilities［J］. A Working Paper of the Reginald H. Jones Center, the Wharton School University of Pennsylvania, 1999.

⑨ Collis, DJ. research note: how valuable are organizational competence［J］. Strategic Management Journal, 1994, 15（2）: 143-152.

⑩ Porter M E. Competitive Strategy［M］. The Free Press, 1980.

⑪ Penrose E T. The theory of the growth of the firm［M］. Oxford Basil Blackwell, 1959 2nded. 1980.

⑫ Prahalad C K, Hamel G. The Core Competence of the Corporation［J］. Harvard Business Review, 1990: 969-987.

识的集合体，只有能够产生竞争优势的独特资源，如企业所拥有的难以交易和模仿的知识（Barney，1991），[1] 尤其是隐性知识且能够为企业带来竞争优势的知识体系才是企业核心能力的基础。最后，在动态能力理论方面，Teece 等（1997）[2] 学者的研究成果显示，由于组织所处的竞争性市场环境动态复杂多变，企业某特定时点所形成的核心能力，从长远来看，将难以长期维持。因此，该理论强调动态能力是企业整合、建立、重构企业内外部能力，以便适应快速变化环境的能力。企业能力就是指在动态环境中，企业为实现其战略目标和企业宗旨，通过有效地获取、配置、整合和培养各种组织内外资源来从事价值创造活动所必需的技能、经验和知识。

企业能力理论四大分支的研究侧重点虽然不同，但基本上认同企业内部组织能力是解释企业获得超额收益和保持企业竞争优势的关键，也是制造竞争性组织彼此间差异的重要影响因素。但是，上述理论过于强调企业内部条件对于企业占据市场竞争优势具有的决定性作用，而并没有充分考虑企业的外部环境等因素，诸如不同企业之间闲置资源可能产生的价值创造性并没有被研究，而这种价值创造性正是当下新经济发展的关键所在。

三、企业网络理论

以网络的视角研究企业成长问题，兴起于 20 世纪 80 年代中后期，之后逐渐发展为一个崭新的研究领域。该研究模式主要以市场组织作为网络中的节点，通过构建企业与其他组织间的关系网络来研究其中的互动规则，以此揭示企业成长的内在机制和动力源泉。这种网络研究模式不仅实现了企业理论在研究方法上的创新，而且比传统的计划、市场或科层组织的研究模式更具优势。

（一）合作与竞争

在经济学理论体系中，市场机制是永恒的话题，尤其在新古典经济学

---

① Barney J. Firm Resources and Sustained Competitive Advantage [J]. Journal of Management, 1991, 17 (1): 99-120.

② Teece D J, Pisano G, Shuen A. Dynamic capabilities and strategic management [J]. Strategic Management Journal, 1997, 18 (7): 509-533.

体系中，对市场机制研究的核心在于竞争，如完全竞争、垄断竞争、寡头垄断以及完全垄断等市场结构均是以竞争和垄断为研究基础的，并认为只有竞争才是有效率的。虽然在新古典经济学体系中，对竞争的研究已经十分成熟，然而相比较而言，经济学对合作的研究却是十分薄弱的。直至博弈论和新制度经济学的兴起，经济学对合作研究才被学界所重视。但是，这些研究并没有形成较为完善的体系，合作问题依旧是经济学领域中尚待深入研究的主题之一，尤其在学界对竞争的新认识开始兴起，使得竞争与合作两者在概念上逐渐相融合，即对"合作竞争"所产生的双边互利效应需要进一步研究。

为了弥补经济学中对合作问题研究的不足之处，企业网络的兴起为研究企业间等组织间合作竞争及其网络交易方式提供了广阔的研究空间。在对企业网络进行概念上的界定时，Thorelli（1986）将企业网络看作是一种处于市场与科层之间的中间治理形式，即基于互利交易的一种双边治理形式。① Powell（1990）和 Thompson（1991）认为企业网络是市场和企业之外的第三种资源配置方式。②③ 除此之外，在企业间业务关系方面，由两个及以上相互连接的业务而组成的集合即是企业网络（Emerson，1981；Anderson，1994）。④ Larsson（1993）提出以市场、企业和网络间协调的三级制度框架代替传统的企业和市场的两级制度框架。在此基础上，Larsson 强调组织间存在的长期互利规则是企业的重要属性。这种长期的互利规则能够为网络及其中组织带来规模经济和范围经济，同时提高市场效率并减少"看不见的手"以及"看得见的手"带来的失灵问题。⑤

---

① Thorelli H B. Networks: between markets and hierarchies [J]. Strategic Management Journal, 1986 (7): 37-51.

② Powell W. Neither Market nor Hierarchy: Network Forms of Organization [J]. Research in Organizational Behavior, 1990 (XII): 295-336.

③ Thompson G, Frances J, Levacie R. Markets, Hierarchies and Networks: The Coordination of Social Life [M]. London: Sage, 1991.

④ Emerson, Richard M. Exchange Theory, Part I: Exchange Relations and Network Structures [M]. in Sociological Theories in Progress. 2, Zelditch M, Anderson B, eds. Boston: Houghton Mifflin, 1972: 58-87.

——Social Exchange Theory [M]. in Social Psychology: Sociological Perspectives, Monis Rosenberg and Ralph Turner, eds. New York: Basic Books, 1981: 30-65.

⑤ Larsson R. Handshake between Invisible and Visible Hands: Toward a Tripolar Institutional Framework [J]. International Studies of Management and Organization, 1993, 23 (1): 87-106.

除此之外，Hakansson 和 Snehota（1995）提出影响网络组织结构的基本变量和网络的构成关系，前者包括活动、行为者和资源，后者包括企业、关系和网络。两位学者认为，组织网络中企业间关系是多层次的，这种多层次的关系把企业活动联结在一起，使不同行为主体相互结合并形成资源纽带，因此关系的层次性是企业网络的基本体征。关系契约不仅能够使得不同企业的组织相互结合，也使得不同企业间的行为以及资源目标具有整体性和一致性。① 另外，由于企业间的关系源自企业的自发性行为，而这种关系同时也能够对企业产生约束力。企业间关系不仅塑造了个别企业的行为，个别企业反过来又能够对企业间关系或企业网络整体行为产生影响。个别企业行为会受其原先产生的网络约束力的影响，这就意味着企业网络的形成是一个自组织的过程，并具有路径依赖的特征。

国内学者贾根良（1998）认为网络组织是介于市场和企业之间的新型组织形式，② 并提出了由活性节点通过网络连接构成的有机组织系统（林润辉、李维安，2000）。③ 网络组织突破了传统组织集权与分权的矛盾思维，通过结合市场与企业，提升组织的反应能力及运作效率（孙国强、李维安，2003）。④

（二）交易成本

Coase（1937）在其为《企业的性质》一书中，依据其所建立的交易成本的一书解释了市场和企业存在的必然性。其基本观点是把市场和企业看作是由交易成本所决定的相互竞争和相互替代的两种制度安排，而企业作为价格机制的替代，其规模边界取决于内部监管成本和外部交易成本的权衡。内部管理成本，如监督及管理成本，而外部交易成本包括协商、信息沟通、交通运输及合约执行等行为产生的成本。Coase 认为，当企业内部组织的交易成本低于市场交易所产生的成本时，企业就会将减少市场交

① Hakansson H, Snehota I. eds,. Developing Relationships in Business Networks［M］. London：Rutledge，1995.

② 贾根良. 劳动分工、制度变迁与经济发展［M］. 天津：南开大学出版社，1999.

③ 林润辉，李维安. 网络组织——更具环境适应能力的新型组织模式［J］. 南开管理评论，2000（3）：4-7.

④ 孙国强，李维安. 网络组织治理边界的界定及其功能分析［J］. 现代管理科学，2003（3）：3-4.

易行为，转而选择内部组织交易来替代外部交易。当企业内部交易成本约等于在市场交易成本时，企业的边界会被打破，这时企业会转向市场交易。Coase 基于交易成本理论对企业边界的探讨可被认为是企业理论中企业网络观点的萌芽，但在当时的工业化时代，Coase 的交易成本理论更多地偏向于企业内部交易的论述，对市场交易给企业带来的好处并没有做过多的介绍。然而，在当今数字经济时代，基于合作竞争的市场交易行为可能对企业成长更为有利。

Williamson（1985）在 Simon（1951）的有限理性和机会主义行为的假设前提下，[①] 对 Coase 交易成本理论中所涉及的企业和市场进行了区分，并提出"中间组织"和"混合治理"两个术语，在此基础上构建了交易成本经济学的分析框架。Williamson 认为对"中间组织"的研究，应该立足于交易行为。他提出资产专用性、不确定性和交易的频率是确定交易行为性质的三种分析变量，其中资产专用性尤为重要。Williamson 将企业面临的市场合作成本与内部生产成本进行加总，并在此基础上对两类成本进行比较，进而确定企业间合作关系产生的动机。

Teece 等（1997）强调企业网络能够以很高的效率促进互补性技术以及组织能力在企业间传播和扩散。这意味着，企业网络能够降低纯粹市场条件下所产生的外部交易成本以及单纯企业科层制内部存在的组织成本。另外，实践经验告诉我们，传统企业之间的竞争与合作已经转变为企业网络之间的竞争与合作，企业在网络中更多地表现为协同互利而不是共同消亡。Applegate 等（1988）认为企业具有可渗透的边界，这种边界不仅存在于企业内部单元之间，也存在于外部组织之间。[②] 企业网络可以通过长期合约和非正式合约对重复交易行为进行协调和治理，这会比传统企业交易模式更有利于降低交易成本。除此之外，企业网络结构上的分散性和高强度连接的特性，可以有效地避免一体化制度所产生的高昂管理费用，同时维持自身的独立性以及合作的灵活性。

Dietrich（1994）在继承 Thompson 等（1991）学者关于管理机制三分

① Simon H A. A Formal Theory of the Employment Relationship [J]. Econometrica, 1951, 19 (3): 293-305.

② Applegate L M, Cash J I, Mills Q D. Information Technology and Tomorrow's Manager [J]. Harvard Business Review, 1988 (6): 128-36.

法的基础上，提出了"半结合（quasi-integration）"组织理论，该理论在一定程度上推动了交易成本理论的发展。Dietrich 认为存在一种组织形态，能够将企业、市场与网络这三者的结构或功能相互联系起来，这种组织的具体形式就是企业的网络组织形态。[1] 进而根据半结合理论的观点，在企业和市场完全失灵的情况下，半结合框架下的企业网络组织能够获得利益，半结合理论还能够更好地解释卡特尔、合资企业、分包机制以及特许经营等半结合方式的经济行为。

杨瑞龙（2004）认为处于企业网络中的企业成员能够通过四种方式来降低交易成本：一是长期且重复的合作关系；二是高强度合作关系所产生的规模经济；三是企业间信息共享机制减少了信息不对称现象；四是企业网络中广泛使用非正式的制度如信任机制来降低正式制度下的实施和监督成本。[2] 石建中（2015）认为在企业网络中的成员之间可以通过建立长期稳定的合作关系、利用地理上的邻近性、形成共识性目标以及劳动力协调制度等方式，来促进资源共享和降低交易成本，最终实现高效协同共生。[3]

上述学者所提到的长期合作以及非正式的制度实质上暗含了合作关系的异质性，而网络结构正是聚集异质性关系的重要载体。因此，企业网络是能够适应新兴经济活动高效的组织形态。然而，在企业网络的形成过程中，交易成本理论并没有详细论述企业该如何协调跨边界活动以降低成本。另外，Knoke 和 Kuklinski（1982）对企业网络中企业间关系的属性、类别、维度和层次只是进行了简要说明（他们认为企业间的关系属性是决定网络结构的基础条件，不同类型的关系对应不同的企业网络，并且企业间关系在不同的维度和层次上具有特定的功能），而交易成本理论对企业网络中合作关系的论述基本处于空白状态。[4]

（三）资源

从资源的角度解释企业网络，为研究企业间的互动规则提供了崭新的

---

① Dietrich D. Transaction Cost Economics and Beyond：Toward a New Economics of the Firm ［J］. Routledge. 1994：201.

② 杨瑞龙. 企业间网络及其效率的经济学分析 ［J］. 江苏社会科学，2004（3）：53-58.

③ 石建中. 网络组织对企业规模与绩效影响的实证研究 ［D］. 中国海洋大学，2015.

④ Knoke D，Kuklinski J. Network Analysis ［M］. Beverly Hills，CA：Sage，1982.

思路。Johanson 和 Mattson（1990）认为企业间的市场关系是一种网络结构，而分工创造了相互依赖的网络关系，这种相互依赖主要体现在资源的相互依赖性，企业必须与其所在的环境产生交互作用才能够获得资源。[①]交互作用能够促使企业网络的形成，这种网络不仅能够帮助企业获得长期合作竞争优势，而且是企业所需要的一种资源（Freeman，1991；Madhavan 等，1998）。[②][③] 企业网络的结构特征决定了企业成员获取资源的效率，高效的网络结构能够帮助企业在复杂的网络环境中快速获取所需的信息和知识，这意味着网络本身也是企业所具有的一种重要战略资源（Kogut 等，2007），[④] 此处所述的网络指的是企业在网络中所形成的网络关系集合。

Richardson（1972）从互补性行为的角度分析了企业间的合作关系，为企业网络理论奠定了研究基础。根据 Richardson 的研究结果，企业一般在其专业化领域中具有较强的运营能力，在非专业化领域中需要与其他组织进行协调，而市场交易活动无法满足企业间协调的需求。[⑤] 因此，市场机制的缺失使基于企业间密切合作的企业网络得以形成。基于互补性行为的企业网络观，实际上隐喻了互补性资源观，即互补性资源是产生互补性行为的关键原因。

在技术创新领域，基于互补性行为或资源而形成的企业合作网络十分普遍。但与传统技术合作不同，技术创新强调的是基础原创性，因此两者所对应的网络类型也不同。比如，传统意义上的技术授权交易对被授权者的技术进步十分有限，主要原因在于这种技术合作关系较为单一，在实践中，除了授权、转让等许可交易之外，后期的合作研发、技术援助等互补性合作行为更为重要，这就为企业间的合作创造了更多领域，基于互补性行为或资源而催生的合作关系维度的增加，不仅会满足企业的资源需求，而且能够为整个企业网络带来规模经济和范围经济。

① Johanson J. Mattson L G. Interorganizational Relations in Industrial Systems: a Network Approach Compared with the Transaction Cost Approach [J]. International Journal of Management and Organization, 1990 (1): 34-48.

② Friedman D. Evolution game in economics [J]. Econometrica, 1991, 59 (3): 637-666.

③ Madhavan R, Koka B R, Prescott J E. Networks in transition: how industry events (re) shape interfirm relationships [J]. Strategic Management, 1998, 19 (5): 439-459.

④ Kogut B, Urso P, Walker G. Emergent Properties of a New Financial Market: American Venture Capital Syndication, 1960-2005 [J]. Management Science, 2007, 53 (7): 1181-1198.

⑤ Richardson G B. The Organization of Industry [J]. Economic Journal, 1972 (82): 883-896.

资源开放系统理论认为，企业成长路径的异质性与其所拥有的资源差异性相关，这种差异性主要是指资源的互补性特征，而互补性资源是企业间构建合作关系且相互依赖的主要动力（Richardson，1972）①。从资源的属性来看，企业凭借自身资源才能在网络中进行价值创造，而企业网络更有利于无形资产的传播，如技术、数据、专业知识及经验等。学者 Amit 和 Schoemaker（1993）认为，稀缺性且难以被复制的资源能够为网络中的企业创造出更高的价值。② 正如本章所研究的独角兽企业，其自身在数据技术和数据资产上分别具有独特的优势，这使得他们在网络中能够比一般企业实现更高的价值创造。在新的市场环境下，相较于传统的企业运营模式，网络组织体现出了强大的优势，能够为企业提供所需的技术、信息、知识以及市场渠道等（Hitt 等，2001）。③ Das 和 Bingsheng（1998）的研究发现，每个企业在网络中至少能为其他企业带来四种潜在的资源，包括金融资源、技术资源、实体资源和管理资源。④ 杨瑞龙等（2003）提出企业等利益相关者之间的互动行为能够使价值创造过程以网络的形式体现，即价值网络。他认为价值网络体系是一种企业间网络组织形式，能够帮助企业获取和利用资源，并创造更多的价值。⑤ 刘刚（2018）在研究创新区形成及演化机制的基础上，提出企业间形成网络连接关系的原因在于每类关系所具备的资产性特征，并从技术资源、人力资源和投融资资源三个方面对企业的创新成长进行阐述。⑥

在现实生活中，对于具有资源优势的大型企业，尤其是新兴的平台型企业以及传统的行业巨头而言，他们通过与具有互补性资源（包括专业化技术和知识等）的企业建立合作关系从而达到的目的有两个，一是充分发

---

① Richardson G B. The Organization of Industry [J]. Economic Journal，1972（82）：883-896.

② Amit R，Schoemaker P J H. Strategic Asset and Organizational Rent [J]. Strategic Management Journal，1993，14（1）：33-46.

③ Hitt M A，Ireland R D，Camp S M，etal. Strategic entrepreneurship：entrepreneurial strategies for wealth creation [J]. Strategic Management Journal. 2001，22（6-7）：479-491.

④ Das T K，Teng B S. Instabilities of Strategic Alliances：An Internal Tensions Perspective [J]. Organization Science. 2000，11（1）：77-101.

⑤ 杨瑞龙，冯健. 企业间网络的效率边界：经济组织逻辑的重新审视 [J]. 中国工业经济，2003（11）：5-13.

⑥ 刘刚，王宁. 创新区与新经济的起源关系和动力机制研究——基于北京海淀区独角兽企业的价值网络分析 [J]. 南京社会科学，2018（12）：31-40.

挥其自身的资源优势，并降低资源浪费带来的成本，如开放自身专业化的数据资产并借助互补性的数据技术来获得数据价值的挖掘；二是凭借资源优势获取进入新行业领域的资格，如向缺乏资金但具有技术优势的企业提供资金帮助，以此来延伸行业边界。因此，企业网络中形成的合作关系为企业间共享各自的资源提供了空间，它不仅有利于各类资源的获取，而且便于资源的传播。而在新领域建立的企业网络中，企业间倾向于获取新的资源或市场准入资格（Mothe 和 Quelin，2001）。[①] 对于资源匮乏的企业而言，他们往往倾向于加入那些资源丰富的企业网络，并希望通过与其中具有资源优势的企业建立合作关系以满足自身发展所需。资源贫乏的企业更希望通过企业的合作伙伴获得新的知识技术等自身所缺少的资源，从而提升企业自身的管理能力，而资源较多的企业则希望获得新的市场准入资格（Khanna 等，2000）。[②]

互补性资源是研究企业网络形成和演化的重点。以上文献的梳理显示，不同行为主体所具有的互补性资源，若是从整体网络来看，实际上可以看作是互补性合作关系。也就是说，企业间的合作关系包含了"资源"的概念，这主要因为：资源是通过合作关系来完成具有方向性和目的性的获取和传输，这意味着资源通过合作关系才能够发挥出网络的协同共生功能，离开合作关系而存在的资源是孤立于各类企业或行为主体的，因而不具有价值创造能力。总而言之，企业间的合作关系是一种互补性资源，不仅包含了连接双方彼此的资源，而且提供了传输资源的路径。

但是，学界基于资源观的企业网络理论对合作关系的研究依旧有限。同时，以往主流观点虽然详细地论述了企业网络是一种优于传统企业的新型组织形态，但正如上文所述，这种组织形态得以形成的关键在于企业间互利共生的合作关系，这种关系既是企业间建立网络连接的基础，同时也是这个网络组织不断壮大的关键因素。然而，学术界对这种合作关系并没有形成翔实的研究成果。另外，主流观点多集中于对企业网络的概念性框

---

① Mothe C, Quelin B V. Resource creation and partnership in R&D consortia [J]. Journal of High Technology Management Research. 2001, 12（1）: 113-138.

② Khanna T, Gulati R, Nohria N. The Economic Modeling of Strategy Process: "Clean Models" and "Dirty Hands" [J]. Strategic Management Journal. 2000, 21（7）: 781-790.

架论述之中，而对系统性的理论和实证的研究较少，尤其在实证经验方面的研究更为缺乏。因而，增强对企业网络中微观层面的合作关系研究以及实证经验的探索，无疑在理论和实践上更具有创新意义。

四、数据资产与数据生态

以大数据、云计算、人工智能等新兴产业为代表的数字经济的快速发展推动了产业升级改造和经济动能的新旧转换过程，数字经济高速发展的同时也为新兴产业发展创造了条件，尤其表现在数据资源的积累和颠覆性技术的不断迭代，围绕着数据资源而进行的数据的汇集、挖掘、分析、可视化以及相关的技术应用已经成为推动当今经济发展的重要力量，因而数据资源也被视为促进经济增长的要素之一。数据可以被视为一种"燃料"能够为技术和基础设施提供"动力"（Demchenko 和 Laat，2014）。[①]

（一）数据资产的概念及特征

在引入数据资产概念之前，本研究有必要对"数据"和"大数据"两个概念进行简要说明。首先，就数据而言，它实际上属于一种"信息载体"，主要包括数据库、文档、照片、视频等形式，并作为信息系统的输入和输出而存在。在现实中，数据已经全面被应用到企业等组织的日常生产运营过程中，其价值体现在"为创造价值而存在"。如企业利用数据来实现生产流程的优化，利用数据分析锁定客户群体，利用数据模拟进行产品创新，利用数据建模和预测实现公共安全防范。数据的重要性已经不仅体现在其本身具有很高的价值，而且表现其在应用场景中已经渗透到社会生活的方方面面。

当我们的社会生活进入以消费互联网和工业化联网相继崛起为代表的数字经济时代，企业和个人产生的数据资源急剧增多，并且随着数据技术、云计算技术以及人工智能技术的不断应用和成熟，与"大数据"相关的概念开始在经济生活中浮现。

其次，对于大数据而言，学术界对它还没有形成公认的定义，其中比

---

① Demchenko Y, Laat D C, Membrey P. Defining Architecture Components of the Big Data Ecosystem [J]. IEEE Intelligent Systems, 2014, 1 (14): 104-112.

较具有代表性的如加德纳（Gartner）公司提出大数据"3V"模型，认为大数据具有数量（volume）、速率（velocity）和种类（variety）特征，并在此基础上给出定义：大数据是指数量大、变化快和多样化的信息资产，需要通过新的大数据处理方法来实现决策的强化、洞察力的提升以及流程的优化。维基百科（Wikipedia）认为：大数据指的是资料量规模超过当前主流软件工具的分析能力，并能够在合理时间内实现撷取、管理、处理和分析，最终帮助企业进行经营决策的资讯。麦肯锡（McKinney）公司将大数据定义为：在一定时间内无法用传统的数据库软件工具对其内容进行采集、存储、管理和分析的数据集合。[1]

因此，相对于数据的概念，大数据强调的是规模、速率和种类上的特殊性，同时大数据与数据处理技术相伴而生，尤其是在数字经济时代，现代信息技术加快了行业的信息化进程，社会经济在不同领域都产生了海量数据，新的数据处理技术使得海量数据的价值关联得以体现（徐晋，2014）。[2] 也就是说，大数据在体量剧增的基础上，经由各种数据处理技术实现海量数据间的价值关联，进而在特定的行业领域内产生价值创造的质变过程，这是大数据的本质体现。因此，本书认为，大数据的本质是一种基于技术的海量数据由量变向质变发展的经济现象。[3]

1. 数据资产概念

传统意义上对资产的定义主要集中在财务领域，广义的资产是指任何公司、机构和个人拥有的任何具有商业或交换价值的东西。根据资产的正式定义，资产是指过去的交易、事项形成并由企业拥有或控制的资源，该资源预期会给企业带来经济利益。[4] 资产具有两类重要属性，即经济属性和法律属性，前者指的是能够为企业提供未来经济利益。后者是指控制权上的特征，即资产必须被企业所控制，不论所有权是否被企业所拥有，资产创造的经济利益或服务必须可靠地流入企业。

---

[1] Mckelvey B. Organizational systematics [M]. Berkeley, CA, University of California Press, 1982.

[2] 徐晋. 大数据经济学 [M]. 上海：上海交通大学出版社，2014.

[3] 行业信息化是指市场中不同行为主体的交易数据化；海量数据的价值关联指的是数据化带来更广阔范围内市场交易主体和交易信息的价值关联。

[4] 按照《企业财务会计报告条例》(国务院第 287 号令发布，自 2001 年 1 月 1 日起施行。以此为依据制定了《企业会计制度》) 第九条中对资产定义。

对于数据或者大数据等数据资源而言，虽然数据还没有被列入企业的资产负债表，但这只是一个时间问题（Schönberger 和 Ramge，2018）。[①] 根据上文中数据或大数据以及资产的定义，本书将数据资产定义为：数据资产是企业等组织所拥有或控制的数据资源，在相关数据技术基础上能够给企业等组织带来未来经济利益的一种资产形式。数据资产包括两个核心层面：一是数据资源，二是数据技术，两者必须相互结合并、相互作用，才能为企业创造价值，孤立存在的数据资源或数据技术无法为企业带来收益。

2. 数据资产特征

基于以上分析，本书认为数据资产是有可能划分到资产类别中的，但不是所有与数据相关的资产都能具备资产的属性。必须具有以下四个特征才能够被称为数据资产：

（1）拥有和控制。数据资源可以被企业自身所拥有，也可以外部通过合作、租赁等途径获取。

（2）基于数据技术。数据资源必须借相关的数据技术进行采集、存储、整合、呈现、处理与分析及治理，才能充分发挥其潜在价值，进而为企业带来经济利益。

（3）能够创造未来经济利益的潜力。这主要是指数据资源能够直接或间接地创造出资金或现金等价物，并使得这些资金或现金等能够流入企业的潜力，数据资源的这种潜力可被视为一种经济资源并纳入企业能力之中。

（4）数据资源。这主要指的是数据的类别，包括结构化和非结构化两种类别。前者包括用户信息（姓名、性别、年龄、联系方式、归属地等）、图、表等。后者包括图像、音频、视频、物理及生物特征数据、工作日志、关系数据、数据库数据、指令集等。图4-1展示的是数据资产四种特征及其相互联系。

3. 数据资产主要类别

在现实生活中，数据资产具有不同形态，其分类标准也是众说纷纭，

[①] Schönberger V M, Ramge T. Reinventing Capitalism in the Age of Big Data［M］. New York：Basic Books，2018.

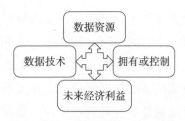

图 4-1　数据资产的四种特征及其相互联系示意

在广泛收集资料以及总结归纳的基础上，认为数据的分类标准主要有四个方面，即来源、生产主体、产业属性和结构特征，如表 4-2 所示。其中，根据数据来源可将数据资产分为互联网数据、科研数据、改制数据和企业数据等。在生产主体方面，数据资产包括个人数据、企业数据和关系型数据。从产业属性方面来划分的话，数据资产主要包括"三产"数据，即农业数据、工业数据和服务业数据。从结构特征出发，数据主要包括结构化数据，如企业资源管理系统和财务系统中的数据，这种数据由于具有很强的结构特征，因而可用于逻辑表达。而半结构化数据则是指具有一定结构的数据，可用于扩展性应用，如数据对象交换模型等。非结构化数据是没有固定结构的数据，包括图片、图像和音频及视频信息等。在数据处理的过程中，如何使非结构化数据转换为半结构化数据或者结构化数据，对数据资源的价值创造尤为重要。

表 4-2　数据资产的主要类型

分类标准	类别
来源	互联网数据、科研数据、感知数据、企业数据
生产主体	个人数据、企业数据、关系型数据
产业属性	农业数据、工业数据、服务业数据
结构特征	结构化数据、半结构化数据、非结构化数据

4. 数据资产的价值创造

在价值创造方面，数据资产能够通过消除信息不对称、发现需求、精准锁定、算法辅助决策、算力加速以及商业模式创新等六种方式来创造价值，如表 4-3 展示的是数据资产在这六种方式上的价值创造情况。比如，在消除信息不对称方面，数据资产为利益相关者提供充分的信息，降低数据获取和搜寻过程中的交易成本；而基于云计算、数据融合与建模以及机器学习等算法的运用，数据资产能够帮助企业优化决策并提高风险控制能力；算力的引入能够使数据资产以最为有效的方式传递或呈现给需求方，从而降低数据传输成本。

表4-3　数据资产价值创造

方式	价值
消除信息不对称	让利益相关者能够更加容易地获取信息；让原本相互分离的部门更加容易地获取相关数据，降低搜索和处理的时间成本
发现需求	以接近实时的方法收集准确而详细的绩效数据；通过安排对比试验，运用数据分析获取更好的决策
精准锁定	个性化产品和服务；将客户数据实时微观细分，以便促销和广告
算法辅助决策	优化决策过程，实现风险最小化；云计算、数据融合与建模、机器学习等算法实现智能化分析结果
算力加速	云计算技术、芯片技术的应用，提升数据处理速度；网络、带宽等基础设施不断完善，降低数据传输成本
商业模式创新	创造新产品和服务，改进现有产品和服务；创造全新的商业模式；通过产品内嵌传感器获取数据，创造售后服务，改进下一代产品

基于以上对数据资产概念上的论述，本书认为数据资产是数据生态系统中所流通的基础性资产。独角兽企业与其他行为主体之间的交易可根据数据资产的供需情况而定，通过数据资产的交易，主体价值创造行为得以实现，独角兽企业也在这一过程中快速成长。

（二）数据生态系统的概念及特征

在数字经济时代，不同类别的数据资产以及相应的数据应用服务已经与人们的生活息息相关。在这个时代，任何经济主体都是数据的消费者同时也是数据的生产者。由于数据技术和数据资产能够引致的不同行为主体之间产生相互作用，从网络的视角看，这种相互作用是众多交织在一起的网络能够帮助具有共同目标或相同合作关系的行为主体聚集成群，而不同群体之间也可以通过相应的合作产生联系。进而从生态学的角度来看，群体实则可用"物种"来代表，物种之间通过不同的合作类别而产生"共生效应"，并在此基础上形成了一种以数据技术和数据资产合作关系为核心的生态系统。本章中，这一生态系统内部的物种间合作往往是围绕着数据资产的交易以及使用数据资产所进行的数据技术合作而展开的，而这种数据交易、技术合作关系是物种间产生联系的内在机制。Hai 等（2007）学者认为物种是数据生态系统的基本要素，软件和硬件是该系统的基础设施。① 在数据生态系统中，物种之间相互作用以网络的形式并按照共享规则进行，这种共享往往具有双重性。一方面是供给规则，即供应商提供数据服务；另一方面是需求规则，即客户提出服务请求。遵循数据生态系统的规则，能够促使物种主动地执行数据职责从而获取自身利益。如图 4-2所示的数据生态理论框架。

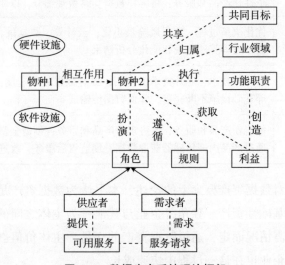

图 4-2　数据生态系统理论框架

资料来源：Hai D, Hussain F K, Chang E. Exploring the Conceptual Model of Digital Ecosystem：2007 Second International Conference on Digital Telecommunications，1-5 July，2007［C］. San Jose：IEEE，2007，P18，Figure5.

---

① Hai D, Hussain F K, Chang E. Exploring the Conceptual Model of Digital Ecosystem：2007 Second International Conference on Digital Telecommunications，1-5 July，2007［C］. San Jose：IEEE，2007.

Hai 等学者构建的这一理论框架给予数据生态系统以很好的解释，尤其是供求双方遵循"规则"来实现不同物种间的相互联系。但该理论框架仅说明了"规则"的重要性，并没有对其内涵进行详细说明。而此处所研究的独角兽企业所在的数据生态系统具有一定的特殊性，独角兽企业与其他主体的互动规则往往体现在不同领域的合作关系上，因而，数据生态系统中的"规则"实际上是各类行为主体间对合作关系的构建过程的结果。

关于数据生态系统的概念，Shin 等（2015）在研究韩国数据基础设施的发展历程中提出数据生态系统的概念，并认为数据生态系统包括数据基础设施、软件与技术、应用服务、标准化条款、用户、社会和政府文化因素等七个组成部分。并在此基础上将数据生态系看作是一种由技术创新者、政府、企业、市场应用场景、用户组成的网络形态。[1] Curry（2018）将数据生态系统分为定向数据生态系统、确定性数据生态系统、协作数据生态系统和虚拟数据生态系统四个类别，并认为需要构建数据基础设施来支持生态系统内的数据共享，数据生态系统的发展是由专有化的数据提供者向开源数据平台的转变。[2] Demchenko（2014）提出数据生态系统构成要素及要素间联系强度的框架，认为数据模型、数据生命周期管理、数据基础设施、数据分析以及数据安全是构成数据生态系统的主要因素。[3] 另外，数据生态系统各组成部分之间具有不同强度的相互联系，并通过不同强度的相互作用，实现了生态系统的高效运转。

实际上，学术界对于数据生态系统的研究成果并不多见，上述学者的研究成果多是在概念和结构上对数据生态系统进行简单论述，即使这样，也并没有形成较为统一的共识。另外，在研究数据生态系统的内在运行机制方面则更是凤毛麟角。在总结上述学者的研究成果并结合实践的基础上，本章对数据生态系统的概念做出基本判断，认为数据生态系统是独

① Shin D H, Choi J M. Ecological views of big data：Perspectives and issues［J］. Telematics and Informatics, 2015, 32（2）：311-320.

② Curry E, Sheth A. Next-Generation Smart Environments：From System of Systems to Data Ecosystems［J］. IEEE Intelligent Systems, 2018, 33（3）：69-76.

③ Demchenko Y, Laat D C, Membrey P. Defining Architecture Components of the Big Data Ecosystem［J］. IEEE Intelligent Systems, 2014, 1（14）：104-112.

角兽企业赖以生存的复杂网络空间，因为独角兽企业成长以数据技术和数据资产作为关键投入要素。在数据生态系统中，算法、算力、数据应用以及数据资源吸引力是独角兽企业与其他行为主体间合作的主要领域。通过在不同领域的相互合作，独角兽企业不仅能够获取自身成长所需的投入要素，而且能够为其他组织提供相应的数据资源，使得不同主体表现出协同共生的发展趋势，整个数据生态系统也在这种互利共生的合作之中不断壮大，而数据生态系统的发展正是促进独角兽企业成长的内在机制。

从整个数据生态系统来看，分析行为主体的特征以及他们之间合作关系的特征是研究整个系统的关键。接下来，为了更好地诠释数据生态系统的内部结构，本部分将尝试对数据生态系统中的行为主体及其合作关系逐一展开论述。

1. 数据生态系统中的行为主体

上文中，虽然 Hai 等学者并没有对物种的特征、类别以及他们之间具体的合作关系进行详细说明。但他们从生态学出发而搭建的这一理论框架给予本研究以很好的启示。对于本章所研究的数据生态系统而言，可以假设数据生态系统中存在以下几类"物种"：

第一，独角兽企业。该类主体是本章的核心研究对象，同时也是展开研究的样本，因为独角兽企业的成长性与数据生态系统密切相关。在系统中，独角兽企业凭借自身强大的技术资源和数据资产，既能够为数据技术和数据资产的需求者提供相应的资源，也能够在一定合作的基础上吸收其他物种的技术或数据资源。

第二，平台型企业。大型的互联网平台以及智能软硬件平台是与独角兽企业发生合作关系较多的企业类别（石晓鹏、魏向杰、陶菊颖等，2018），[①] 包括阿里巴巴、腾讯、百度、京东、华为等国内平台型企业能够

---

① 石晓鹏，魏向杰，陶菊颖，等. 独角兽企业的发展态势及成长路径 [J]. 群众，2018，(4)：34-36.

在众多生态领域与独角兽企业展开数据技术和数据资产合作。① 另外，世界著名的谷歌、微软、高通、英伟达、英特尔、IBM、亚马逊、三星等智能软硬件平台型企业与独角兽企业之间也有一定程度的联系，如小米、爱奇艺、商汤科技分别与高通、谷歌和英伟达建立算法和算力上的数据技术合作。② 平台型企业一般具有较为全面的技术体系和规模巨大的数据资产，往往在数据生态系统中具有较强的生态影响力。但是，在某些新兴的行业领域并没有专业化的技术或数据资源，因而通过与独角兽企业的合作可以弥补平台型企业自身在这些领域的不足。

第三，其他类型企业。这类主体可能是数据生态系统中数量最为庞大的类别。其中不仅包含着电子商务与新零售、数字内容与新媒体、共享出行、金融科技以及新能源汽车等各类新兴业态相关的"物种"，也涵盖了诸如传统金融、传统制造、汽车、房地产以及实业集团等众多传统行业的"物种"。因而，这类主体在生态系统中的一个显著特征就是分散性，与独角兽企业和平台型企业不同，他们一般不具有技术优势，但在数据资产方面具有一定的积累，如传统行业领域的企业往往凭借自身积累的用户数据资产来换取独角兽企业的技术支持。

第四，政府。政府部门作为经济运行不可或缺的"指挥者"和"协调者"，自然在数据生态系统中也会表现出相当程度的影响作用。基于实践经验，政府部门与独角兽企业展开合作的动机主要表现在两个方面：①在数字经济时代背景下，各地的省市县级政府，包括金融、公安、交通、工商、经信等行政部门均面临着数字化和信息化改革的迫切需求，利用诸如云计算、人工智能、物联网、区块链等算法和算力技术来提升自身行政效率已成为政府部门的重要任务，因而具有技术优势的独角兽企业必然是这些政府部门的重点合作对象，如阿里云已与国家税务总局、广东国税、广东地税、浙江国税等达成合作，通过提供政务云服务来提升税务机构的数

---

① 根据 CB Insights 的统计结果显示，由百度、阿里巴巴、腾讯和京东投资支持的独角兽公司占全国独角兽公司总数的 46%。这里，这种投资行为只是表象，真正的用意在于建立数据技术和数据资产的合作，因为独角兽企业独特的数据技术和资产是其所在领域的独特能力之综合表现，平台型企业通过获取这两种资源能够快速的占领相应的细分市场从而扩大自身的生态边界。

资料来源：https：//www.cbinsights.com/research/asian-unicorns-baidu-alibaba-tencent-jd-investors/.

② 资料来源：通过大数据及数据库等收集方法而获得的关系数据。

据处理效率和数据安全水平。②政务数据也是数据生态系统中重要的数据资产类别之一，开发这类数据能够帮助政府部门拓展行政服务的边界并提高服务的质量，如旷视科技自主研发的基于深度学习算法的人脸识别技术，能够帮助泰国政府的安防部门打击违法犯罪行为、维护社会治安稳定。

第五，高校及科研机构。对于高校和科研机构这类知识密集型主体而言，其在数据生态系统中的作用主要体现在由独角兽企业提供技术研发资源，如在新一代人工智能算法和算力领域，通过合作开发、共建实验室等方式促进双方技术进步。如蚂蚁金服与加州伯克利大学的 RISE 实验室达成合作，双方联合开发基于强安全数据的智能决策技术。高校与科研机构在数据资产方面产生的合作可能较少，但在开发新型算法或算力技术时可能会吸收独角兽企业的数据资产来进行"训练"或"模拟"。

2. 数据生态系统中的合作类别与主体适应性

正如上文所述，数据技术和数据资源是数据生态系统中各行为主体间产生互动的核心资源，围绕着这两类资源而形成的供求关系是物种间、物种内部各主体间的主要合作关系。而行为主体之所以做出对某种规则的选择，其目的是更好地适应环境的变化，进而不断壮大自身。也就是说，从主体的适应性方面来看，数据生态系统中物种的适应性功能取决于规则的建立，规则能够将环境的情况映射到物种的需求方面（Briscoe 等，2011）。并且行为主体自身的一些规则能够使其所做出特定的行为永久化或者被"锁定"（Kauffman，1991；1995），而这种永久化或者被"锁定"的行为实际上就是主体的适应性行为，即能够适应环境变化的行为。对于本部分而言，独角兽企业与其他主体间的规则主要体现在不同领域合作关系的建立过程。因此，在本章中，主体的规则选择是基于合作关系的建立过程，也就是说合作关系决定了主体在生态系统中的适应性。

根据上述对数据资产两个层次的推理分析，可以认为，在数据技术层面，数据技术所包含的算法和算力的供求关系即是数据生态系统中两类合作关系。在数据资源层面，围绕数据资产而产生的数据资源应用能力和数据资源吸引力，前者实际上代表了数据资产的需求（企业吸收数据资源并产生应用能力），而后者则是数据资产的供给（企业所提供的数据资源具有吸引力），这意味着数据资源应用和吸引也是数据生态系统中的两类合作关系。

　　既然合作关系的选择决定了物种及单个主体的适应性,那么以算法、算力为代表的数据技术合作关系,以及以数据应用和数据吸引为代表的数据资产合作关系,共同决定了数据生态系统中各类物种的适应性。如图4-3所示,四类合作是在数据技术和数据资产供求意愿得到满足的基础上而形成的。同时,这四类合作共同决定了行为主体在数据生态系统中的适应性能力,个体的适应性能力的提升又反过来会协调他们之间供求意愿,当供求关系被适应性调整到均衡状态时,整个生态系统最终会实现较高水平的稳定性。

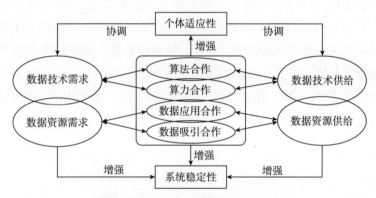

图4-3　四类合作与适应性关系示意

　　值得注意的是,适应性能力的形成或提升并不一定需要所有的合作关系参与到行为主体的决策过程。也就是说,四类合作可以在供求匹配的前提下以任意形式进行组合,比如,某行为主体对一种算法技术和一种数据应用具有需求,而恰好存在能够提供该算法技术和数据资产应用的供应者,[①] 这种多方结合能够增强彼此的适应性。从这方面可以看出,数据生态系统中包含了多种合作组合。

　　因此,行为主体之间围绕着"数据技术-数据资源"的供求关系而产生的合作行为,进而包括独角兽企业在内的主体之间基于多种合作关系而

---

　　① 若存在很多个供应者,此时需求者可按交易成本高低进行权衡。若不存在或缺少供应者,此时供求没有匹配成功,需求者需要再次寻找供应者,但这种情况较少,在数据生态系统中,包括独角兽企业、平台型企业等是其中主要供应者,他们在数据技术和数据资产方面的积累一般能够满足各种需求。

形成的自身适应性，这种适应性是数据生态系统中行为主体的本质特征，同时也是维持系统整体稳定性的核心机制。

第二节　数据生态和数据资产与新型企业成长

一、样本选择

本章以独角兽企业为样本，样本的来源具有较高的准确性。首先，从样本数量来看，2017 年 3 月，中华人民共和国科学技术部（简称"科技部"）发布的《2017 年中国独角兽企业发展报告》中，共有 164 家中国独角兽企业进入被录入表单。[①] 另外，根据相关数据显示，中国独角兽企业数量每年的增长情况，如图 4-4 所示，2013—2018 年，中国独角兽企业的增长数量在 2017 年达到了最高，随后有所下降。总体来讲，中国独角兽企业数量一直处于增长状态。

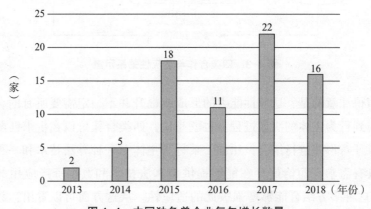

图 4-4　中国独角兽企业每年增长数量

资料来源：中华人民共和国科学技术部，《2017 年中国独角兽企业发展报告》《2017 年中关村独角兽企业发展报告》，2017 年 3 月 23 日。

---

① 中华人民共和国科学技术部：《2017 年中国独角兽企业发展报告》，2017 年 3 月 23 日。

　　根据样本企业的基本特征属性，本研究从企业估值[①]、企业投资总额[②]、企业融资总额[③]、企业规模、成立年限、所属区域六个方面，以及样本企业所属行业特征对 164 家独角兽企业样本进行了简单的描述性统计，如表 4-4 和表 4-5 所示。[④] 从以下描述性统计可以认为，本部分所选取的独角兽企业样本，能够在较短的时间（如 10 年以内）内实现较大规模（超过 10 亿美元估值）的成长，符合关于独角兽企业的定义标准。另外，样本企业的行业分布包含了当前新经济时代下的最富有发展潜力的电子商务及新零售、金融科技、数字内容及新媒体、智能科技以及云计算与大数据等行业类别，这在一定程度上说明了样本企业具备前沿行业引领性，并且表现出在云计算、人工智能等颠覆性技术领域具有强大的优势（胡峰等，2016；曹方，2017；熊保安，2018）。因此，本研究所选取的 164 家独角兽企业样本具有典型代表性，对展开数据生态系统的经济行为研究体现出了科学性，能够满足所研究主题和对象的需要。

表 4-4　样本特征的描述性统计

类别	价值区间及占比				
企业估值	100 亿美元以上	50 亿~100 亿美元	30 亿~50 亿美元	10 亿~30 亿美元	0~10 亿美元
占比（%）	10.37	10.98	11.59	45.73	21.34
投资总额	100 亿元以上	50 亿~100 亿元	10 亿~50 亿元	5 亿~10 亿元	0~5 亿元
占比（%）	3.66	3.05	18.90	13.41	60.98
融资总额	100 亿元以上	50 亿~100 亿元	10 亿~50 亿元	5 亿~10 亿元	0~5 亿元
占比（%）	17.07	21.34	48.78	6.10	6.71
企业规模	2000 人以上	1000~2000 人	500~1000 人	100~500 人	0~100 人
占比（%）	17.68	12.20	16.46	48.78	4.88

---

　　① 截至本章研究期限，样本企业中已有 16 家独角兽企业上市，故本研究根据这 16 家企业上市后最近一期年报中的总股本、市值等指标进行重新核算估值。
　　② 截至本章研究期限，对每家企业自成立之后所有投资金额进行统计并加总。
　　③ 截至本章研究期限，对每家企业自成立之后每一轮次的融资金额进行统计并加总。
　　④ 详细样本企业列表，请见附表。

类别	价值区间及占比				
成立年限	10 年以上	7~10 年	5~7 年	3~5 年	1~3 年
占比（%）	5.49	15.85	30.49	32.93	15.24
所属区域	环渤海	长三角	珠三角	中西部内陆	
占比（%）	44.51	36.59	14.63	4.27	

资料来源：根据 IT 桔子、天眼查，以及《2017 年中国独角兽企业发展报告》整理而来。①

表 4-5　样本行业特征的描述性统计

序号	行业类别		数量（家）	占比（%）
1	电子商务与新零售		33	20.12
2	金融科技		20	12.20
3	数字内容与新媒体		18	10.98
4	智能科技	计算机视觉	3	1.83
		自然语言处理	1	0.61
		人工智能芯片	2	1.22
		智能硬件	6	3.66
		智能软件	4	2.44
5	大数据与云计算		14	8.54
6	健康医疗		14	8.54
7	物流仓储		11	6.71
8	在线教育		9	5.49
9	新能源汽车		9	5.49
10	旅游租房		8	4.88
11	交通出行		8	4.88
12	社交平台		2	1.22

---

①　原表单发布之时，表单中企业成立时间均在 10 年及其以下，且均处于未上市状态，而本研究研究期限截至 2018 年 12 月 31 日，故有 9 家企业成立年限超过 10 年，并有 16 家企业已经上市。

续表

序号	行业类别	数量（家）	占比（%）
13	网络孵化器	1	0.61
14	新材料	1	0.61
合计	—	164	100

数据来源：根据 IT 桔子、天眼查，以及《2017 年中国独角兽企业发展报告》发展报告整理而来。

二、一个简单的理论分析模型

至此，前一部分内容已经对数据技术和数据资产与将数据生态系统关系、数据生态系统概念、行为主体构成、合作关系类别以及适应性能力进行了相应的探讨和推理。基于此，本部分将尝试搭建一个数据生态系统的理论框架，并试图在这个框架内对独角兽企业的成长性做出深入研究。

因此，结合以上文献和推理分析，本研究提出一个数据生态系统的基本框架，如图 4-5 所示，这一理论框架具有以下四个特征：

第一，数据生态系统中主要包含行为主体供求体系、合作关系体系、生态效应以及适应性能力四大组成部分，并且以复杂网络的方式将四个组成部分相互联系起来。这也意味着，四个部分共同构成了独角兽企业赖以生存的复杂网络空间。其中，在行为主体供求体系中，包括独角兽企业、平台型企业以及其他类型的企业类行为主体、政府、高校和科研机构在内的行为主体分别构成了数据生态系统中的不同"物种"。

第二，不同行为主体之间（包括物种内部和物种之间）基于数据技术、数据资源的需求与供给意愿进而形成合作关系体系，而不同的合作关系是行为主体间建立网络联系的关键所在。其中，数据技术合作包括算法合作和算力合作，而这两类技术合作又包括多种子维度（将在下文详细说明）合作关系，行为主体在不同合作维度基础上，通过开放式技术创新平台展开相应的技术合作。与数据资产相关的合作关系包括数据应用合作关系和数据资产吸引合作关系，这两类合作下设了多种子维度（将在下文详细说明）合作类别，其中数据资产吸引合作关系的产生源自供求双方匹配程度，并且异质性数据资产所具有的专用性特征与其产生的吸引力程度呈反向关系。

第三，技术合作的互动结果能够形成网络效应和技术共享效应，而基于数据资产各维度合作关系将产生成本效应和数据资产共享效应，且三种效应相互促进，最终提高了整体生态效应。

第四，数据技术和数据资产在合作关系体系下所产生的三种生态效应使数据生态系统中行为主体的适应性能力得以形成。适应性的形成又会反过来协调行为主体间的供求关系，进而巩固合作关系体系，并进一步形成生态效应和增强适应性能力。

总而言之，基于数据技术和数据资产供求意愿而形成的合作关系是推动数据生态系统循环往复的根本运行机制。这些合作不仅能够以复杂网络的形态连接独角兽企业等行为主体，而且产生了一定的生态效应，使得行为主体的适应性能力不断增强。这也是数据资源在数据生态系统中得以循环流转并且不断地创造价值的主要动力来源。

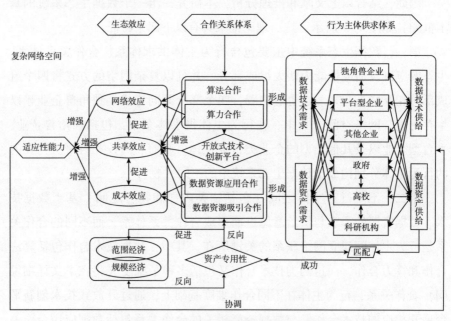

图 4-5　数据生态系统理论分析框架

第三节 价值网络分析

一、算法总合作关系研究

(一) 整体网络结构分析

将每个算法维度的输入及输出型关系数据进行整合，进而通过可视化工具 Gephi（0.9.2）构建出如图 4-6 所示的算法技术整体复杂网络。图中，内部分散的节点主要为独角兽企业，围绕独角兽企业而存在的节点主要是众多技术供应者和需求者，他们基于不同维度的算法合作关系而产生相互作用，进而形成了整个关于算法供求的复杂网络。

图 4-6 算法技术整体复杂网络拓扑图

对于算法技术复杂网络结构而言，从网络结构的统计性指标，如表 4-6

所示，可以发现三个基本特征：

表 4-6 复杂网络统计指标

网络指标	节点数（个）	边数（条）	平均度	平均加权度	网络直径	网络密度	模块化	平均聚类系数	特征向量中心性	平均路径长度
统计值	2188	3226	1.474	8.621	8	0.005	0.728	0.010	0.043	3.758

①网络规模较大，节点间联系紧密。网络中节点总数达到2188个，节点间总边数为3226条，说明网络的规模属于较大规模水平，而节点的平均强度为8.621，属于较高的紧密水平。②信息传播效率较高，节点的平均重要程度较强。平均聚类系数为0.010，说明节点在网络中聚集程度较高。任意两个节点之间的平均距离为3.758个单位，说明节点间的平均距离较短。正是由于网络中聚类系数较高以及平均路径距离较短，加之网络直径仅有8个单位，可以说明网络具有"小世界"特征，具备这类特征的复杂网络主要表现为信息在节点之间传递的效率较高。③聚类特征明显，网络结构松散。网络的模块化水平达到0.728，说明网络中存在明显的"簇"状结构。而由于网络密度仅为0.005，说明该复杂网络结构较为松散，团体之间的距离较大，大部分小型团体之间的联系较少，而较大规模团体与其他团体之间产生的联系较多。

（二）行为主体分类别统计分析

基于上文对复杂网络的基本结构分析，发现网络中的行为主体形成了众多"簇"状的团体结构。这意味着不同类别的行为主体可能具有不同的属性特征，并且这些特征将在一定程度上影响其在复杂网络中的网络影响力。因而，为了探究算法整体网络中所包含的行为主体的类别特征以及相关属性，本文首先对网络中行为主体进行分类，并计算每类行为主体的算法关系数据占比情况，如图4-7所示。

算法整体网中主要的行为主体包括企业类、政府类、高校类及科研机构类。其中，企业类行为主体占据总算法关系数据的84.36%，可以认为这一群体是该复杂网络中算法合作关系的主导力量。另外，政府类行为主体占比为10.27%，也是涉及算法技术合作中较为重要的一类群体。而高校类及科研机构类行为主体涉及算法合作的概率较小，两者占比分别为

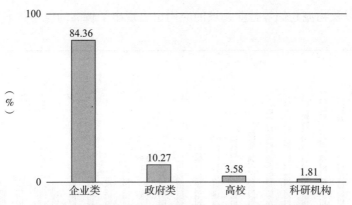

图 4-7　算法技术复杂网络中主要行为主体的分类别统计

3.58%和1.81%。

因此，根据复杂适应性理论，四类行为主体可被看作是独角兽企业的成长环境，同时独角兽企业这一群体也是这四类行为主体的环境，而对于独角兽企业自身而言，不同独角兽企业也是彼此的环境。这种行为主体间互为环境的特征是复杂网络或者数据生态系统形成的基本条件之一。本部分在此基础上，将重点研究独角兽企业成长的环境特征，进而探讨算法合作关系对独角兽企业和数据生态系统的综合影响机制。

（三）企业类行为主体的行业属性特征

首先，对于企业类行为主体而言，企业类行为主体在算法网络中占据相当大的比重，而这些企业的行业特征也呈现出一定的异质性。为了研究企业类行为主体的行业特征，如图 4-8 所示，将全部企业在总算法关系数据中占据的比重进行统计，结果显示，所有进行算法合作的企业主要分布于 23 个行业类别中。其中，智能硬件（7.10%）、智能软件（7.00%）、大数据与云计算（6.96%）、传统金融（6.85%）、传统零售（6.78%）、金融科技（6.32%）以及健康医疗（5.03%）为占比较高的行业。这说明，新兴的智能科技领域以及传统的行业领域时算法技术应用较为广泛的现实场景。反之，社交网络（1.33%）、新能源汽车（1.20%）以及新能源（1.01%）等则是算法技术应用频率较低的行业。在一定程度上，表明了这些行业中的企业与独角兽企业产生算法合作的可能性相当小。对于其他行业而言，算法技术在诸如数字内容与新媒体、电子商务与新零售、人工智能以及物流仓储等行业领域的应用也表现出了较高的应用频率。

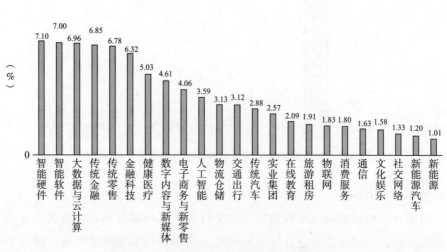

图4-8 企业类行为主体所属行业分类别统计

总之，在算法复杂网络中，算法技术企业之间的扩散与应用不仅推动了新兴产业的发展，而且在一定程度上激发了传统行业的变革与进步。

(四)"独角兽+平台"的自我网络分析

基于上述对算法吸收网络和赋能网络的分析，可以认为企业类行为主体在网络中扮演重要角色。不论是为独角兽企业提供算发技术还是获得算法技术，均表现出了相当程度的网络影响力。为了进一步说明企业类群体所包含的具体类别，以及对独角兽企业进行算法合作所产生的影响作用，本部分将从企业类行为主体中两个重要的组成部分：平台型企业与独角兽企业，即分别以这两种企业形态的视角来展开进一步研究。这意味着对于平台型企业的分析是为了更好的研究独角兽企业成长的外在环境，而研究独角兽企业团体内部的相互作用，则是为了探讨该团体内部环境对其成长性的影响作用。

1. 自我网络特征分析

根据上文对平台型企业支撑复杂网络的描述，可知平台型企业与独角兽企业之间具有密切的算法合作关系。为了揭示平台型企业对独角兽企业所产生的网络效应，本部分按照算法总合作关系，通过搭建这两类行为主体相互作用的复杂网络，继而对平台型企业与独角兽企业对网络的影响力情况进行深入探讨。本部分先将对该网络结构进行分析，大致情况如图 4-9 所示。

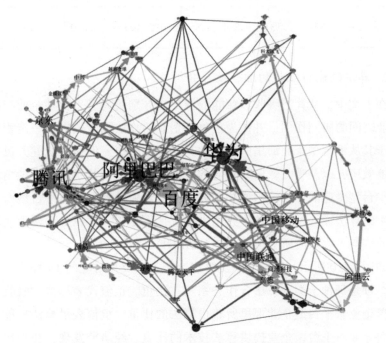

图 4-9　平台型企业与独角兽企业的自我网络拓扑图

根据该复杂网络十类结构指标的统计结果，首先，节点数为 169 个，节点间的总边数为 359 条，这说明该网络的规模较小，并且由于边数大于节点数，可认为该网络中不存在孤立的节点。其次，根据节点平均度和平均加权度的统计结果，前者为 2.131，后者达到 9.834，表明网络中行为主体间的联系十分紧密，平均每个行为主体会与 3 个其他行为主体产生连接，即行为主体的网络连接能力和活跃度处于较高水平。再次，该网络直径为 8，网络密度为 0.015，说明该网络较为松散，行为主体在网络中分布的较为分散。并且网络的模块化水平为 0.121，这表明该网络中的聚集效应较低。复次，平均聚类系数为 0.020，平均路径长度为 2.716，表明行为主体间算力技术的传播效率较高，网络具有一定的"小世界"特征。最后，特征向量中性为 0.116，属于较高水平，这意味着行为主体在网络中具有较高的重要程度（见表4-7）。

表4-7　复杂网络统计指标

网络指标	节点数（个）	边数（条）	平均度	平均加权度	网络直径	网络密度	模块化	平均聚类系数	特征向量中心性	平均路径长度
统计数值	169	359	2.131	9.834	8	0.015	0.121	0.020	0.116	2.716

2. 算法赋能与吸收的综合效应分析

在上文中，从算法吸收和赋能的视角，分别研究了平台型企业与独角兽企业之间的协同作用，并认为独角兽企业的算法赋能效应在一定程度上要高于其从平台型企业那里所产生的算法吸收效应。但这一研究并没有指出赋能效应，以及吸收效应所对应的具体算法维度。基于此，将独角兽企业对平台型企业的算法输出型关系数据，以及独角兽企业与平台型企业合作产生的算法输入型关系数据分别进行统计性分析，旨在揭示两者之间的赋能效应与吸收效应所对应的具体算法维度。

如图4-10所示，横轴是六类算法合作关系及其对应的18种子类别算法，纵轴是每种子类别算法合作关系所占比重。正值代表算法的吸收，即独角兽企业从平台型企业那里所获得算法的比重。负值表示算法赋能，即独角兽企业对平台型企业提供算法技术的比重。经研究发现，在平台型企业与独角兽企业相互作用的复杂网络中，算法赋能效应在6类算法合作关系上要高于吸收效应。其中，这两种效应差距最大的类别主要集中于数据分析与应用算法的合作上，尤其表现在机器学习中的监督学习和计算机视觉这两种子类别算法上。因此，可以认为，平台型企业在6类算法技术领域需要独角兽企业提供相应的技术支撑。

除此之外，独角兽企业在特定的算法维度上，如数据采集下的芯片识别、数据分析与应用下的强化学习、边缘计算和芯片算法均需要平台型企业提供技术支持。主要原因在于：这4种子类别均属于比较超前的算法技术，尤其是强化学习多用于机器人行为决策领域，其内在复杂性较高并且尚未形成较为成熟的体系，仅少数平台型企业具有该算法维度上的技术优势，例如，在百度Apollo自动驾驶感知技术体系中常采用强化学习以及边缘算法技术，用以快速处理实时路况数据。因而，不同于较为成熟的算法

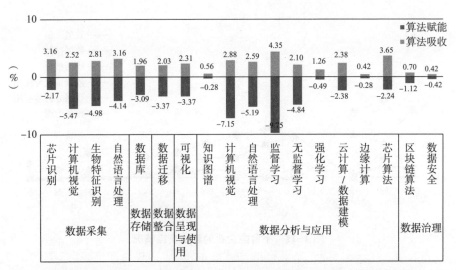

图4-10 平台型企业与独角兽企业之间算法赋能与算法吸收的综合效应

技术，在新兴的算法技术领域，独角兽企业需要平台型企业的技术支持。

根据算法的输入型关系数据，通过统计发现，在企业类关系节点中，以百度、腾讯、阿里巴巴、高德、科大讯飞、华为、京东、金蝶软件、富士康为代表的中国平台型企业，以及以英特尔、甲骨文、微软、博世和高通为代表的国外平台型企业，对独角兽企业的算法吸收具有较强的推动作用。如图4-11所示，百度、腾讯、英特尔、高德以及科大讯飞这六大平台型企业在数据分析与应用算法上给予了独角兽企业强大的技术支持。除此之外，这六大平台企业在数据采集、数据存储以及数据呈现及使用3个算法维度上也为独角兽企业带来了较高的技术供给。

承接上段分析结果，为了呈现平台型企业在不同算法维度所获取的技术支持情况，现在对十五家国内外主要平台型企业在不同算法领域里的获取比重进行统计。如图4-12所示，各平台型企业在数据分析与应用以及数据采集领域获得的算法支持要明显高于其他维度的算法支持，其中以华为、阿里巴巴、中国联通、中国移动、腾讯、中国电信以及京东等企业为主要代表。例如，旷视科技为阿里巴巴提供涉及人脸识别与计算的计算机视觉算法技术，商汤科技为华为提供基于机器学习算法的视频分析技术。因此，凭借自身独特的技术积累，独角兽企业能够与平台型企业保持良好的合作关系。在其他算法维度上，平台型企业表现出较为明显的一致性，

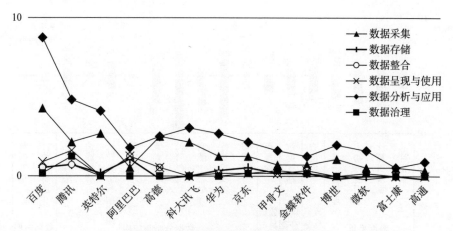

图 4-11 平台型企业的算法支撑情况

但均处于较低比重水平。这说明在这些维度上平台型企业与独角兽企业之间产生合作的频率较低。

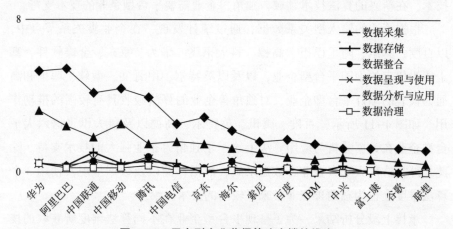

图 4-12 平台型企业获得算法支撑的维度

二、算力总合作关系研究

(一) 整体网络结构分析

基于总算力合作关系及其关系数据，将独角兽企业和其他行为主体均纳入研究范围内，进而构建总算力合作关系主导的复杂网络，图 4-12 展示了总算力合作关系主导的复杂网络拓扑结构。

图4-13 算力总合作关系主导的复杂网络拓扑图

经可视化分析，如表4-8所示：①网络规模较大，网络密度较高。节点数（1255个）和边数（1587条）的统计结果，说明该复杂网络的规模较大。而网络密度为0.010，则表明网络节点的分布较为集中。②算力技术的网络传播效率显著。整体网络的平均聚类系数为0.009，属于较高的聚类水平，而平均路径长度为2.905，则处于较短的路径长度水平。这些足以说明在该网络中，行为主体之间不论是吸收，还是赋能算力技术，各维度的算力技术能够以较高的效率进行传播，技术的吸收和赋能成本处于较低水平。③节点在网络中的重要程度较高，集聚程度较强。由于特征向量中心性达到0.239，属于较高水平，结合该指标的内在含义，可以认为在该算力整体网络中，行为主体的平均重要程度处于较高的水平。

表4-8 算力总合作关系主导的复杂网络统计指标

网络指标	节点数（个）	边数（条）	平均度	平均加权度	网络直径	网络密度	模块化	平均聚类系数	特征向量中心性	平均路径长度
统计值	1255	1587	1.265	3.911	8	0.010	0.779	0.009	0.239	2.905

（二）行为主体的分类别统计分析

在总算力合作关系下的复杂网络中，行为主体共被划分为企业、政府、高校以及科研机构四类行为主体。其中，根据总算力关系数据的统计结果，如图4-14所示，企业类行为主体占总关系数据的比重最高，为84.63%。政府类行为主体占比为10.23%，高校类行为主体的比重为3.47%，科研机构占比最低，为1.66%。这说明，在该复杂网络中，参与算力合作的行为主体以企业类为主导，该类别行为主体是保障算力合作关系持续进行的核心主体，而其余三类则是复杂网络中重要的参与主体，但不具备主导地位。

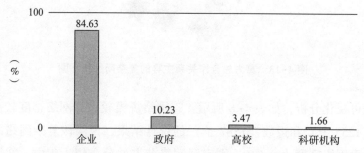

图4-14 算力技术在复杂网络中行为主体分类别统计

（三）算力总效应分析

基于这种分类，本部分分别对算力的输入型关系数据和输出型关系数据进行统计分析，如图4-15所示。在此基础上，探讨每类细分算力技术的总效应在数据生态系统中的影响机制。

1. 智能芯片技术总效应分析

在智能芯片算力维度下，包含了感知芯片、传输芯片以及支撑芯片三类三级维度的算力技术，如图4-15左半部分展示的是智能芯片算力中，三种三级维度的统计分布情况。本研究将依次从每一类细分算力技术展开统计分析。

首先，在感知芯片算力技术方面，该维度上吸收和赋能的总效应占总算力的比重为16.27%。其中，独角兽企业的赋能效应要大于吸收效应

0.69 个百分点，这意味着在该算力维度上，独角兽企业与其他行为主体之间属于"净赋能"合作关系。

其次，对于传输芯片算力技术而言。该算力技术的占比为 14.79%，其中吸收效应占比为 7.36%，赋能效应为 7.43%，两者大体相当。这说明独角兽企业在该算力维度上展开的技术合作过程中，网络吸收效应与赋能效应大致相同。

最后，关于支撑芯片维度上的合作中，该维度占总算力关系的比重为 9.75%，其中吸收效应的比重为 4.58%，赋能效应为 5.08%，说明独角兽企业通过该技术所实现的网络吸收效应略小于赋能效应，与其他行为主体之间表现出"净赋能"的合作关系。

因此，通过以上统计分析可以看出，在数据生态系统中，独角兽企业通过智能芯片算力合作而实现的网络赋能效应大于吸收效应，总体表现出对其他行为主体进行赋能的合作关系。

2. 云计算技术总效应分析

云计算算力维度中包含了计算速度、云服务器以及带宽三类三级关系维度，如图 4-15 右半部分所示，本部分将依次对这三个维度进行统计分析。

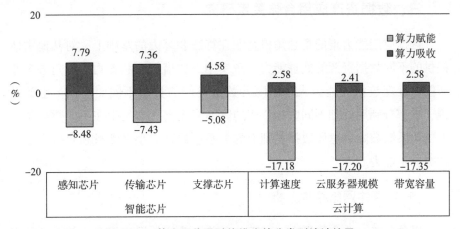

图 4-15 算力吸收及赋能维度的分类别统计结果

首先，在计算速度方面。该算力占整体比例为 19.76%，属于明显的"净赋能"型合作关系，其中吸收效应占比为 2.58%，赋能效应占比为

17.18%。这意味着，大部分独角兽企业具备较高水平的数据计算速度算力，并且通过该算力实现较强的网络赋能效应，即能够为其他行为主体提供数据计算速度的算力服务。

其次，对于云服务器规模而言，其占整体比为19.61%。与计算速度类似，该维度算力的整体效应也属于"净赋能"型合作关系，其中吸收效应为2.41%，而赋能效应则为17.20%。这表明，大部分独角兽企业已经拥有属于自己的云服务器设施，并且能够凭借自身的云服务器体量向外部行为主体提供算力服务。

最后，带宽容量方面，该合作维度的整体占比为19.93%，其中吸收效应占比为2.58%，输出情况下则为17.35%，说明独角兽企业在带宽算力上也表现出强大的网络赋能效应。

通过上述对算力维度的统计分析，本研究认为，在智能芯片方面，独角兽企业所表现出的网络赋能效应略高于吸收效应，两者差距不明显。而在云计算维度上，独角兽企业表现出强大的网络赋能效应，而网络吸收效应较弱。这意味着，与智能芯片技术相比较而言，云计算技术已成为独角兽企业普遍拥有和应用的算力技术，而智能芯片技术在一定程度上需要吸收外部的技术支撑。

三、数据资产应用合作关系研究

数据应用能力指的是独角兽企业在算法和算力的基础上，对其他主体提供的不同数据资源的处理能力。现实中，凭借算法和算力，独角兽企业所能够处理数据的能力大小，随着数据资产的类型不同而不同。也就是说，本部分利用处理不同数据资产的频率或比重（即发生在不同数据类别上的关系频数除以总体数据类别上的关系总数）大小来衡量独角兽企业的数据应用能力。

（一）整体网络结构分析

以独角兽企业为出发点，基于独角兽企业的数据应用合作关系及相应的关系数据，进而构建出数据应用合作关系主导的复杂网络拓扑结构，如图4-16所示。

通过 Gephi（0.9.2）的网络指标分析结果，由表4-9中可以发现，此

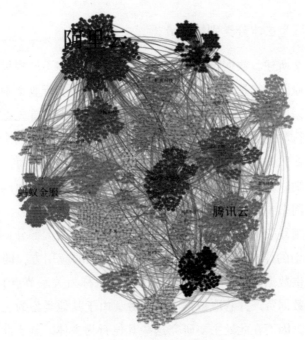

图4-16　数据应用复杂网络拓扑图

时的数据应用复杂网络呈现出以下三个明显特征：

①从规模来看，包括164个样本节点（独角兽企业）在内的网络总节点数达到了2212个，总关系边数则达到了3265条，可以认为该复杂网络属于较大规模的网络类型。②网络直径为7，网络密度为0.010，平均聚类系数为0.006，平均路径长度为3.166。这说明数据应用复杂网络呈现出"小世界"网络的特征，即在该网络中，不论是供求规则导致的数据资产流动还是数据服务的流动，均体现出了较高的传播效率。③从节点在网络中的平均重要程度来看，网络的特征向量中心性为0.242，说明了网络中节点的重要性较高。

表4-9　复杂网络的主要参数

网络指标	节点数（个）	边数（条）	平均度	平均加权度	网络直径	网络密度	模块化	平均聚类系数	特征向量中心性	平均路径长度
统计值	2212	3265	1.479	7.473	7	0.010	0.718	0.006	0.242	3.166

（二）行为主体分类别统计分析

正如上文所述，数据应用复杂网络中包含了众多不同规模的团体，而团体的形成原因可能是由于行为主体自身属性类型、行业类别以及数据应用类别等原因所使然。那么，基于这一研究思路，本书首先选择从网络中不同类别的行为主体出发，在分类的基础上，利用统计分析来揭示每类与独角兽企业在数据应用上的合作关系。而在此基础上，对每类行为主体所在的行业类别以及数据应用类别进行进一步研究，从而全面阐述独角兽企业在该复杂网络中的成长特征。

数据应用复杂网络中，数据的应用者主要分为两大部分：①独角兽企业（即网络中的样本节点），他们属于相关数据的应用方，即通过吸收数据资产来提供数据服务；②其他行为主体（也称为关系节点），他们主要表现为提供数据资产并获取数据应用服务，由于其他类型为主体是独角兽企业的环境，因而在此处主要研究这些其他行为主体。基于此，本部分在对独角兽企业数据应用能力的复杂网络分析过程中，共提炼出了 1916 个数据供应者，① 按照行为主体的属性，共划分为 5 种行为主体，如图 4-17 所示，包括企业类、政府类、高校类、科研机构类以及产业联盟类。其中，企业类数据提供者最高，为 85.57%，政府类数据供应者占比为 9.89%，高校类数据提供者占比为 2.27%，科研院所类占比为 0.97%，产业联盟占比为 0.84%。从这一分类统计结果可以认为，独角兽企业所应用的数据资产，主要是由企业类主体所提供，其次则由政府提供，而其他类别的行为主体提供给独角兽企业的数据资产较少。

进一步，将企业和政府两类数据资产供应者单独做分类别统计分析，旨在揭示企业及政府的细分类别与所提供的数据类别之间的关系。

（三）企业类数据供应者

在单独研究独角兽企业与企业类行为主体（以下统称"企业类数据供应者"）之间所产生的网络特征时，首先选择从构建两类行为主体的自我

---

① 此处，仅从数据应用能力的关系数据出发，构建仅关于数据应用能力的复杂网络。此时，该复杂网络中包括 1916 个关系节点，它们即是为独角兽企业提供数据的一方。

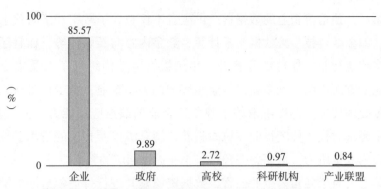

图 4-17　数据应用复杂网络中行为主体的分类别统计情况

网络出发，在此基础上对复杂网络的结构进行研究，从而揭示在数据应用合作关系背景下，独角兽企业与企业类行为主体的相互影响机制。

企业类关系节点在数据应用自我网络中所扮演的角色为数据资产供应者，这一团体共包含 1745（1909−164＝1745）个节点，相较于其他行为主体而言，企业类数据供应者属于整个复杂网络中的核心行为主体。经分类研究发现，企业类节点共包含 23 个行业类别，如图 4-18 所示，图中占比最高的数据供应者属于金融科技类行业（10.53%），而占比在 5% 以上的行业还包括，如传统零售业（10.04%）、智能软件（8.22%）、智能硬件（7.12%）、传统银行业（6.33%）、数字内容与新媒体（5.95%）以及健康医疗（5.27%）。这表明：

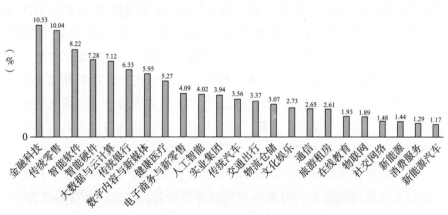

图 4-18　企业类数据供应者所属行业的分类别统计情况

第一，独角兽企业的数据资产供应者不仅包含了数字经济时代下新兴行业，如金融科技、大数据与云计算、数字内容与新媒体等，而且还涵盖了众多传统行业，如传统零售业、传统银行业、传统汽车以及实业集团等。这一方面说明，众多新兴行业领域中的中小企业，由于自身缺乏相应的数据处理技术，不得不依赖于独角兽企业的数据应用能力。另一方面，在数字经济时代，传统行业领域面临着转型升级以及相关的技术及设备严重缺失的双重压力，从而急需独角兽企业提供相应的数据服务。

第二，对于独角兽企业而言，数据资源是其进行价值创造的关键投入要素。独角兽企业作为数据资源需求方，凭借自身强大的数据技术及服务能力，能够为这二十三类行业领域的企业提供相应的数据服务。这也说明了独角兽企业的数据应用的辐射范围之广，能力之强。

第三，在数据资源应用合作关系主导下的复杂网络中，独角兽企业是数据资源的需求者，同时也是数据资源应用能力的赋能者。而企业类关系节点是数据资产的供应者，同时也是数据应用能力的需求方。这意味着，双方凭借各自资源优势实现了供求上的精准匹配，为双方的互利合作行为提供保障。

(四) 独角兽企业的网络行为分析

根据独角兽企业在网络中的加权度和度的分布情况（此处取加权度和度值在 20 和 3 以上的节点进行统计），如图 4-19 所示。第一，整体分布呈现幂律分布特征，可以认为该网络中仅有少部分独角兽企业具有较强的资源控制能力，即在该网络中对数据资产交易的控制程度较高，如阿里云、腾讯云、蚂蚁金服以及滴滴出行这四家独角兽企业。而网络中大部分独角兽企业对数据资产交易的控制力较弱，如图 4-19 中处于水平分布"长尾"中的企业。第二，以完善的算法体系和坚实的云计算算力基础为技术优势的独角兽企业，处于网络核心地位。这类企业不仅具备先进的算法支撑体系，如机器学习、计算机视觉和自然语言处理等，而且具备专业化和非专业化的云计算算力基础，如计算速度、云服务器规模和带宽容量。这类独角兽企业在网络中处于核心地位，凭借自身算法和算力技术实力能够灵活地对供应者的数据资产进行高效处理。第三，具有先进算法，但缺乏算力基础的独角兽企业，位于核心企业的外围位置。这类企业多为金融、数字内容与新媒体、电子商务与新零售以及物联网（新能源汽车）等领域的独角兽企业。他们由于自身缺乏专业的算力技术，比如云计算基础设施等，其自身先进的算法难以充分挖掘数据价值，因而也位于核心企业的外围位置，如今日头条、微众银行、大搜车、拼多多等。第四，仅具有云计算算力基础的独角兽企业只处于网络边缘位置。该类企业在云计算算力方面具有较为专业化的数据处理能力，但由于缺乏完善的算法体系，该类企业仅处于网络边缘位置，如同盾科技、腾云天下、金山云、UCloud以及七牛云等。

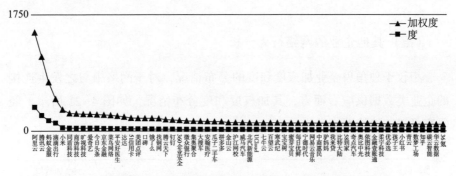

图4-19　独角兽企业加权度和度的分布情况（加权度>20，度>3）

对于衡量独角兽企业在网络中的重要程度方面，此处选取行为主体的特征向量中心性作为衡量指标，如图4-20所示，可以发现，独角兽企业在该网络中的重要程度与其在网络中的连接强度和活跃度具有一致性。具备较强连接强度和活跃度的独角兽企业一般也具有较高的重要性，如排在前列的节点包括阿里云、腾讯云、蚂蚁金服、小米、旷视科技、滴滴出行等。正如上文所述，这类企业至少在算法和算力之中具备其中之一的技术优势，因而具有较强的数据处理能力。而正是这种较强的数据处理能力使得独角兽企业能够获取其他企业的数据资产，并在网络中实现较高的重要程度。而相对缺乏数据处理算法和算力的独角兽企业，包括部分新能源汽车企业、智能硬件企业以及电子商务企业，其自身需要借助其他企业的技术支持才能够实现相应的数据处理能力，因而难以获得其他企业的数据资产，导致其在网络中的重要程度处于较低水平，如奇点汽车、柔宇科技、孩子王等。

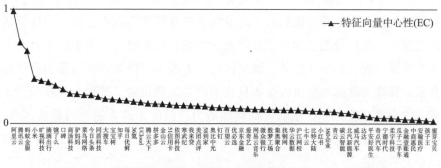

图4-20　独角兽企业特征向量中心性的分布情况（EC>0.05）

（五）其他企业的网络行为分析

相较于独角兽企业加权度和度的分布情况，对于网络中与之发生连接的企业类数据供应者而言，其加权度和度分布情况，如图4-21所示，经研究可以归纳为两个特点：

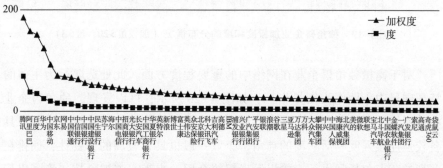

图4-21　企业类型为主体加权度和度的分布情况（加权度>10，度>2）

第一，平台型企业是数据供应群体中的主导者。如图4-21所示，腾讯、阿里巴巴、百度、华为、中国移动、京东、网易等平台型企业在加权度和度的分布结果中居于较高的水平。这几家平台型企业可以归纳为三类数据应用类型：①社交媒体类数据（图像、视频等），以腾讯、百度和网易为代表。②交易类数据（用户信息、行为特征、电子票据等），以阿里巴巴为代表。③通信类数据（语音、通信等），以华为、中国移动为代表。这三类数据是数据供应者提供给独角兽企业的主要数据类型，在该数据应用网络中具有很强的连接能力和活跃度。

第二，传统行业是数据供应来源的重要组成部分。对于其他数据供应者而言，包括金融类企业（用户信息、信贷、风控数据等）、汽车制造企业（用户信息、行为特征、能源、温度数据等）以及传统的实业集团（用户信息）也是提供数据资产的主要群体。这意味着传统行业的数字化变革需要借助独角兽企业的数据应用能力。

四、数据资产吸引力合作关系研究

根据本研究理论推断所述，数据资产吸引力被定义为在某领域中具有特定用途并能够产生一定的经济价值的数据资产。这种价值体现了使用者向提供者建立合作关系的速度，即形成吸引力。正如上文所述，数据资产吸引力指的是独角兽企业凭借其所拥有的数据资产而产生的与其他行为主体建立合作联系的能力。

（一）整体网络结构分析

本部分以独角兽企业为出发点，基于独角兽企业的数据资产吸引力合作关系及相应的关系数据，进而构建出数据资产吸引力合作关系主导的复杂网络拓扑结构，如图4-22所示。

如表4-10所示，可以认为该复杂网络具有以下四个特征：

①网络规模和密度较大。节点数为1984个，节点间总边数为2892条的统计结果表明，该复杂网络中行为主体之间的联系较多，所有主体均能够参与到网络互动之中，不存在孤立的行为主体。另外，由于网络密度为0.018，说明其中行为主体之间的联系较为紧密。②网络主体的活跃度和连接能力较强。根据节点平均度为1.458，表明网络中平均每个主体会与大约两个其他主体产生连接。这说明，在数据吸引力复杂网络中，各类行为主体的活跃程度以及连接能力均较强。③网络呈现"小世界"特征，数据资产的流动效率较高。由于平均路径长度和网络直径分别为3.009和7，均属于较低水平，这表明网络中任意两个行为主体之间的距离较短，主体间的交易成本较低。数据资产能够以较高的效率在行为主体间流动，从而减少数据交易的成本。④行为主体的重要程度较高。特征向量中心性达到0.239，表明网络中行为主体的具有较高的重要程度，能够通过连接重要性

图 4-22 复杂网络拓扑结构图

较高的其他节点来实现自身重要程度的提升，这意味着行为主体控制网络资源的能力普遍较高。

表 4-10 数据应用能力复杂网络的主要参数

网络指标	节点数（个）	边数（条）	平均度	平均加权度	网络直径	网络密度	模块化	平均聚类系数	特征向量中心性	平均路径长度
统计值	1984	2892	1.458	2.275	7	0.018	0.735	0.005	0.239	3.009

（二）行为主体分类别统计分析

在整理数据资源吸引力关系数据的基础上，发现在数据资源吸引力合作网络中包含四类行为主体，即企业类行为主体、政府类行为主体、高校类行为主体和科研机构类行为主体。从每类行为主体与数据资产的联系强度来看，如图 4-23 所示。企业类行为主体与数据资产的联系最为紧密，占据总关系数据的 84.84%。其次是政府类行为主体，其占比为 11.01%。

而对于高校与科研机构这两类行为主体而言，他们与数据资产的联系较少，占比分别为 2.81% 和 1.33%。因此，以上统计数据分析表明，在复杂网络中，企业类行为主体是吸收数据资产的主导力量，大部分企业通过利用独角兽企业的数据资产而在网络中得以生存。而政府类行为主体也是独角兽企业的环境组成部分之一，虽然政府部门在整体上与独角兽企业数据资产的联系没有企业类高，但也在某些类别的数据资源吸引力下产生了较强的联系。除此之外，高校与科研机构作为在复杂网络中重要的智力单位，整体上对数据资源吸引力的反馈强度较弱，产生的联系强度也处于很低的水平。

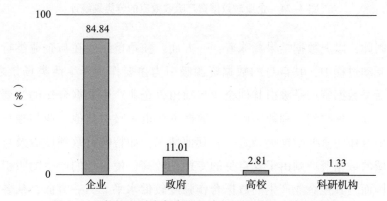

图 4-23　数据吸引力复杂网络中行为主体的分类别统计

承接以上分析，本研究将对整体复杂网络进行分割，分别从独角兽企业及这四类行为主体的视角出发，逐一展开四类自我网络的研究，旨在揭示各类主体在复杂网络中与独角兽企业数据资源吸引力的互动机制。

（三）企业类行为主体的数据资产吸收效应分析

对于企业吸收不同数据资源方面，如图 4-24 所示，可以发现，企业类型为主体在与独角兽企业互动的过程中，主要在金融、交通、媒体以及零售 4 类数据资产领域产生的联系强度较高，分别为 22.31%、14.09%、13.56% 和 9.93%；在物流、医疗以及企业类数据资产领域的连接强度，则处于中等水平，分别为 6.80%、5.12% 和 4.85%；而与教育、公安及工业生产领域的数据资产所产生的联系强度较低，三者强度分别为 2.68%、2.04% 和 1.53%；除此之外，企业类行为主体在政务、农业、气象、生态环境以及司法类数据资产方面的联系处于最低水平，五者的强度均不到1%。

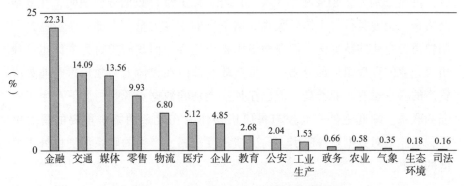

图4-24 企业对数据资产吸收效应的分类别统计

因此，以上数据结果意味着：一方面，独角兽企业在与企业类行为主体的互动过程中，其自身的数据资源吸引力主要作用于生活类场景之中，即生活类数据资产是吸引其他企业与独角兽企业产生数据合作的主要数据类型。而物理空间类和数字内容类数据资产也是吸引其他企业与独角兽企业产生合作的重要数据类型之一。其他情况，如特殊行政领域以及自然生态领域的数据资产则由于其自身的专用性较高，使得他们产生的吸引力较弱，因而与其他企业产生的数据合作强度较低水平。另一方面，从各数据资产吸收强度的分布特征（横坐标排序情况）来看，这一自我网络中的分布情况基本上与整体复杂网络情况相同，即专用性越小的数据资产类型，能够产生较强的吸引力；反之，则相反。同时，也能够说明企业类行为主体是整体复杂网络的主导力量。

（四）政府类行为主体

政府类行为主体也是数据吸引力复杂网络的重要构成部分之一，为了揭示政府类行为主体在网络中的行为特征，本研究将以加权度、度以及特征向量中心性三类指标来衡量政府在网络中的连接能力、活跃程度和重要程度。

首先，在加权度和度方面，根据Gephi（0.9.2）统计结果（为了简洁，此处仅选取加权度和度分别在5和3以上的政府进行展示），如图4-25所示，从整体来看：

（1）两类指标的分布呈幂律分布特征，即少数政府对（独角兽企业）

数据资产的吸引力十分敏感，能够与独角兽企业取得紧密联系，并充分吸收和利用其数据资产来保证自身在网络中的优势地位。大多数政府仅具有较低的加权度和度，他们在网络中连接独角兽企业的能力以及活跃度均处于较低水平，因此不具有较高的网络地位。

（2）包括北京、深圳、上海、杭州、重庆、武汉、成都等沿海及内陆经济发达地区的政府机构，是吸收独角兽企业数据资产的重要区域。另外，贵阳、呼和浩特等欠发达地区的政府部门，也是吸收独角兽企业数据资产的重要区域。尤其是贵阳、呼和浩特等地利用自身自然优势和政府资源力量，大力发展大数据即云计算产业。而作为"千年大计，国之大事"的雄安新区也积极探索与数字经济接轨的产业形态，如雄安新区管委会与蚂蚁金服达成区块链领域的合作，通过连入蚂蚁金服在房屋租赁应用和诚信体系应用的数据资产，帮助雄安新区打造基于区块链技术和数据的租房平台，同时双方也会在未来酒店、信用无人超市、信用图书馆等场景建立合作。再如，京东金融为雄安新区当地的金融机构提供自身金融数据资产以及相关的人工智能解决方案等服务，帮助雄安新区实现智慧金融发展模式。

（3）部分县级政府在网络中的表现也比较凸显，如图 4-25，包括秭归县、绿春县、宁陵县、灵丘县以及交城县等虽然远不如发达区域政府的网络地位高，但也在网络中表现出一定的连接能力和活跃度，说明这些县级区域政府部门也是需要数据资产支持的重要区域。

其次，在重要程度的衡量方面，根据图 4-26 所示，从整体上来看，政府在网络中的重要性分布与其连接能力和活跃程度具有相似的趋势，即少数发达区域政府的网络重要性较高，部分欠发达地区政府的重要程度突出，如北京市各区政府与 11 家独角兽企业展开相关数据的合作，所涉及的领域包括工商、交通、公安和金融等多个应用场景。而大部分地级市和县级政府的重要程度较低，如秭归县政府仅与拼多多一家独角兽企业展开扶贫方面的数据合作，旨在帮助贫困县地区的农户实现较高收益。[①] 然而，这种不均衡的区域发展趋势并不是十分突出，也就是说，该幂律分布的斜率较小，这意味着全国各地区政府均表现出对获取独角兽企业数据资产的倾向，即通过与独角兽企业达成数据合作来实现自身数字化发展。

---

① 此数据的研究期间为 2018 年 1 月 1 日至 2019 年 1 月 1 日。

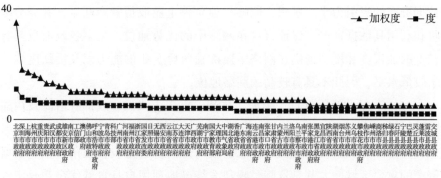

图 4-25　政府加权度和度的分布情况（加权度>5，度>3）

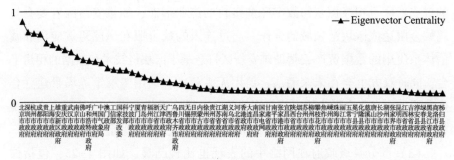

图 4-26　政府特征向量中心性的分布情况（特征向量中心性>0.1）

　　按照政府类行为主体的部门属性进行分类别统计，本研究通过整理数据资源吸引力的合作关系数据，共提炼出十五类政府部门，每类政府部门的占比情况如图 4-27 所示，[①]　其中，交通、公安、工商和金融部门受到数据资源吸引力的影响作用最为强烈。如深圳市公安局与滴滴出行达成数据合作，一方面，深圳市公安局将基于滴滴出行平台上注册从事网约车的用户数据，来开展全国犯罪记录核查工作，帮助滴滴出行严格限定用户准入条件；另一方面，滴滴出行也将开放其自身的数据资产来积极协助深圳市公安局打击违法犯罪行为。而对于扶贫、旅游、经信、医疗和体育部门而言，这四类政府部门与独角兽企业之间的数据合作较少。除此之外，包括农业、传媒、法律、气象以及能源部门，对独角兽企业数据资源吸引力的敏感度处于极低水平，因而很少与之产生数据合作。

―――――――

　　①　计算每类政府部门在数据资产吸引力合作关系下所产生的关系数据总数，并用这一数值除以所有行为主体参与时的关系数据总值。

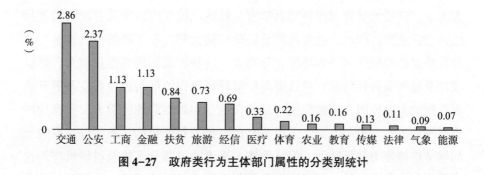

图4-27 政府类行为主体部门属性的分类别统计

进一步，为了研究政府部门在每类数据资产领域的吸收情况，本研究提取出政府类行为主体的关系数据，并计算对其在每类数据资产中的占比进行统计，结果如图4-28所示，政府在十五类数据资产的使用情况中：

第一，交通类、金融类、媒体类、物流类以及企业类数据资产的吸收程度最高（均大于1%）；

第二，而在零售、公安、医疗、教育、政务、工业生产以及气象类数据资产领域的吸收程度则处于中等水平（0.1%~1%）；

第三，对气象、农业、生态环境以及司法领域的数据资产吸收程度较低（均小于0.1%）。

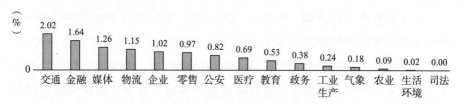

图4-28 政府数据资产吸收程度的分类别统计

（五）高校及科研机构类行为主体

为了研究高校及科研机构在网络中的具体表现，本研究先从加权度和度的统计分布出发，探讨这类行为主体在网络中的连接能力和活跃程度。如图4-29所示，根据两类指标的分布结果可知，该分布呈现幂律分布特征。一方面，清华大学、中国科学院、北京大学、浙江大学、北京航空航天大学、剑桥大学等国内外知名学府及科研机构在网络中具有较强的连接能力和活跃度。同时，这些高校及科研机构大都分布于经济发达地区，这与独角兽企业的区域分布特征十分吻合。这种较高的网络连接能力、活跃度以及地理邻近性特征，是这类高校及科研机构能够与独角兽企业展开数据合作的关键原因，也是促使（独角兽企业）数据资源吸引力发挥作用的重要推动力量。另一方面，大多数其他高校及科研机构，虽然仅具有较低的网络连接能力和活跃度，但从整体上来看，这部分高校及科研机构的也表现出较为集中的地理邻近性，即聚集在国内外发达区域，并以此与独角兽企业展开一定程度的数据合作。

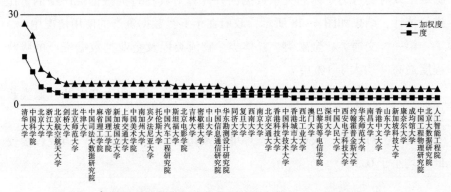

图4-29 高校及科研机构加权度和度的分布情况（加权度>5，度>1）

在重要程度衡量方面，如图4-30所示，与加权度和度的分布类似，高校及科研机构的特征向量中心性分布，在整体上也呈现幂律分布特征。其中，发达地区的高校及科研机构，包括清华大学、中国科学院、复旦大学、剑桥大学和牛津大学均具有较高的重要程度，能够凭借在网络中以及现实地理上的优势地位来与独角兽企业展开多元化的数据合作，而这种多元化合作则表现为吸收多家独角兽企业的数据资产，或者吸收多维度的数据资产。这从侧面也说明了，独角兽企业的数据资产对地理邻近性较高的高校及科研机构具有极强的吸引力，如清华大学与十六家独角兽企业展开合作，合作领域涉及物联网、金融科技、新媒体以及健康医疗等。除此之外，其余大部分高校及科研机构由于与独角兽企业的合作较为单一，即只与某一家独角兽企业合作，或者仅在某单一维度的数据资产上与独角兽企业展开合作。因此，这种单一的数据合作方式使得这部分高校及科研机构的重要程度较低。如神州优车向北京工业大学开放部分交通领域的数据，旨在研发面向下一代智能网联汽车的智慧交通解决方案。

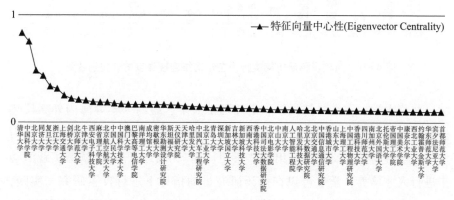

图 4-30　高校及科研机构特征向量中心性的分布情况（特征向量中心性>0.1）

在相关维度的数据资产合作方面，高校及科研机构所吸收的数据资产比重与整体网络和前两类自我网络的排序情况略有不同。如图 4-31 所示，本研究在整理高校及科研机构的关系数据的基础上，计算出其在十五类数据资产上的吸收比重。根据统计结果，从整体上来说：

①高校及科研机构所吸收的数据资产占比处于较低水平（相较于企业类和政府类行为主体而言）；其中，教育类数据是高校及科研机构所吸收最多的数据资产类型（大于1%）；②媒体类、交通类和金融类数据资产的占比属于中等水平（0.5%~1%）；③而企业类、医疗类、零售类数据资产的吸收比重处于较低水平（0.5%~0.1%）。其余类型的独角兽企业数据资产几乎不会反映出自身吸引力作用，如物流类、公安类等（均小于0.1%）。

虽然，高校及了科研机构对独角兽企业数据资源吸引力的反馈程度与其他行为主体有所不同，但整体上而言，对该行为主体吸引力较高的数据资产也大致属于专用性较低的生活类数据类型，而对其吸引力较低的数据资产也可划分为专用性较高的类别中，如特殊行业类和自然生态类等。

在实践中，商汤科技通过设定项目和输出数据资产的方式，与清华大

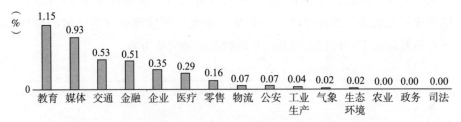

图4-31　高校及科研机构类行为主体网络连接强度的分类别统计

学、北京大学、香港科技大学、南洋理工大学、纽约大学等海内外高校建立科研合作，旨在为国家自主创新储备人才资源。其中，尤为表现在其为清华大学等高校的研究生推出的"泰坦计划"，通过开展 AI 领域实践活动来进行人才培养，学生可以在商汤研究员的指导下进行自主研究和实践，通过真实的场景、数据以及相关计算资源，实现自身在 AI 领域创新能力的不断提升。

　　因此，由以上分析可知，以高校与科研机构为代表的教育及科研组织，主要在与其优势领域，即教育领域中吸收独角兽企业的数据资产，同时也能从媒体、交通以及金融领域中吸收相应的数据资产来开展科研活动。

第四节　结论和政策建议

一、结论

　　本章对独角兽企业的价值网络进行结构分析中发现：

　　（1）在数据生态系统中，基于数据资产而形成的复杂网络空间是独角兽企业快速成长的机制之一。独角兽企业与其他主体的相互作用以复杂网络的形态展开。其中，数据资产是独角兽企业快速成长的核心投入要素，以算法、算力为代表的数据技术，以及以数据资源应用、数据资源吸引力为代表的数据资源，是数据资产的两个核心层面。

（2）独角兽企业的数据技术的总赋能效应要高于总吸收效应，是独角兽企业能够快速成长的机制之二。尤其表现在机器学习算法、智能芯片和云计算技术的赋能效应普遍高于其所产生的吸收效应，包括政府部门、传统金融与汽车企业以及部分平台型企业属于独角兽企业进行算力赋能的主要对象。

（3）独角兽企业的数据资源应用能力和数据资源吸引力程度越强，所能够吸收其他企业的数据资产就越多，其自身的网络影响力也就越高（网络连接能力、活跃度以及重要程度），进而对数据资产的控制能力就越强，这是独角兽企业快速成长的机制之三。平台型企业通过提供社交媒体类、交易类以及通信类数据资源来与独角兽企业展开数据资源应用合作，而传统行业企业和政府部门基于数字化变革的需求，也需要借助独角兽企业的数据应用能力。同时，独角兽企业的数据资源对平台型企业和政府部门产生的吸引力较高，而对高校及科研机构的产生的吸引力较弱。

（4）每类复杂网络均表现出明显的"小世界"特征和幂律分布特征，使得数据技术和数据资产的传播效率较高，能够降低独角兽企业与其他主体的数据交易成本，进而提升各类主体的价值创造能力。但网络中的数据资源分布不均匀，包括独角兽企业在内的少数主体具有较高的网络影响力，因而会占据较多的数据资源，而大多数主体仅具有较低的网络影响力，所占据的数据资源较少。因此，独角兽企业在四类合作关系及其细分领域上的数据资产优势，是其能够快速成长的第四种机制。

二、政策建议

（一）构建数据资源合理流通机制，大力支持独角兽企业数据技术创新

数据资源开放与共享是独角兽企业在构建自身合作网络的重要途径，相关部门应打造有利于数据资源合理流动的渠道和机制，通过立法和司法程序保障数据资源在包括独角兽企业在内的众多组织之间有序、畅通、合法流动。另外，数据技术合作新型企业组织进行价值创造的关键。政策应以加强算法技术合作，尤其在计算机视觉、生物特征识别、自然语言处理、知识图谱以及机器学习等领域，打造由底层基础算法到上层数据应用的技术体系为导向。同时，大力支持积极探索芯片等算力技术领域的开放

式创新，充分利用云计算市场优势，形成自主可控的技术资源。注重培育数据技术和数据资源的有机结合，通过市场化模式形成有利于企业价值创造的技术生态体系。

（二）注重培育新型企业组织的合作网络空间，促进数据资产供需有效匹配

独角兽企业等新兴企业组织与其他行为主体之间形成的合作网络是其快速成长的重要空间载体，政策应注重培育新型企业组织的合作网络空间，积极帮助新型企业组织建立畅通无阻的合作渠道，尤其是建立基于成果转化为导向的"政企学研"合作模式，以及企业间数据互通共享的保障机制。另外，通过招商引资、搭建数字化供求匹配平台、提供投融资配套金融服务等实质性措施，促进数据资产供求之间的高效匹配，推动新兴企业组织快速成长。

（三）重视数据生态系统的基础设施建设，保障新型企业组织高质量成长

政策应加快形成开放式技术和数据合作机制，完善新型企业组织成长的基础设施，鼓励企业搭建开放式创新平台，促进企业、开发者和数据应用场景的相互结合，推动技术创新效率和提升。另外，加大对企业知识产权保护力度，通过降低申报门槛和费率等方式保障企业自身技术资源，同时规范技术转让市场秩序，打击非法获取技术的行为，鼓励合作共赢的技术共享模式，保障新兴企业组织高质量成长。

（四）创新治理模式，引导区域资源服务企业成长

中国独角兽企业主要聚集在环渤海和长三角地区，政策导向应集中区域资源优势，包括数据资产和金融资源的引导措施，形成政策先行先试的示范效应。在政策上积极创新治理模式，为独角兽企业使用数据技术资源、数据资源、投融资资源提供政策保证，探索技术和数据交易的市场化机制，以及与金融市场相结合的政策保障制度，大力支持独角兽企业充分利用区域资源。

附 录

附表　164 家独角兽企业基本情况

独角兽企业名称	估值（亿美元）	行业类别	所属区域
美团点评	300	电子商务	北京
口碑	80	电子商务	杭州
饿了么	55	电子商务	上海
瓜子二手车	32	电子商务	北京
易果生鲜	30	电子商务	上海
万达电商	30	电子商务	香港
美丽联合集团	30	电子商务	杭州
惠民网	22	电子商务	北京
淘票票	21.1	电子商务	上海
土巴兔	20	电子商务	深圳
美菜网	20	电子商务	北京
优信互联	17	电子商务	北京
汇通达	16	电子商务	南京
孩子王	15.85	电子商务	南京
口袋购物	15	电子商务	北京
大搜车	15	电子商务	杭州
拼多多	15	电子商务	上海
宝宝树	14.5	电子商务	北京
58 到家	13	电子商务	天津
波奇网	10	电子商务	上海
我买网	10.4	电子商务	北京
车易拍	10.6	电子商务	北京
酒仙网	10.7	电子商务	北京
洋码头	10.9	电子商务	上海

独角兽企业名称	估值（亿美元）	行业类别	所属区域
蜜芽宝贝	10.11	电子商务	北京
车猫二手车	10.23	电子商务	杭州
卷皮	10.24	电子商务	武汉
找钢网	10.29	电子商务	上海
小红书	10.32	电子商务	上海
贝贝网	10.44	电子商务	杭州
每日优鲜	10.46	电子商务	北京
转转	10.52	电子商务	北京
便利蜂	10.56	电子商务	北京
蚂蚁金服	750	科技金融	杭州
陆金所	185	科技金融	上海
借贷宝	107.7	科技金融	北京
微众银行	92.3	科技金融	深圳
平安医保科技	88	科技金融	上海
金融壹账通	80	科技金融	上海
京东金融	76.9	科技金融	北京
聚宝匯	40	科技金融	深圳
人人贷	20	科技金融	北京
网信理财	20	科技金融	北京
51 信用卡	16	科技金融	杭州
草根投资	15.4	科技金融	杭州
团贷网	15	科技金融	东莞
微贷网	13.8	科技金融	杭州
易生金服	12	科技金融	北京
富途证券	10.6	科技金融	中国香港
随手科技	10.3	科技金融	深圳
点融网	10.36	科技金融	上海
我来贷	10.38	科技金融	中国香港

续表

独角兽企业名称	估值（亿美元）	行业类别	所属区域
有利网	10.39	科技金融	北京
滴滴出行	560	交通出行	北京
神州优车	35.5	交通出行	北京
OFO	26	交通出行	北京
摩拜单车	26	交通出行	北京
曹操专车	15.4	交通出行	杭州
ETCP 停车	12	交通出行	北京
首汽约车	10.8	交通出行	北京
斑马快跑	10.54	交通出行	武汉
VIPKID	15	互联网教育	北京
一起作业	12.5	互联网教育	上海
沪江网校	10.8	互联网教育	上海
TutorABC	10.2	互联网教育	北京
猿辅导	10.28	互联网教育	北京
学霸君	10.33	互联网教育	上海
朴新教育	10.42	互联网教育	北京
作业帮	10.51	互联网教育	北京
直播优选	10.57	互联网教育	武汉
平安好医生	54	互联网医疗	上海
联影医疗	50	互联网医疗	上海
复宏汉霖	31.8	互联网医疗	上海
科信美德	20	互联网医疗	北京
三胞国际医疗	19.3	互联网医疗	上海
微医集团	15	互联网医疗	杭州
春雨医生	15	互联网医疗	北京
药明明码	12	互联网医疗	上海
蓝卡健康	10.9	互联网医疗	沈阳
安翰	10.5	互联网医疗	武汉

独角兽企业名称	估值（亿美元）	行业类别	所属区域
信达生物制药	10.13	互联网医疗	苏州
诺禾致源	10.15	互联网医疗	北京
360 健康	10.5	互联网医疗	广州
碳云智能	10.49	互联网医疗	深圳
途家网	15	互联网旅游	北京
驴妈妈	12.6	互联网旅游	上海
要出发	10.6	互联网旅游	广州
自如	30.8	互联网租房	北京
爱屋吉屋	12.5	互联网租房	上海
魔方公寓	10.1	互联网租房	上海
房多多	10.12	互联网租房	深圳
小猪短租	10.3	互联网租房	北京
菜鸟网络	200	物流	深圳
易商	32	物流	上海
满帮	20	物流	贵阳
惠龙国际	15.4	物流	镇江
丰巢科技	13.85	物流	深圳
安能物流	13	物流	上海
罗计物流	12.6	物流	北京
新达达	12	物流	上海
越海全球供应链	10.27	物流	深圳
啦啦快送	10.37	物流	中国香港
云鸟科技	10.43	物流	北京
爱奇艺	45.9	文化娱乐	北京
猫眼电影	32	文化娱乐	北京
一下科技	30	文化娱乐	北京
快手	30	文化娱乐	北京
阿里音乐	30	文化娱乐	北京

独角兽企业名称	估值（亿美元）	行业类别	所属区域
英雄互娱	20	文化娱乐	北京
斗鱼	15	文化娱乐	武汉
网易云音乐	12.3	文化娱乐	杭州
罗辑思维	10.8	文化娱乐	北京
一点资讯	10.5	文化娱乐	北京
乐道互动	10.45	文化娱乐	天津
映客	10.48	文化娱乐	北京
阿里体育	10.53	文化娱乐	上海
今日头条	200	新媒体	北京
新潮传媒	15	新媒体	成都
界面	15	新媒体	上海
IMS	14	新媒体	北京
36氪	10.8	新媒体	北京
360企业安全	11.6	数据与网络安全	北京
DotC United Group	10.9	大数据	北京
数梦工场	11	大数据	杭州
腾云天下	10.16	大数据	北京
集奥聚合	10.18	大数据	北京
同盾科技	10.26	大数据	杭州
阿里云	390	云服务	杭州
腾讯云	33	云服务	深圳
金山云	21.2	云服务	北京
UCloud	15	云服务	上海
百望云	11.2	云服务	北京
七牛云	10.14	云服务	上海
青云	10.25	云服务	北京
华云数据	10.35	云服务	无锡
知乎	10.19	社交	北京
辣妈帮	10.22	社交	深圳

独角兽企业名称	估值（亿美元）	行业类别	所属区域
优客工场	14	网络孵化器	北京
恒神	10.1	新材料	丹阳
旷视科技	25	计算机视觉	北京
商汤科技	25	计算机视觉	北京
依图科技	10.17	计算机视觉	上海
出门问问	10.31	自然语言处理	北京
寒武纪科技	10.55	AI芯片及硬件	北京
比特大陆	10.4	AI芯片及硬件	北京
优必选科技	40	智能硬件	深圳
小米	460	智能硬件	北京
柔宇科技	30	智能硬件	深圳
奥比中光	10.34	智能硬件	深圳
智米科技	10.47	智能硬件	北京
纳恩博	15	智能硬件	北京
麒麟合盛	18.5	智能软件	北京
触宝科技	10.2	智能软件	上海
连尚网络	10.21	智能软件	上海
钉钉	15.5	智能软件	杭州
宁德时代	200	新能源汽车及关键部件	宁德
威马汽车	50	新能源汽车	上海
蔚来汽车	50	新能源汽车	上海
北汽新能源	43	新能源汽车	北京
奇点汽车	30	新能源汽车	上海
银隆新能源	19.5	新能源汽车	珠海
小鹏汽车	15	新能源汽车	广州
知豆汽车	12.6	新能源汽车	宁波
时空电动	10.41	新能源汽车	杭州

资料来源：中华人民共和国科学技术部火炬中心、长城企业战略研究所：《2017年中国独角兽企业榜单》，2018。

第五章

融合产业部门发展的主导者

数字经济包括核心产业部门和融合产业部门。融合产业部门是在数字和人工智能与实体经济的融合过程中创造出来的包括新技术、新产品、新模式和新业态在内的新兴产业领域。随着数字和人工智能核心技术和产品的成熟，融合产业部门发展正在成为数字经济发展的前沿地带。与核心产业部门不同，却与特定产业应用场景相适应，融合产业部门的技术体系具有专用性特征。与特定产业应用场景相适应，技术体系专用性程度不仅决定着数字和人工智能与实体经济融合难度，而且决定了谁是融合产业部门发展的主导者。两个产业部门之间的良性互动共同推动数字经济的快速成长和经济转型升级的步伐。

第一节　问题和研究设计

一、问题提出

数字和人工智能科技产业的发展源于中国经济转型过程中创造的数字化和智能化需求。改革开放以来，我国充分抓住第三次工业革命带来的经济全球化机遇，通过实施偏向市场经济的改革开放政策，加速实现了工业化，发展成了全球第二大经济体，被誉为"中国奇迹"。随着国内外市场条件的变化、要素成本的上涨和环境约束的加强，如何实现从要素驱动向创新驱动的转型升级，是经济发展的方向和目标。而数字和智能科技的产业化、产业的数字化和智能化，是实现经济转型升级和高质量发展的内生动力。

数字经济包括两个基本组成部分：核心产业部门和融合产业部门。其中核心产业部门主要是指研发和生产数字和人工智能核心技术和产品的产业领域，主要产出的是作为"关键生产要素"的数据、算力和算法。而融合产业部门则是指人工智能与经济和社会融合过程中创造的新技术、新产品、新模式和新业态。

中国数字经济核心产业部门的兴起源于互联网发展过程中对智能化的迫切需求，是消费互联网快速发展的结果。截至 2018 年 12 月，我国网民规模达 8.29 亿人，普及率达 59.6%；手机网民规模达 8.17 亿人，网民通过手机接入互联网的比例高达 98.60%；农村网民规模达 2.22 亿人，占网民总数的 26.7%。2018 年互联网应用保持快速增长，其中网络新闻用户规模达 6.75 亿人，较 2017 年底增长 4.3%；网络购物用户规模达 6.1 亿人，较 2017 年底增长 14.4%。[①] 如果说在门户网站为主导的互联网 1.0 时代，中国仅是追随者，那么在手机应用为主导的互联网 2.0 时代，中国已经成为引领者。

为适应消费互联网的智能化需求，中国数字经济的核心产业部门必须实现快速发展。尤其是在互联网 2.0 阶段，为了实现交易中供给和需求的精准匹配，特别是支付过程中的身份验证，人工智能不得不先实现快速发展。随着人工智能关键技术的成熟和核心产业部门的发展，人工智能开始与实体经济深度融合。尤其是随着包括 5G 在内的新基础设施建设的加快，融合产业部门的发展及其与核心产业部门的良性互动，将推动智能经济步入新的发展阶段。

在人工智能与实体经济融合的过程中，除了包括阿里巴巴、百度、腾讯和华为在内的平台企业之外，由传统上市公司转型而来的智能企业也发挥了重要作用。依托市场和技术优势，传统产业的上市公司通过自主研发和与人工智能企业的合作，逐步成为融合产业部门发展的主导者。本章试图通过对融合产业部门上市公司的价值网络分析，揭示人工智能与实体经济深度融合的动力和机制。

二、近期讨论

作为第四次工业革命的引擎，人工智能属于通用技术。技术经济范式理论对通用技术如何影响经济和社会发展做出了系统的思考。弗里曼（Freeman，1988）指出，技术经济范式是指现实经济对具备技术可行性的创新对象进行选择，进而在技术、经济和政治之间通过复杂互动形成新范

---

① 中国互联网络信息中心．中国互联网络发展状况统计报告［R/OL］．(2019-02-28)［2019-03-20］.http://www.cnnic.net.cn/hlwfzyj/hlwxzbg/hlwtjbg/201902/P020190318523029756345.pdf.

式的过程。①

佩蕾丝（Perez，2007）对新技术经济范式的形成过程进行了系统性研究。② 她把通用技术的兴起和扩散划分为"爆发""狂热""协同""成熟"四个阶段。在爆发阶段，新通用技术和产品创新是由金融资本驱动的。新兴技术的快速兴起和发展给传统技术经济范式带来了强烈的冲击。在"狂热"阶段，金融资本转向基础设施和技术研发的支持。在这个阶段，新技术经济范式基本形成，并做好了扩张的准备。但是与新技术发展相伴而来的是技术与制度的冲突，需要制度层面的改革和调整。而随着政治和社会变革经验的积累，企业开始适应新技术，经济进入了快速增长阶段，即"协同"和"成熟"阶段（Perez，2007）。其中，在"协同"阶段，新技术经济范式开始占据优势。而在"成熟"阶段，新技术被广泛应用于现有产业，新技术带来的投资机会逐步消失。

通用技术与经济社会的融合遵循"新技术→关键生产要素→主导技术群落→技术经济范式"的演进过程。在新技术经济范式的形成和发展过程中，首先兴起的是新技术创新和核心产业部门。核心产业部门的基本功能是创造"关键生产要素"。在弗里曼和佩蕾丝看来，"关键生产要素"是技术经济范式中的"一个特定投入或一组投入"，它可能表现为某种重要的自然资源或工业制成品，并具备三个方面特征：生产成本的下降性、供应能力的无限性和运用前景的广泛性。

随着核心产业部门的发展，通用技术开始向现有产业渗透，最终形成主导技术群落。在主导技术群落的形成和发展过程中，技术与经济社会相互融合逐步形成新技术经济范式，使经济社会进入新的发展阶段。例如，第三次工业革命以芯片为"关键生产要素"。20世纪90年代，随着IT产业和信息通信技术产业的成熟，信息技术开始与经济社会全面融合，创造出以美国新经济为代表的信息经济范式。

作为新技术经济范式，随着互联网的兴起和发展，数字经济开始显现。对数字经济最早的讨论可以追溯到 Don Taspscott《数字经济》一书。

---

① 克里斯托夫·弗里曼. 技术政策与经济绩效：日本国家创新系统的经验 [M]. 张宇轩，译. 南京：东南大学出版社，2008.

② 卡萝塔·佩蕾丝. 技术革命与金融资本 [M]. 田方萌，胡叶青，刘然，王黎民，译. 北京：中国人民大学出版社，2007：82.

在该书中，他系统描述了互联网对经济社会的深刻影响。进入 21 世纪，随着互联网 2.0 和物联网的兴起，基于网络空间发展的数字和计算驱动的数字经济开始出现，成了数字经济发展的前沿。2016 年在杭州召开的 G20 峰会发布了《二十国集团数字经济发展与合作倡议》（以下简称《倡议》），在《倡议》中把数字经济定义为：以使用数字化的知识和信息作为关键生产要素，以现代信息网络作为重要载体，以信息通信技术（ICT）的有效使用作为效率提升和经济结构优化的重要推动力的一系列经济活动。

随着核心技术的逐步成熟，人工智能与实体经济的融合发展成了数字经济发展的主导。在 2019 年 3 月 19 日召开的中央全面深化改革委员会第七次会议上审议通过的《关于促进人工智能和实体经济深度融合的指导意见》中指出，"促进人工智能和实体经济深度融合，要把握新一代人工智能发展的特点，坚持以市场需求为导向，以产业应用为目标，深化改革创新，优化制度环境，激发企业创新活力和内生动力，结合不同行业、不同区域特点，探索创新成果应用转化的路径和方法，构建数据驱动、人机协同、跨界融合、共创分享的数字经济形态"。

尽管制定了人工智能与实体经济深度融合的方向和框架，但是作为一个复杂系统的演化过程，在人工智能与不同产业的融合过程中呈现了多样化和异质性特征。如何结合不同产业特点，通过多元创新主体协同创新构建专用性技术体系，才能不断推动人工智能与实体经济的深度融合，实现融合产业部门的快速发展。因为涉及特定行业相关的专用技术体系的形成和积累，究竟谁是人工智能与实体经济深度融合的主导者，如何通过与多元创新主体的互动从而创造特定产业相关的专用性技术体系，就成了当前理论研究的焦点。

三、研究方法和设计

本章把人工智能与实体经济的深度融合看作是一个复杂系统的演化过程，涉及智能企业、大学、科研机构、投资者和政府等多元创新主体的联系和互动。多元创新主体不仅是技术创新的需求者，而且是技术创新的推动者。依托各自的专业优势，在人工智能与实体经济融合过程中，专用性技术体系的形成和积累是多元创新主体相互联系和协同创新的结果。

基于实际调查，作者发现，在多元创新主体的协同创新中，除了平台企业，传统产业的龙头企业往往是人工智能与实体经济融合的主导者。为适应产业智能化的需求，传统产业的龙头企业，尤其是上市公司，通过核心技术的自主研发和兼并收购人工智能初创公司的方式，转型升级为智能企业，即融合产业部门的智能企业。作为龙头企业，依托在传统产业积累的竞争优势，尤其是数据生态优势，融合部门占主导的智能企业逐步成为传统产业智能化的引领者。

为了揭示正在展开的人工智能技术和实体经济融合发展的现状和动力机制，本章筛选出 50 家融合产业部门的智能企业为样本。50 家样本企业主要分布在传统制造和安防产业，2000 年之后，通过自主研发、人才引进、兼并收购、与其他企业和高校科研机构合作的方式逐步发展为人工智能企业。从实际调查的情况来看，样本企业在转型升级过程中，本身就是智能化的需求者，通过智能科技的自主研发和引进在满足企业内部智能化需求的同时，成为行业智能化技术集成方案提供商。

表 5-1　50 家样本企业基本情况

所属领域	企业名称	成立时间（年份）	地点	原行业	企业名称	成立时间（年份）	地点	原行业
智能汽车	比亚迪	1995	广东	制造业	均胜电子	2004	浙江	制造业
	福田汽车	1996	北京	制造业	万安科技	1999	浙江	制造业
	亚太股份	1976	浙江	制造业	—	—	—	—
智慧医疗	思创医惠	2003	浙江	制造业	—	—	—	—
智能硬件	高德红外	1999	湖北	制造业	联想集团	1984	北京	制造业
	锦富技术	2004	江苏	制造业	神思电子	2004	山东	制造业
	九安医疗	1995	天津	制造业	视源股份	2005	广东	制造业
	聚龙股份	2004	辽宁	制造业	小米科技	2010	北京	制造业
	雷柏科技	2002	广东	制造业	盛通股份	2000	北京	制造业
	高乐股份	1989	广东	制造业	—	—	—	—
智能教育	珠江钢琴	1956	广东	制造业	—	—	—	—

所属领域	企业名称	成立时间（年份）	地点	原行业	企业名称	成立时间（年份）	地点	原行业
智能制造	埃斯顿	1993	江苏	制造业	科大智能	2002	上海	制造业
	慈星股份	1988	浙江	制造业	瑞凌股份	2003	广东	制造业
	海得控制	1994	上海	制造业	赛象科技	1989	天津	制造业
	华中数控	1994	湖北	制造业	三丰智能	1999	湖北	制造业
	佳士科技	2005	广东	制造业	东杰智能	1995	山西	制造业
	金自天正	1999	北京	制造业	远大智能	1993	辽宁	制造业
	劲拓股份	2004	广东	制造业	远方信息	2003	浙江	制造业
	京山轻机	1957	湖北	制造业	卓翼科技	2002	广东	制造业
	楚天科技	2002	湖南	制造业	博实股份	1997	黑龙江	制造业
	巨星科技	1993	浙江	制造业	机器人	2000	沈阳	制造业
智慧城市	超华科技	2004	广东	制造业	汉邦高科	2004	北京	制造业
	同方股份	1997	北京	制造业	—	—	—	—
智能家居	四川长虹	1958	四川	制造业	青岛海尔	1984	山东	制造业
	和而泰	2000	广东	制造业				
智能安防	大华股份	2001	浙江	安防业	海康威视	2001	浙江	安防业
	东方网力	2000	北京	安防业	佳都科技	1986	广东	安防业
	高新兴	1997	广东	安防业	熙菱信息	1992	新疆	安防业

数据来源：中国新一代人工智能发展战略研究院：《新一代人工智能科技驱动的智能产业发展》，2018年。

从五十家样本企业采集的数据包括属性数据和关系数据。[①] 本章主要通过关系数据的量化分析考察人工智能与实体经济融合的动力和机制。在关系数据的采集和量化分析中，我们把样本企业作为样本节点，把与样本节点发生人力资本、技术和投融资关系的企业、组织和机构称为关系节点。通过样本节点和关系节点发生关系的统计分析，研究人工智能如何与实体经济进行融合、创新和发展。

---

① 数据采集的截至日期为 2019 年 2 月 28 日。

其中，人力资本关系主要指的是样本企业创始人、联合创始人和核心技术人员的前期学习经历和工作经历。[①] 人力资本关系，能够刻画人工智能技术在扩散过程中企业的关键技术人员来自哪些高校、科研机构和企业；技术合作关系，主要指样本节点和关系节点之间存在的技术关系，包括技术输入和技术赋能。其中，技术输入指的是关系节点对样本节点的技术支持；而技术赋能则相反，是样本节点对关系节点的技术输出。与人力资本关系相比，技术关系能够更加直接地展现技术扩散和产业化过程中不同创新主体之间的互动关系。投融资关系，主要指的是样本节点和关系节点之间的投资和融资关系。

当样本节点与关系节点之前存在着三个维度中的任何一个维度关系时，赋值为"1"，否则为"0"。通过对样本节点和关系节点之间的互动关系的分析，考察人工智能技术与实体经济的融合动力和机制。本章的数据采集主要来自实际调查和公开资料。

第二节　融合产业部门价值网络分析

五十家样本企业的属性数据基本上反映出我国数字经济融合产业部门兴起和发展的基本情况。如图 5-1 所示，传统产业上市公司进入人工智能领域主要集中在 2012—2015 年。[②] 从时间分布看，传统产业上市公司转型升级为融合部门的智能企业，与新一代人工智能技术的兴起和产业化进程相伴而行。

从五十家样本企业的地域分布看，位列第一的是广东省，占比为26%，位列第二的是浙江省，占比为 18%，位列第三的是北京市，占比为16%。融合产业部门智能企业的数量分布不仅与人工智能核心产业部门的发展相关，而且与特定区域传统产业智能化进程直接相关。排名前列的广东省和浙江省都是产业智能化的前沿地带。[③]

---

① 样本企业的核心人力资本主要包括企业创始人、联合创始人、CEO 和副经理在内的高管。

② 传统产业上市公司进入人工智能领域时间的依据主要是包括人工智能初企业收购、企业进入人工智能领域战略调整、展开人工智能技术研发和产品智能化事件。

③ 从核心产业部门智能企业的地域分布看，北京和上海企业数占比排名第一和第三。

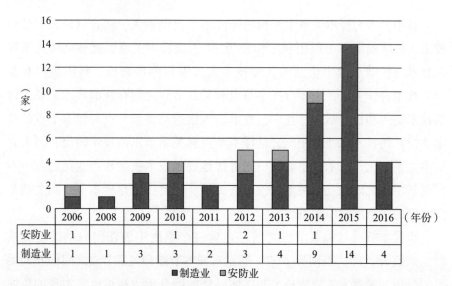

图 5-1　人工智能领域传统产业上市公司进入人工智能领域时间分布

在转型升级为智能企业之前，样本企业的产业领域主要分布在传统制造和安防产业。其中，制造业的占比为88%，主要包括通用设备制造，汽车制造，计算机、通信和其他电子设备制造业，专用设备制造业，仪器仪表制造业，金属制品业。传统安防业占比为12%。

在转型升级为智能企业之后，在五十家样本企业中，首先是智能制造领域的样本企业占比最高，达到40%；其次是智能硬件领域，占比为22%；最后是智能安防领域，占比为12%。其余企业则分布在智能汽车、智能家居、智慧城市、智慧医疗和智慧教育等领域。在人工智能与传统产业的融合过程中，融合产业部分智能企业的产业领域分布不再局限于原有领域，而是呈现出产业领域的多元化趋势。

传统产业上市公司转型升级为智能企业的方式同样是多元化的，包括自主研发、兼并收购人工智能初创企业、与人工智能企业和机构合作研发和人才引进获得人工智能核心技术和产品。其中，自主研发占比为30%，位列第一；接下来是与他企业合作研发，占比为25%，位列第二；然后是与高校和科研院所的合作研发，占比为22%，位列第三；最后是兼并收购，占比为21%，位列第四。在合作研发中，企业往往通过与高校、科研院所和人工智能企业成立联合实验室、共建新型研发机构和联合成立子公司的方式展开深入的技术合作。

一、融合产业部门价值网络的基本结构

将采集的五十家样本企业的关系数据输入社会网络分析软件 Gephi. 9.2，本章得到由 2728 个节点和 3239 条边（关系）所组成的我国数字经济融合产业部门价值网络拓扑结构图（如图 5-2 所示）。表 5-2 列出了融合产业部门价值网络的结构统计指标。基于五十家样本节点的价值网络的节点数达到 2728 个，是样本节点数的 54.56 倍，充分说明样本节点具有很高的活跃度。同时，包括平均度、网络直径、平均聚类系数、模块化系数和平均路径长度在内的结构性指标表明，融合产业部门的价值网络属于典型的复杂网络。①

图 5-2　融合产业部门价值网络拓扑结构图

---

① 一般认为复杂网络具有以下特征：第一，小世界，就是以简单的模式描述了大多数网络，虽然整体的网络规模很大，但是任意两个节点却有相当短的路径，也就是一类具有较短的平均路径长度又具有较高的聚类系数的网络的总称。第二，集群即集聚程度的概念。所谓集聚程度就是网络集团化的程度，这是一种网络的内聚倾向。连通集团概念反应的是一个大网络中各集聚的小网络分布和相互联系的状况。第三，幂律的度分布概念，也就是少数节点拥有大量链接，度数中心度较高，大多数节点拥有少链接，度数中心度较低。

表 5-2　融合产业部门价值网络结构性指标

类别	节点数（个）	边数（条）	平均度	总节点/样本节点	平均路径长度	平均聚类系数	网络直径	模块化
数值	2728	3239	2.375	54.56	4.653	0.094	10	0.826

数据来源：作者根据 Gephi 9.2 软件输出结果整理，2019 年。

　　如图 5-3 所示，融合产业部门价值网络节点的度数中心度分布表现出明显的幂率分布特征，即少数关键节点具有较高的度数中心度。[①] 因而，在融合产业部门的价值网络中，度数中心度高的少数关键节点是价值网络的核心，在人工智能与实体经济的融合发展中发挥着主导作用。

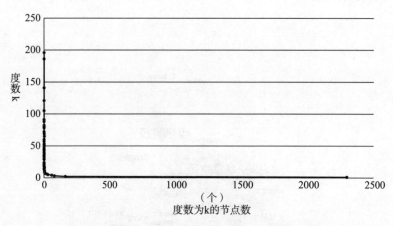

图 5-3　融合产业部门价值网络度数中心度分布情况

　　图 5-4 和图 5-5 分别列出了融合产业部门价值网络节点的接近中心度[②]和关系节点度数中心度的排序情况。价值网络节点的接近中心度越高，代表节点离其他节点越近，连接范围越广，在价值网络中的重要性越高。在接近中心度最高的节点中，不仅包括海康威视、联想集团和青岛海尔在内的样本节点，而且包括华为和百度在内的关系节点。这些节点都处于价值网络的中心，是人工智能与实体经济融合的主导者。图 5-5 刻画了关系

---

　　① 度数中心度（degree centrality）：与样本节点直接相连的其他节点的个数，是用来刻画网络分析中节点的中心性指标。度数中心度越高的节点与其直接相连的边数也越多，代表带节点在创新网络中拥有更多的技术、资金等层面的合作关系，其相对活跃度和重要程度也就越高。

　　② 接近中心度（closeness centrality），是一种针对不受他人控制的测度。一个点的接近中心度是该点与图中其他点的捷径距离之和。如果有一个点与网络中其他所有点的距离都很短，则称该点具有较高的接近中心度。

节点度数中心度排序。度数中心度排名前列的关系节点，是人工智能与实体经济融合发展的关键支撑，为融合产业部门的发展提供人力资本、技术和资本支持。

在融合产业部门构成的人工智能科技产业价值网络中，活跃度较高的关系节点主要包括三类：

第一类是包括中国科学院、浙江大学、上海交通大学和北京大学在内的高校和科研院所。作为创新主体，高校和科研院所在人工智能科技产业的发展中主要从事基础研究和人才培养活动，通过提供人力资本和技术输出赋能人工智能企业。例如，在中国科学院的赋能关系中，47.83%是核心人力资本的输出。同时，与人工智能企业建立联合实验室和新型研发机构同样构成了大学和科研院所技术输出的重要方式。

第二类关系节点是为以华为、百度、腾讯、阿里巴巴、微软和商汤科技为代表的核心产业部门中的平台和核心技术企业。依托在人工智能核心技术领域的研发和产业化优势，平台和核心技术企业通过与融合产业部门人工智能企业的技术、资本和人力资本合作，推动人工智能技术与实体经济的融合发展。

第三类关系节点是以建设银行、美的集团、国家电网和中国石化为代表的传统产业智能化需求方。作为智能企业的赋能对象，包括金融和制造业行业在内的传统企业在转型升级过程中创造出巨大的智能化需求，为人工智能技术的落地提供了广泛的应用场景。

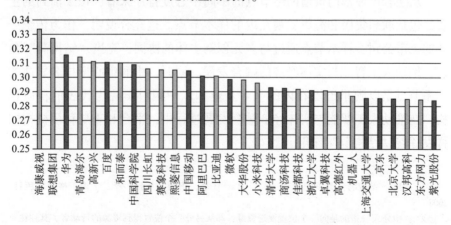

图5-4 融合产业部门价值网络接近中心度排名（浅色柱为关系节点）

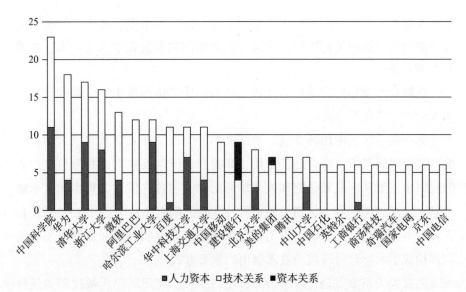

图 5-5　融合产业部门价值网络关系节点度数中心度排名

　　为了更清楚地分析融合产业部门重要节点在价值网络中的作用，图 5-6 列出了节点的中间中心度指标的排序情况。中间中心度指标衡量的是价值网络节点发挥"结构洞"的能力。伯特（Burt，1992）认为，"结构洞"是指两个行动者之间的非冗余的联系。① 占据"结构洞"位置的网络节点能够为中间人创造获取网络"信息利益"和"控制利益"的机会，因而，"结构洞"往往构成了网络中介人的社会资本。②

　　从融合产业部门价值网络节点的中间中心度排序来看，位于前列的主要是包括联想集团和海康威视在内的样本节点。这充分说明，作为传统产业的上市公司，样本节点通过与多元创新主体的协同，充当"结构洞"角色，推动人工智能与实体经济的融合发展。同时，中间中心度排名靠前的关系节点是以阿里巴巴在内的平台企业和以中国科学院为代表的科研机构，在推动人工智能与实体经济融合发展过程中，平台和重要科研机构同样发挥着"结构洞"作用。

_____

① 伯特. 结构洞：竞争的社会结构 [M]. 任敏，李璐，林虹，译. 上海：格致出版社，2008.

② "中介人"指的是向一个位置发送资源，却从另外一个位置得到资源的行动者，其往往可以将掌握的不同群落的信息优势转换为社会资本优势，并从中获取利益。根据"中介人"扮演的角色的不同，可以分为：协调人、顾问、守门人、代理人和联络人。

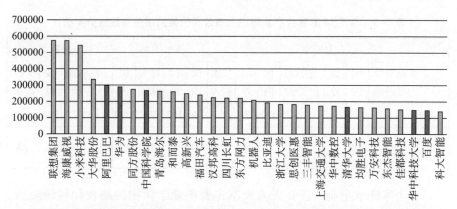

图5-6　融合产业部门价值网络节点的中间中心度排名情况（浅色柱为关系节点）

对融合产业部门价值网络结构性指标的分析表明，人工智能与实体经济的融合涉及多元创新主体的互动和协同创新。多元创新主体的互动和协同创新一方面会创造出包括联合实验室在内的新型复杂组织，另一方面会创造出新技术、新产品、新模式和新业态。同时，人工智能与实体经济的融合发展同样会带动包括大学、科研机构和中介组织在内的创新主体的发展，尤其是创造出以人工智能新兴学科为代表的创新领域和方向。因而，人工智能与实体经济融合产业部门的发展，通过创造新的价值创造部门和提高经济系统知识分工的复杂性，成为经济发展新的动力来源。

二、关系数据分析

表5-3列出基于五十家融合产业部门智能样本企业价值网络关系数据的分类统计结果。从人力资本关系来看，融合产业部门智能企业核心人力资本的前期学习和工作经验主要来自国内的高校和科研院所以及国内企业，占比分别为82%和92%。从技术关系看，技术输入和赋能占比分别为29%和71%，样本企业的技术赋能远高于技术输入，是融合产业部门的主要赋能者。与人力资本关系相同，无论是样本企业的技术输入还是技术赋能，主要来自国内企业和机构。从投资关系看，样本企业投资关系占总投融资关系的87%。从总体来看，作为人工智能与实体经济融合发展的主导者，传统产业上市公司转型升级而来的智能企业既是主要赋能者又是投资者。

表 5-3　基于 50 家融合产业部门上市公司价值网络关系数据分类统计

类别	人力资本						技术关系						投资关系		
	前期学习经验	国内	国外	前期工作经验	国内	国外	技术输入	国内	国外	技术赋能	国内	国外	投融资	获投	投资/收购
关系数	148	122	26	349	320	29	493	386	107	1211	1134	77	1103	146	957
占比（%）	100	82	18	100	92	8	29	23	6	71	67	5	100	13	87

　　五十家样本企业的核心人力资本主要毕业于国内的高校和科研院所，其中清华大学、浙江大学、哈尔滨工业大学、中国科学院和上海交通大学是排名前列的机构。前期工作经验的获取同样主要来自国内的企业和机构，其中中国科学院、清华大学、哈尔滨工业大学和华中科技大学排名前列，这充分说明在计算机、软件和人工智能领域具有基础研究优势的大学和科研院所在融合产业部门中发挥至关重要的作用。就国外工作经验而言，融合产业部门智能样本企业主要来自包括微软和谷歌在内的跨国公司研究机构。

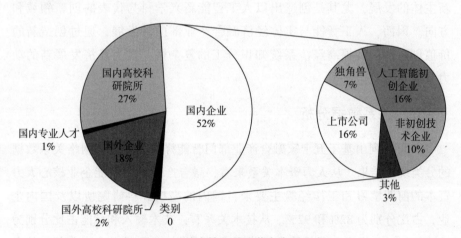

图 5-7　技术输入关系节点类型分布

　　图 5-7 列出了五十家样本企业技术输入关系节点的类型分布情况。融合产业部门的人工智能技术主要来源于国内企业，占比为 52%；位列第二的是国内高校科研院所，占比为 27%；排名第三的是国外企业，占比为 18%；国内专业人才的引进排名第四，占比为 1%。技术来源的主要国外企

业是微软和英特尔。

从作为技术输入者的国内企业的类型分布看，融合产业部门的技术输入者排在首位的是核心产业部门的人工智能初创企业，占比为16%；位列第二的是初始人工智能上市公司，[①] 占比为16%，排名第三和第四的分别是非初创人工智能技术公司和独角兽公司，占比分别为10%和7%。

表5-4　技术输入关系数排名前十的关系节点分类

技术输入数排名前十的关系节点 （高校及科研院所）			技术输入数排名前十的关系节点 （企业）		
企业名称	技术输入	技术赋能	企业名称	技术输入	技术赋能
中国科学院	12	1	百度	9	3
清华大学	8	2	华为	9	4
浙江大学	7	0	微软	9	1
上海交通大学	6	0	阿里巴巴	8	4
华中科技大学	4	0	商汤科技	6	0
南京航空航天大学	4	2	英特尔	6	3
北京大学	3	0	浪潮集团	4	2
哈尔滨工业大学	3	0	思必驰	4	0
北京航空航天大学	2	0	腾讯	4	2
复旦大学	2	0	中科曙光	4	1

除了企业，高校及科研院所同样在人工智能与实体经济的融合发展过程中成为关键技术输入者。依托在基础研究领域的优势，包括清华大学、浙江大学、中国科学院、北京大学、上海交通大学和哈尔滨工业大学在内的高校和科研院所成了融合产业部门的技术输入者和创新主体。

尤其值得关注的是，高校和科研机构对融合产业部门的技术赋能常常以与企业和地方政府成立联合实验室和新型研发机构的方式实现。例如，清华大学近年来分别与阿里巴巴成立"自然交互体验联合实验室"、与腾讯成立互联网创新技术联合实验室和与好未来成立智慧教育信息技术联合研究中心，共同推动人工智能技术的产业化落地。

---

① 例如，阿里巴巴和科大讯飞。

从技术输入分类看，如图5-8所示，人工智能对传统产业的改造主要依赖算法和算力领域的技术输入。其中，大数据和云计算、芯片、计算机视觉排在前3位，占比分别为25.87%、13.37%和13.37%。以计算机视觉、自然语言处理、生物识别、无人驾驶和机器人技术为代表的人工智能核心算法，在技术输入中的占比达到31.98%，超过大数据和云计算。

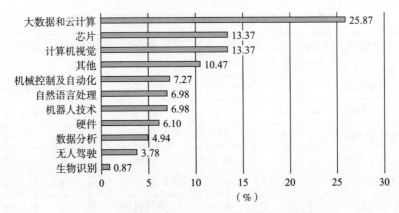

图5-8 融合产业部门关系节点技术输入类型分布

从实际调查的情况看，融合部门的技术输入类型反映了人工智能与实体经济融合的基础是数据生态。产业的数据生态化是智能化的前提和基础。无论是大数据和云计算技术，还是芯片和计算机识别技术的引入，首先是解决产业的数据化问题。只有出现产业数据化和数据生态环境，才能进一步通过算法和其他技术的引进实现产业的智能化。

在融合产业部门样本企业的投融资关系看，投资关系占据主导。从投融资关系发生的产业领域看，智能制造领域智能企业的融资关系数占比最高，为5%，投资关系数占比为19%（见图5-9）。在投资关系数占比上，智能硬件最高，达到27%，融资关系数占比则为2%。其中，投资关系最为活跃的样本节点为小米科技和联想集团。通过对人工智能初创企业的大量投资活动，小米科技和联想集团努力构筑智能硬件产业生态系统。

从技术获取的方式看，包括投资收购和合作研发两种类型（见图5-10）。硬件、机械控制及自动化技术主要通过融合产业部门智能企业收购方式获取。无人驾驶、生物识别、数据分析、计算机视觉等人工智能核心技术的融合则主要是以企业合作研发为主导。在大数据和云计算、芯片研发、自然语言处理技术领域，因为技术主导者均为开放创新平台，更容易通过合作研发和市场购买获取。

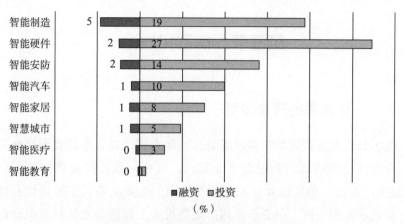

图 5-9 不同应用领域投融资情况统计

注：此处融资仅统计非公开发行的融资情况。

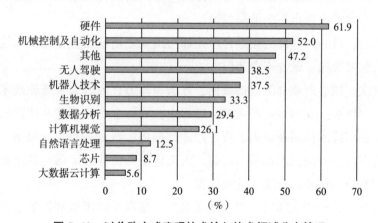

图 5-10 以收购方式实现技术输入技术领域分布情况

注：本图对技术输入按照技术领域进行划分，基于技术来源为投资的占比进行绘制。如在所有的技术输入关系中，共有 46 条关系是对计算机视觉技术的输入，其中有 12 条关系是通过收购的方式获取的。

融合产业部门价值网络的分析表明，人工智能与实体经济的融合表现为新的复杂创新网络的形成和发展过程。作为技术输入者，融合产业部门的技术不仅来自核心产业部门的平台企业、独角兽和初创企业，而且包括大学和科研院所。同时，融合产业部门不仅是人工智能技术的输入者，也是创新者。尤其是作为传统产业龙头企业的上市公司，依托在传统产业的竞争优势，在转型升级为智能企业之后，逐步成为产业智能化的主导者。

第三节　模型和推论

一、一个简单的理论模型

为了分析人工智能与实体经济融合的动力和机制，本章首先把数字经济划分为核心产业部门和融合产业部门。其中，核心产业部门是指作为"关键生产要素"的数据和计算的生产部门，主要从事人工智能核心技术和产品的研发和生产。融合产业部门则是指人工智能与实体经济融合过程中创造的新兴产业部门。基于数字经济的两部门划分，为了分析如何利用核心产业部门的人工智能技术改造传统产业创造融合产业部门发展的动态过程，本章首先做出三个前提假设：

首先，核心产业部门在融合产业部门出现之前就已经存在，即核心产业部门的发展先于融合产业部门。

其次，核心产业部门包括数据、算法和算力在内的人工智能技术属于通用技术体系。在与特定产业融合过程中，因每个产业都拥有特殊的数据生态，通用技术体系在运用于特定产业过程中，将创造出包括数据、算法和算力在内的专用技术体系。因而，人工智能与实体经济融合的进程表现为专用性技术体系的形成和发展过程。

最后，融合产业部门的出现表现为新价值网络的形成和发展过程。与核心产业部门的价值网络相比，与技术体系的专用性程度相关，价值网络的主导者更多地来自具有传统产业优势的行业领导者。

在上述三个前提假设的基础上，如图 5-11 所示，本章构建了一个简单的人工智能改造传统产业的理论分析框架。图的左半部分价值网络 I 是指在改造传统产业之前的人工智能通用技术体系，即核心产业部门的价值网络。价值网络 I 的创新主体包括高校、科研院所、基础层和技术层企业，构成了数字经济的核心产业部门。从技术的视角看，数字经济核心产业部门包括三个基本组成部分：数据生态、算力和算法。其中的数据生态

Ⅰ、算法Ⅰ和算力Ⅰ三者相互匹配，共同构成核心产业部门的通用技术体系。

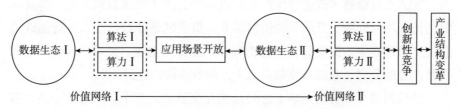

图5-11　人工智能技术变革现有产业逻辑图

人工智能技术改造传统产业始于具体应用场景的开放。因为传统产业本身是一个相对独立的系统，人工智能技术对它的改造表现为通过技术体系如何应用于具体场景的过程。

首先，人工智能技术在应用于传统产业的过程中要创造符合产业发展应用场景的数据生态，只有获取实时在线和可共享的数据才能形成适应传统产业的算法和算力。作为人工智能技术体系的关键资产，数据生态的专用性程度是人工智能技术与具体应用场景结合难易程度的关键因素，同时也决定了谁将是新的价值网络Ⅱ的主导者。

其次，在形成传统产业数据生态的基础上，在产业内部将形成专用性的算法资源。算法资源和优势的形成一方面依赖数据，另一方面依赖包括专用智能芯片在内的硬件和软件支持。

最后，与数据和算法的专用性相似，算力同样具有专用性。但是相对于数据生态和算法，算力专用性程度相对较低。与核心产业部门相比，传统产业的改造一般更多地属于物联网技术应用范围。因为数据的非结构性和算法的特殊性，传统产业更多的使用边缘计算和雾计算。作为通用的云计算能力，往往被作为外部资源与边缘和雾计算资源的融合运用。

同时，人工智能通用技术在改造传统产业的过程中，主导者通过构建包括数据生态、算法和算力在内的价值网络Ⅱ，获取持续竞争优势。从主导企业的角度看，引入人工智能技术改造传统产业的过程实质上是在实施创新型竞争战略的过程，目标是摧毁作为传统产业竞争优势的原有技术体系。一旦某一个或若干个企业获得成功，所形成的技术优势将会迅速改造传统产业，形成新产品、新业态和新模式。

二、主要推论

在人工智能技术改造传统产业的过程中，为了解决数据生态、算法和算力的专用性问题，形成了价值网络Ⅱ。价值网络Ⅱ包括了人工智能改造传统产业过程中所需要的人工智能核心产业部门企业、大学、科研机构和传统产业的公司。它的形成是多元主体创新协同的过程。

价值网络Ⅱ和价值网络Ⅰ之间是相互交融的。其中，作为数字经济核心产业部门的价值网络Ⅰ以基础和技术层企业为主导，同样通过多元主体创新协同实现包含通用人工智能数据生态、算法和算力在内的通用技术体系的形成和发展。价值网络Ⅱ的主导者通过与价值网络Ⅰ内部多元主体和包括大学、科研院所和初创企业在内的多元主体共同推动了特定产业专用性人工智能技术体系的形成和发展。价值网络Ⅱ的构建过程是多元主体创新协同的过程，与价值网络Ⅰ的根本区别是协同创新的主体更加多元化和专业化。

价值网络Ⅱ的创新主体首先是传统产业内部企业，因为人工智能技术的应用过程本身就是传统产业内部企业采用人工智能技术的过程。但是在传统产业内部，企业采用人工智能技术是非均衡的。至少包括两类企业：①积极吸收和采用人工智能技术的企业；②被动吸收和采用人工智能技术的企业。其中积极吸收和采用人工智能技术的企业既可能成为产业创新性竞争的胜出者，同时也可能因为市场的不确定性面临失败的风险。

价值网络Ⅱ的主体同样包括拥有人工智能前沿技术的高校和科研院所。高校和科研院所通过向传统企业赋能人工智能技术一方面推动传统产业的智能化，另一方面获取非竞争性经费，支持高校和科研院所的研究工作。

价值网络Ⅰ中的基础层、技术层企业和人工智能新创企业同样构成了价值网络Ⅱ的创新主体。首先，基础层和技术层企业为人工智能在特定产业的应用提供基础设施、算法和算力服务。其次，人工智能初创企业通过算法和数据分析技术的更新迭代不断推动人工智能技术在传统产业的应用。

因而，与价值网络Ⅰ相比，价值网络Ⅱ的创新生态系统具有更高的开放性和专业性。创新生态系统的开放性不仅表现为价值网络Ⅱ的主体更加多元，而且呈现出了更高的国际范围开放性。在改造传统产业的过程中，价值网络Ⅱ不仅需要国内的通用人工智能技术体系创新资源，而且需要国际人工智能技术体系的通用和专用资源。而专业性则是指人工智能技术体系与具体应用场景融合过程中特定产业专用性技术体系的形成和发展。

推论1：在价值网络Ⅱ的构建过程中，涉及的创新主体是多元的，不仅包括传统产业内部企业，而且包括价值网络Ⅰ的基础层、技术层和新创企业。通过多元创新主体的协同，共同推动人工智能通用技术体系与传统产业的融合，形成专用人工智能技术体系。因而，与核心产业部门相比，融合部门的技术体系具有更强的开放性和专用性。

本章内容的重要发现是人工智能技术在改造传统产业的过程中形成的技术体系专用性程度，是人工智能技术应用领域和范围大小的决定变量。技术体系的专用性程度不仅表现在数据生态，而且表现在算法和算力基本方面。特定产业应用领域人工智能技术体系的专用性是指，在改造特定产业过程中所形成的人工智能技术体系仅能够在所在产业应用。特定产业人工智能技术体系的专用性不仅决定了谁将成为价值网络Ⅱ的主导者，而且决定了人工智能技术应用于特定产业领域的可能空间。

价值网络Ⅰ的主导者是位于基础和技术层的平台企业。它们往往没有动力直接改造专用性程度高的传统产业。因为难以获得特定产业的数据生态优势，平台企业更愿意通过与传统产业合作、培养相关技术企业和开发者向传统产业赋能。因为传统产业技术体系的特殊性，价值网络Ⅰ的创新主体很难成为主导者。价值网络Ⅰ的创新主体一方面通过与传统产业企业的合作向传统产业赋能，另一方面通过包括独角兽和新创企业推动人工智能技术的应用。因而，价值网络Ⅱ的主导者是传统产业内部企业。

在由传统企业主导的价值网络Ⅱ的构建过程中，主导企业首先与高校和科研院所合作展开研究。与价值网络Ⅰ内部的平台企业相比，高校和科研院所具有更强的基础研究能力。通过它们合作，价值网络Ⅱ的主导企业能够吸收到前沿研究技术成果。

其次，价值网络Ⅱ的主导企业在算法上往往更多地倾向与中小型和微型人工智能企业合作。其中，与独角兽企业的合作是算法合作的重要对象。与平台企业不同，独角兽企业往往聚焦于专用性算法技术。同时，只有把算法资源应用于特定的产业，才能够使其获得快速地成长和发展。

再次，价值网络Ⅱ的主导者与初创企业的合作主要集中在与算法和数据分析相关的人工智能领域。因为初创企业更有积极性通过与传统企业的合作，获得生存和发展空间。

最后，在云计算资源和通用算法方面，价值网络Ⅱ的主导者与平台企业展开合作。云计算能力是在消费互联网发展的基础上建立起来的，对于特定产业的传统企业而言，没有足够的技术和资金实力投资云计算技术，更有效的选择是利用平台企业现有云计算资源。同时，在开发传统产业的专用性算法的过程中，价值网络Ⅱ的创新主体往往通过购买平台企业现有的技术模块从而搭建产业内部的技术体系。

推论2：在融合产业部门价值网络Ⅱ的构建过程中，究竟由谁主导取决于特定产业人工智能技术体系专用性程度的高低。人工智能技术体系的专用性程度越高，价值网络Ⅱ的主导者是现有产业企业的可能性越大。

人工智能技术体系的专用性不仅决定着价值网络Ⅱ的主导者究竟是谁，而且决定着产业应用的层次、水平和范围。因为人工智能技术体系专用性程度高意味着价值网络Ⅱ的构建面临着更高的不确定性和创新带来的高成本约束。

从应用领域看，人工智能首先应用于以电子商务、即时通信和社交为代表的互联网率先发展的领域。之所以是这样，主要是因为这些领域的数据、算法和算力具有更强的通用性，而不是专用性。尤其是在电子商务领域，因为不涉及复杂的生产过程，数据是结构化的，有利于通用算法和算力的形成和发展。

在人工智能技术随后应用的新媒体和数字内容领域同样因为技术体系专用性程度较低，实现了快速的发展。尽管跨媒体智能存在着一定的技术壁垒，但是算法的快速进步使人工智能技术体系同样快速建立起来。

在人工智能技术近期快速推进的领域中，智能安防同样属于拥有数据优势的产业。经过20多年的发展，我国投入使用了海量的城市监控系统，为数据采集和结构化处理奠定了基础。随着结构化数据技术的进步，在智慧城市和安防领域的数据生态系统已经建立。同时，边缘计算和雾计算能力的提升，进一步推动了智能安防技术在更广泛领域的应用。

但是当人工智能技术应用于智能制造领域时，则面临着前所未有的困难。其中的关键原因是在于制造业领域很难在短期内形成数据生态优势。

首先，制造业是一个高度复杂，设备高度专用性的复杂系统。因为不同企业所使用的设备来自不同的企业，甚至不同国家的企业，设备之间的操作系统缺乏通用标准。其次，制造系统不仅涉及最终产品的制造企业，而且涉及原材料的诸多供应商系统，每个供应商所使用的设备更是千差万别，供应链系统的数据大量属于异构数据。最后，制造业属于工业互联网，不仅面临算法和算力，而且面临数据传输技术专业性的约束。

同样属于制造业，不同的制造业可能面临着不同的技术体系专用性程度。技术体系的专用性程度决定于不同产业制造体系的复杂性程度。制造体系越复杂技术体系的专用性程度越高，越难以实现人工智能技术的应用。

推论3：人工智能技术在不同产业应用的程度决定于技术体系的专用性程度。人工智能技术体系的专用性程度越高，人工智能技术应用于特定产业的成本约束越高。在人工智能专用性技术体系形成和发展过程中，与算法和算力相比，数据生态的专用性更加突出。

三、结论和政策建议

数字经济由两个部门组成：核心产业部门和融合产业部门。而从技术的角度来看，核心产业部门的技术体系是具有通用性的，而融合产业部门的技术则是具有专用性的。因而，人工智能与实体经济的融合表现为运用人工智能通用技术体系改造传统产业形成专用性技术体系的过程。

基于数字经济两部门划分，本章提出了一个人工智能技术如何改造传统产业的简单理论分析框架。本章的研究表明，率先在消费互联网领域得到发展的通用人工智能技术体系在向传统产业渗透的过程中，与特定产业相适应的专用性人工智能技术体系形成和积累的成本约束，不仅决定着人工智能与实体经济融合的程度，而且决定着究竟谁将成为主导者。从基本推理和结论出发，本章对加速我国人工智能与实体经济融合发展提出以下政策建议：

首先，与核心产业部门发展相比，人工智能与实体经济的融合更加复杂，存在着不同的规律和特点。针对不同产业智能化中存在问题，需要制定不同的政策。在某种程度上，因为各地的主导和优势产业不同，在产业智能化的过程中应当更多地鼓励地方和产业进行积极探索。

其次，无论是核心产业部门，还是融合产业部门，技术创新的重要来源是初创企业。一个鼓励和支持数字经济领域发展的"双创"政府，在发展融合产业部门的过程中至关重要。

最后，因为融合产业部门的主导者究竟是核心产业部门的平台企业还是传统产业的龙头企业，主要取决于技术体系专用性程度的高低。通过制定鼓励和支持人工智能专用技术体系创新和积累的政策体系，尤其是鼓励传统产业龙头企业转型升级为产业智能化平台，对产业的智能化发展至关重要。

第六章

数字和人工智能与传统产业的融合发展

在数字和人工智能与传统产业的融合发展过程中，智能安防是产业数字化和智能化程度最高的行业。20 世纪 90 年代以来，为适应市场发展，通过技术引进和自主创新，我国建立了完整的安防产业链。产业发展环境的成熟和数据生态优势的出现，为产业的智能化创造了条件。2010 年以来，通过人工智能技术赋能，传统安防产业开始转型升级为智能安防产业。同时，智能安防产业的发展进一步促进了人工智能基础和技术层核心产业部门的发展。核心产业部门和融合产业部门的相互促进和协同，共同推动了我国人工智能科技产业的发展。

第一节　研究方法和设计

一、问题的提出

进入 21 世纪，随着互联网、物联网、大数据、云计算、超级计算机等一系列新兴技术的融合创新，人工智能开始进入人们的视野并开始与各国的经济和产业相融合。新一代人工智能与经济和社会的融合，催生了智能产业和数字经济的发展。智能产业指人工智能技术产业化过程中形成的相关产业，包括以人工智能算法和算力的生产为中心的核心产业部门及人工智能技术与现有产业融合而出现的融合产业部门。

在人工智能技术和产业的发展上，尽管在算法、应用、学术研究及领军企业方面，美国仍然处于领先地位，但由于存在着巨大的市场潜力和丰富的应用场景，中国在人工智能技术的产业应用和数字经济的创新方面，形成了具有中国特色的产业发展模式和创新机制。其中，产业的数字化已成为推动中国经济高质量发展和产业转型的重要引擎。[1] 从安防产业的融

---

[1]　根据中国信息通信研究院的定义，产业数字化指，国民经济中的非数字产业部门使用数字技术和数字产品带来的产出增加和效率提升。

合发展情况来看，一方面，在应用场景的强力驱动和政府的大力支持下，中国已建成集数据传输和控制于一体的自动化监控平台；另一方面，随着包括图像识别、人脸识别和视频结构化算法在内的人工智能技术在安防领域的应用，智能安防产业快速发展并开始形成包含传统安防企业、智能企业、大学、科研机构、政府等多元主体的完善的产业创新生态系统。在智能视觉芯片和智能算法技术的引领下，依托广阔的应用场景和完善的数据生态，人工智能技术正在与传统产业快速融合，并不断提升传统产业的科技水平和生产效率。

随着包括图像识别、人脸识别和视频数据结构化在内的人工智能技术在安防领域的应用，智能安防产业呈现出爆发式发展的势头。统计资料显示，我国安防行业市场规模从 2012 年的 3240 亿元增长到 2017 年的 5960 亿元，年均复合增长率约 13%。

近年来，随着以智能视觉芯片和视频结构化算法为引领的人工智能技术的不断发展与赋能，智能安防产业的发展正呈现出人工智能技术与传统安防产业双向融合的发展态势。一方面传统安防硬件，特别是高清摄像头技术的完善和普及，为智能安防企业采集图像和视频数据提供了硬件和基础设施基础，从而促进了传统安防产业向智能化方向的发展和转型。另一方面，智能安防产业巨大的市场需求和应用前景，也吸引了诸多新兴的人工智能技术型企业进入行业。同时，传统安防产业完善的硬件产业链，也为其在图像和视频识别算法的应用和快速落地方面提供了可能。以此为基础，智能安防产业正逐渐形成包括 AI 技术型安防企业、安防技术集成商、城市公共管理部门等多元创新主体的完整产业创新生态系统。

本章以中国智能安防产业的发展为案例，通过分析智能安防产业的创新生态系统的形成和演化过程，考察人工智能与实体经济融合发展的关键动力和机制。通过智能安防产业的案例研究，透视人工智能与实体经济融合发展中的成功经验和存在的问题。

二、样本选择和描述

为研究人工智能技术与传统产业的融合创新机制，本章选择数字经济中发展迅速且创新较为活跃的智能安防产业作为本章研究的研究对象和行业案例。为了清晰地还原智能安防产业形成、发展和演化的事实逻辑，在对包括深圳、广州、杭州、上海、北京等城市智能安防产业集聚区的重点企业进行实地调研的基础上，[①] 本章选择了 100 家智能安防典型企业作为研究样本，并依据其在整个智能安防产业创新生态系统中的不同地位和功能将其分为四类。[②] 考虑样本选择的代表性，在对中国智能安防重点企业进行实地调研的基础上，本章的样本选择以 2019 年中国国际社会公共安全产品博览会（Security China 2019）的参展企业名录为基础并参考了部分智能安防的行业榜单，[③] 对名录中的企业进行了分类筛选，剔除了参展企业中仅生产通信设备、门禁、闸机、LED 显示器、报警器、电源等纯安防零部件企业和与人工智能技术相关度较低的企业，并结合实地调研情况增补了部分涉及芯片、图像识别、边缘计算等核心技术且与智能安防产业高度相关的技术型企业。[④]

　　如表 6-1 所示，依据各样本企业在智能安防产业创新生态系统中的不同地位和功能，本章将其分为四类，其中开放创新平台指与智能安防企业的发展高度相关的软硬件平台型公司，其为智能安防产业创新生态系统提供平台级的产品和服务及较为广泛和综合的赋能；[⑤] 安防技术集成商指具备系统集成能力，能对安防行业用户实施系统集成的企业，其一般由传统安防企业通过技术研发和收购技术创新型企业转型而来，其能将智能安防相关的软件、算法、硬件及通信技术等组合起来，并依托其市场渠道优

[①] 南开大学研究团队于 2018 年 10 月至 11 月期间对各智能安防产业发展程度较高的重点城市及智能安防产业聚集区内的重点智能安防企业进行了多次实地调研，调研主要采取深度访谈的形式，并现场进行了数据采集。

[②] 企业的分类依据各企业的主营业务、核心技术、主要产品、成立时间等属性数据信息，该部分数据主要来自天眼查、IT 桔子等咨询网站及各企业官网，本章通过多渠道查询对关键信息进行了交叉校正。

[③] 样本企业名单以中国国际社会公共安全产品博览会（Security China 2019）参展企业名录为基础，参考了由中国科学院《互联网周刊》和 eNet 研究院共同发布的 "2019 智能安防 100 强" 榜单及 2018 年由深圳市科创委指导，亿欧公司主办的 "BATi 智慧城市论坛" 150 家 AI 安防企业名录。

[④] 企业简称以天眼查网站检索的项目品牌名为基础结合各企业官网进行了校对。

[⑤] 科技部 2019 年 8 月印发的《国家新一代人工智能开放创新平台建设工作指引》提出，新一代人工智能开放创新平台是聚焦人工智能重点细分领域，充分发挥行业领军企业、研究机构的引领示范作用，有效整合技术资源、产业链资源和金融资源，持续输出人工智能核心研发能力和服务能力的重要创新载体。2019 年在上海举办的世界人工智能大会开幕式上，科技部发布了新增的国家新一代人工智能开放创新平台，至此，国家新一代人工智能开放创新平台共 15 家，华为、海康威视、商汤科技、旷视科技、依图科技 5 家样本企业皆在列。

势，从而为用户提供产品、服务及一体化解决方案；AI 技术型安防企业指具有人脸识别、视频结构化、生物识别等人工智能核心技术的技术型软硬件企业，其一般由人工智能领域的新创企业和独角兽企业进入安防市场所形成。依托 AI 技术优势，AI 技术型企业可以对安防市场的各类应用场景进行开发和赋能，并为智能安防生态系统内的各主体提供软硬件产品和服务；芯片企业指针对人工智能的各类应用场景，研究开发各类人工智能芯片（如神经网络芯片、视觉芯片等）的企业，其一般为智能安防产业生态提供芯片类算力的支持。

表 6-1　智能安防产业的样本企业名单及其分类

样本企业类型	样本企业简称
开放创新平台	华为、海康威视、商汤科技、旷视科技、依图科技
安防技术集成商	浙江大立、广东金鹏集团、达实智能、中兴力维、纽贝尔、广电运通、神思电子、浙大中控、华视电子、高新兴、数字政通、佳都科技、H3C、浙江大华、银江股份、东方网力、浩云科技、英飞拓、万佳安、易华录、四方博瑞、天地伟业、信义科技、汉邦高科、雄迈信息、美电贝尔、中盛益华、佳信捷、中威电子、同为股份
AI 技术型安防企业	云从科技、深网视界、智诺英特、银河水滴、特斯联、深圳奥比中光、linkface、优必选、云天励飞、当虹科技、大疆创新、麦仑信息、宇视科技、飞瑞斯、汉柏科技、大道智创、眼神科技、华尊科技、文安智能、宇泛智能、捷尚视觉、千视通科技、远鉴科技、中科唯实、腾讯优图、银晨科技、中科奥森、中云智慧、海鑫金科、中科视拓、瑞为信息、安软科技、汉王智远、博思廷、深晶科技、博云视觉、虹识技术、的卢深视、像素数据、多维视通、深圳科范、格灵深瞳、眼控科技、芯影科技、合众思壮、欧比特、浙大网新、臻识科技、极视角、深醒科技、智慧眼、卓视智通、平安科技、微模式、触景无限、数梦工场、眼擎科技、洪森科技
芯片企业	中星微、寒武纪、地平线、鲲云科技、智芯原动、熠知电子、欣博电子

三、研究方法与数据说明

智能安防产业的发展表现为多元创新主体结网和在互动中价值网络的

形成和演进过程。对多元创新主体如何联系和互动的价值网络分析，是揭示数字经济发展动力机制的基本研究方法。

　　为了把握中国智能安防产业发展的基本形态和结构，报告采集的样本数据包括两类：属性数据和关系数据。属性数据是指包括 4 类样本企业的基本信息，例如创建的时间、地点、企业类型等。样本企业的关系数据指样本企业与其他企业和机构之间存在什么样的合作关系和如何进行互动的数据。在价值网络分析中，样本企业为样本节点，与样本企业之间存在合作关系的非样本企业和机构称为关系节点，[①] 关系节点的赋能及其与样本企业的互动过程是本章分析创新生态系统结构及创新机制的基础。

　　基于上述研究方法，为了研究和描述智能安防创新生态系统的形成和创新机制，本章主要基于技术创新的视角，采集和整理了各主体间四个一级维度、十二个二级维度、二十四个三级维度的技术合作关系，具体的关系数据主要包括两类合作关系：

1. 技术输入关系

　　技术输入是指一个节点从另外一个节点获得的技术支持。按照样本节点和关系节点的定义。样本节点的技术输入关系可分为样本节点从样本节点内部获得的技术输入和样本节点从关系节点获得技术输入两部分。此外，基于研究的问题本章将技术输入关系分为云计算输入和边缘计算输入两个一级维度，每个一级维度下又分为算法输入、算力输入和硬件输入三个二级维度及多个三级维度，具体分类见表6-2。

　　如表6-2所示，其中云计算的相关技术关系主要指，该项技术所涉及的算法、算力和硬件技术主要部署在距离数据和信息源相对较远的云端或用于云端的数据处理。边缘计算相关的技术关系则指该项技术所涉及的算法、算力和硬件技术主要部署在距离数据和信息源相对较近的边缘端或用于边缘端的数据处理。边缘计算描述了一种计算拓扑，在这种拓扑结构中，信息处理、内容采集和分发均被置于距离信息更近的源头处完

---

　　① 样本企业内部也会存在相互间的技术合作关系，本章对其进行了专门统计，关系节点仅指与样本节点存在合作关系的非样本企业和机构。

成。从技术或商业演进的实际情况看，边缘计算更多的是云计算向终端和用户侧延伸形成的新解决方案。在面向物联网、大流量等场景下，为了满足更广连接、更低时延、更好控制等需求，云计算在向一种更加全局化的分布式节点组合形态进阶，边缘计算则是其向边缘侧分布式拓展的新触角。[①]

表 6-2　技术输入关系的各维度分类

一级维度	云计算输入			边缘计算输入		
二级维度	算法输入	算力输入	硬件输入	算法输入	算力输入	硬件输入
三级维度	人脸识别、视频结构化、其他	大数据、云计算服务器、芯片	数据传输类	人脸识别、视频结构化、其他	边缘计算网关、计算盒等物联网基础设施、芯片	智能摄像头、卡口、门禁、锁等各类边缘技术相关的智能设备

2. 技术赋能关系

技术赋能是指一个节点对另外一个节点的技术输出。按照样本节点和关系节点的定义。样本节点的技术赋能关系可分为样本节点对其他样本节点的技术赋能和样本节点对关系节点的技术赋能两部分。与技术输入关系的分类类似，本章将技术赋能关系分为云计算赋能和边缘计算赋能两个一级维度。每个一级维度下又可分为算法赋能、算力赋能和硬件赋能三个二级维度。其每个二级维度又可按具体技术类型细分为更多三级维度，其具体分类如表 6-3 所示。

[①]　云计算开源产业联盟. 云计算与边缘计算协同九大应用场景[R/OL].2019[2019-07-02]. http://www.caict.ac.cn/kxyj/qwfb/bps/201907/t20190702_202297.htm.

表 6-3　技术赋能关系的各维度分类

一级维度	云计算赋能			边缘计算赋能		
二级维度	算法赋能	算力赋能	硬件赋能	算法赋能	算力赋能	硬件赋能
三级维度	人脸识别 / 视频结构化 / 其他	大数据、云计算服务器 / 芯片	数据传输类	人脸识别 / 视频结构化 / 其他	边缘计算网关、计算盒等物联网基础设施 / 芯片	智能摄像头、卡口、门禁、锁等各类边缘技术相关的智能设备

本章通过对样本节点之间及样本节点与关系节点之间是否存在关系以及如何联系和互动的分析，考察智能安防产业发展的动力机制。为了对关系进行统计，当样本节点间或样本节点与关系节点之间存在着任一类三级维度关系时，则赋值为"1"，否则为"0"，同一条关系数据可首先区分为两类关系（技术输入或赋能关系），每一类关系下可涉及多个三级维度关系。每一类关系的最终统计赋值为其下属的所有三级维度的赋值之和。每类关系下属的一级维度和二级维度的赋值，为其各自下属的三级维度的统计值之和。统计数值越高表示该技术输入或技术赋能关系的强度和重要程度越高。

本部分采用的数据来自两个方面的来源：一是调查数据，二是网络、文献和其他公开资料。本章使用的调查数据主要来自现场调研的资料搜集，以及后续对企业官方公布的合作关系的搜集。网络数据的采集基于各咨询媒体的公开新闻数据，数据的采集以 100 家样本企业的简称为基础，统一采用"样本企业简称+合作或签约"为检索规则，使用大数据采集的方法对百度、搜狗、今日头条等主要搜索引擎和新闻网站搜索结果的前 15 页进行了逐个检索采集。[1] 在对网络数据和调查数据进行汇总、整理和消

---

① 在实际的数据采集中发现，通过关键词检索后，搜索引擎在十页之后基本为前十页的重复数据。网络数据的主要信源网站包括：百度、搜狐网、今日头条、亿欧网、CSDN 技术社区、eNet 硅谷动力、安防展览网、智慧安防网、凤凰网、东方财富网、腾讯网、新浪网、同花顺财经、贤集网资讯、网易新闻、36 氪等。关系数据采集的截止时间为 2019 年 12 月，采集结束后，作者对关系数据的实际发生时间进行了统计，其中约 92% 的技术关系发生在 2015 至 2019 年 5 年间，其他时间段的技术关系分布较少且较为分散。

除重复后，共得到有效关系数据 907 条，① 再进一步按照各类三级维度对关系数据进行赋值，结果是共获得各维度细分数据 4358 个。

第二节　中国智能安防产业企业发展的概况

一、创建时间

图 6-1 展示了 100 家智能安防企业成立时间样本统计结果。这些企业的成立时间主要分布于为 2000 年之后，其成立时间在 2001 年、2009 年、2015 年三年分别存在三个高峰。

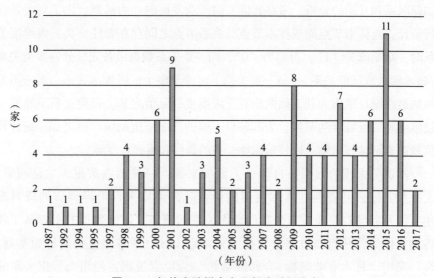

图 6-1　智能安防样本企业创建时间分布

---

① 本章以"安防""监控""人脸识别""视频结构化""智慧城市""智慧交通""智慧社区""智能家居""智能楼宇""城市大脑""数字城市""平安城市"等一系列与智能安防相关的关键词作为筛选词，以"或"的关系作为筛选机制对采集的网络新闻数据进行初步筛选，即出现以上各关键词中的任意一个，则认为此条关系数据与智能安防相关，以此为标准剔除了部分与智能安防产业不相关的关系数据，并以此为基础对关系数据进行了逐条人工核对。

二、地域分布

如图 6-2 所示，从 100 家智能安防企业的地域分布可知，广东、北京、浙江、上海这 4 个地区智能安防样本企业分布最为集中。由图可知，广东省拥有最多的智能安防样本企业，其企业数占比为 36%，北京市仅次于广东省排名第二，企业数占比为 32%，浙江省以 17% 的企业数占比位居第三，上海市则以 4% 的企业数占比排名第四，其余各地区样本企业分布相对较少。

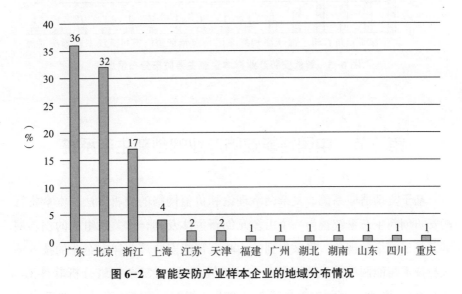

图 6-2　智能安防产业样本企业的地域分布情况

如图 6-3 所示，从 100 家样本企业的城市分布可知，北京市是智能安防样本企业分布最为集中的城市，企业数占总数比例为 32%；深圳市以占总数 25% 的企业数位居第二；杭州市企业数占比排名第三，占比为 17%；广州和上海分别以 10% 和 4% 的企业数占比位居第四和第五；其余各城市样本企业分布相对较少。从样本企业的整体的地域分布可知，智能安防企业主要集中分布于北京、深圳、杭州、广州、上海等经济较为发达的城市，其余各城市的智能安防企业数较少，且分布较为分散。

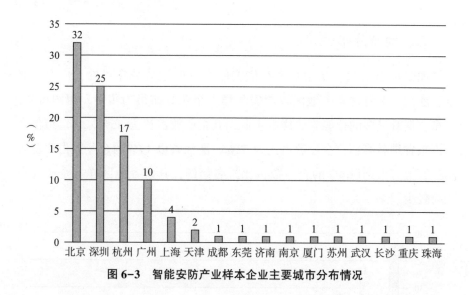

图6-3 智能安防产业样本企业主要城市分布情况

第三节 中国智能安防产业的创新生态系统

基于复杂适应系统、复杂网络理论和价值网络的分析方法，本章将智能安防创新生态系统视为一个由多元创新主体及其合作关系组成的创新网络。基于网络的视角，将采集到的100家智能安防产业样本企业的技术输入和技术赋能两类关系数据及其统计赋值，① 输入复杂网络分析软件 Gephi0.92，得到一个由713个节点（企业、组织）和960条边（关系）所组成的智能安防产业创新生态系统的复杂网络结构模型（如图6-4所示，以下简称为智能安防产业创新网络）。通过复杂网络的统计数据和结构性指标，对智能安防产业创新生态系统的网络结构及其核心节点进行了考察。

一、智能安防产业创新网络的结构特征

如图6-4所示，基于关系数据的搜集，本章将智能安防创新生态系统

① 在 Gephi 中构建复杂网络结构模型和进行结构性指标计算时，关系数据的赋值与网络中边的权重一一对应，其权重体现了一条边（关系）的重要性和强度。

理解为一个由各类节点（样本节点和关系节点）及其合作关系组成的创新网络，其网络结构以节点间的合作关系为基础，即创新网络中的每条边皆对应一条技术输入或技术赋能关系。为了方便后续分析和计算各类节点获得的技术输入（入度）和输出的技术赋能（出度），本章采取了有向网络的初始设定方法，并定义了赋能的方向性，即网络中的每条边都由提供技术赋能的节点指向技术输入的节点，存在相互技术赋能的两个节点由方向不同的两条边表示。基于现实中技术合作网络的特征，复杂网络模型中的技术输入和赋能关系的方向性仅用于统计和确定各类节点技术输入和输出的强度，网络的各类结构特性依然采取无向网络的相关假设，即技术合作网络中的各节点可以通过已经建立的合作关系（技术输入或赋能均可）获取和传播技术信息，技术信息在网络中的传播和扩散不受赋能方向的影响，因此，在计算网络的各类结构性指标时，本章依然采取无向网络的计算方式。此外，为了便于观察智能安防创新网络的核心节点和比较不同节

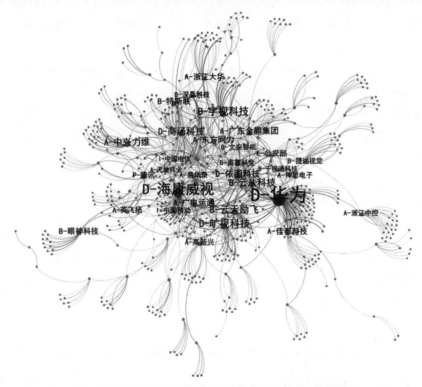

图6-4　智能安防产业创新生态系统的复杂网络结构图

点的重要程度差异，图 6-4 按加权度的大小来确定节点的直径，加权度高的节点用直径更大的圆来表示。图中标签分别用来表示不同类型的节点，其中 A、B、C、D 四类标签分别表示四类样本节点，其他字母标签表示各类关系节点。

为了便于观察，图 6-5 展示了智能安防产业创新网络中加权度排名前三十一的节点。[1] 从加权度的角度看，智能安防创新网络中的核心节点可基本概括为以下类型。首先，以华为、海康威视、旷视科技、商汤科技等为代表的开放创新平台是网络中加权度最高的一类节点，作为智能安防软硬件的核心平台企业，其为整个智能安防创新网络提供了大量软件算法（如人脸识别、视频结构化）和硬件（如高清摄像头）方面的技术赋能，是整个智能安防创新生态系统中的核心节点。其次，以宇视科技、云天励飞、云从科技为代表的 AI 技术型安防企业也具有相对较高的加权度排名，且其多为人工智能领域的独角兽企业，在整个智能安防创新网络中，其为整个网络提供各类人工智能相关的软件算法支持，同时在创新网络演化的过程中亦具有相对较高的活跃度。再次，以中兴力维、广东金鹏集团、东方网力为代表的安防技术集成商主要负责智能安防软硬件的技术集成并通

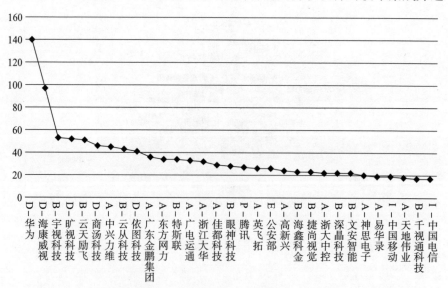

图 6-5 智能安防产业创新网络中加权度排名前三十一的节点

---

[1] 节点的加权度为赋权之后节点的度，其指与该节点直接相连的所有边的权重之和，节点的加权度是反映网络中节点相对重要程度最直观的指标。

过其相对广泛的市场渠道同 AI 技术型企业共同赋能安防客户，其多由传统安防领域的上市公司转型而来，是智能安防创新生态系统融合演化过程中的重要主体。此外，以腾讯为代表的非样本开放创新平台，以公安部为代表的政府部门及以中国移动、中国联通为代表的通信运营商亦是智能安防创新网络中的重要节点，作为智能安防样本企业的重要合作方和客户，其与样本企业一起在互动和竞合的过程中共同推动了智能安防创新网络的协同创新和演化。

　　基于智能安防产业创新生态系统复杂网络结构模型的构建和 Gephi0.92 的统计功能，本部分对智能安防产业创新网络的整体结构指标及其加权度分布情况进行了统计和比较分析，统计结果如表 6-4 和图 6-6 所示。

　　从统计结果可知，智能安防产业创新网络在网络结构上具有"小世界"和"无标度"特征。为了比较分析智能安防创新网络的结构指标，本章利用 Gephi0.92 生产了 4 个与智能安防创新网络的节点数和网络密度相同的随机网络作为对照组（见表 6-4）。① 相对于相同规模和网络密度的随机网络，智能安防创新网络具有更小的平均路径长度和更高的平均聚类系数，② 这表明智能安防创新网络在整体结构上具有聚团特性和"小世界"特征。此外，由图 6-6 的加权度分布图可以看出，智能安防产业创新网络在加权度分布方面具有"幂率"分布的特征，即大部分节点只具有强度较低的连接，而创新网络中少部分节点却拥有强度较高的连接，这符合巴拉巴西提出的无标度网络模型的特征。智能安防创新网络的这种加权度分布，显示了其网络结构的非均衡性，表明整个创新网络的运行和演化是围绕网络中的少数核心节点进行的。因此，为了探究智能安防创新网络的运行和演化机制，便需要进一步分析网络中不同类型节点的详细统计指标，以明确其在创新网络中的不同作用和地位，并以此为基础进一步分析智能安防产业创新网络的构成。

---

①　一个复杂网络的网络密度可以定义为网络中实际存在的边数与最大可能的边数之比。

②　节点的聚类系数是指与该节点相邻的所有节点之间连边的个数占这些相邻节点之间最大可能连边数的比例。网络的平均聚类系数是指网络中所有节点聚类系数的平均值，它表明网络中节点的聚集情况即网络的聚集性。

表 6-4　智能安防产业创新网络的整体结构指标及对比

网络类型		节点数（个）	边数（条）	网络直径	网络密度	平均聚类系数	平均路径长度
样本	智能安防创新网络	713	960	12	0.004	0.037	4.48
对照组	随机网络1	713	1012	13	0.004	0.005	5.987
	随机网络2	713	977	15	0.004	0.004	6.506
	随机网络3	713	978	15	0.004	0.005	6.279
	随机网络4	713	1110	13	0.004	0.003	5.782

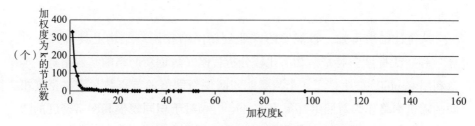

图 6-6　智能安防产业创新网络的加权度分布情况

二、智能安防产业创新网络的主体构成

图 6-7 统计了智能安防产业创新网络的主体构成及其加权度分布情况。除安防技术集成商、AI 技术型企业、芯片企业和开放创新平台这四类样本企业外，本部分依据关系数据对组成智能安防创新网络的关系节点进行了分类统计。如图 6-7 所示，智能安防创新网络的关系节点包括政府部门（此处将其分为公安部门和其他政府部门）、准公共部门（教育、金融、电力、通信、物流、交通等具有一定公共部门性质，提供涉及国计民生的产品和服务的企业或组织）与安防产业相关的非样本开放创新平台、① 芯片企业和其他软硬件企业。

---

① 2019 年在上海举办的世界人工智能大会开幕式上，科技部发布了新增的国家新一代人工智能开放创新平台，至此 15 家国家新一代人工智能开放创新平台分别为百度、阿里云、腾讯、科大讯飞、商汤科技、依图科技、明略科技、华为、中国平安、海康威视、京东、旷视科技、奇虎科技、好未来教育、小米。其中，华为、海康威视、商汤科技、旷视科技、依图科技 5 家为样本企业，其余企业出现在关系节点中则作为非样本类开放创新平台。

如图 6-7 所示，四类样本节点是智能安防产业创新网络的核心主体，从节点数看，其绝对数量相对较少，约占全部节点数的 14%，但其加权度却占整个网络的 54.36%。在样本节点中，AI 技术型企业数量占比最高，为 8.13%，其加权度与相对较高为 24.27%；安防技术集成商数量占比为 4.21%，加权度占比为 15.63%；开放创新平台类节点数量相对较少仅占 0.70%，但其加权度却占整个网络的 12.69%，说明其单个节点在网络中均处于核心地位。

从关系节点方面来看，公安部门和其他政府部门拥有在所有关系节点中最高的节点数占比和加权度占比，其中公安部门节点数占比为 12.34%，加权度占比为 9.28%；其他政府部门占整个网络节点数的 18.37%，其加权度在关系节点中仅次于公安部门，为 7.3%。同时，与智能安防产业相关的大学、科研机构，硬件企业，软件企业也具有关系节点中相对较高的节点数和加权度占比，其中大学、科研机构加权度占比为 5.84%，硬件企业加权度占比为 4.93%，软件企业加权度占比为 4.29%，此三类主体与政府部门（公安和其他政府部门）共同构成了智能安防产业创新网络的次级核心。

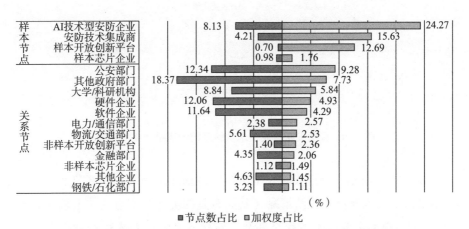

图 6-7　智能安防产业创新网络的构成及各主体的加权度分布情况

三、智能安防创新网络中样本企业技术来源

为了进一步分析智能安防样本企业的技术来源及其与网络中技术供给主体的互动关系，本章统计了四类样本企业的全部技术输入关系。将样本

企业的全部技术输入关系输入 Gephi0.92，本章得到了一个由 236 个节点（企业和组织）及 334 条边（关系）组成的智能安防产业技术供给系统所构成的复杂网络结构模型（如图 6-8 所示，以下简称为智能安防技术供给网络）。

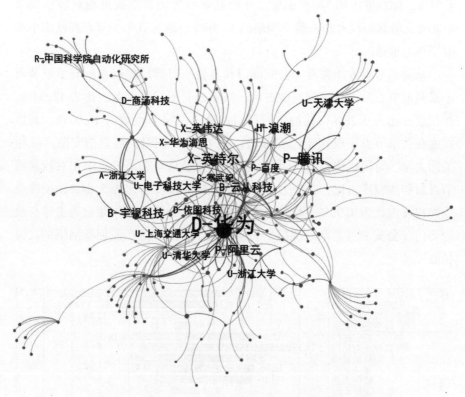

图 6-8　智能安防产业技术供给系统的复杂网络结构图

如图 6-8 所示，智能安防技术供给网络描述了网络中全部节点对四类样本节点的技术赋能和供给情况（其同时是四类样本节点的技术输入和需求），网络模型主要用于考察全部节点对样本节点的技术供给和样本节点的技术需求情况。智能安防技术供给网络结构图中的每条边均对应一条样本企业的技术输入关系，且基于复杂网络连入和连出对等的特性，网络中一个节点的连入（技术输入），同时是另一个节点的连出（技术赋能），网络中所有节点的入度之和与出度之和必然相等。由此，智能安防网络中所有节点的连出（技术赋能和供给）即是样本企业的全部连入（技术来源）。

样本节点的全部连入包括两部分，一部分为样本节点来自关系节点的技术输入关系（由关系节点对样本节点的连出表示，样本节点来自关系节点的技术输入，同时也是关系节点对样本节点的技术赋能）。另一部分来自样本节点相互间的技术赋能（由每一个样本节点对其他样本节点的连出表示，一个样本节点对其他样本节点的技术赋能，同时也是其他样本节点的技术输入）。因此，智能安防技术供给网络中各节点对整个网络提供的技术供给的强度可以统一用该节点的加权出度表示，为了方便展示和分析，图6-8以加权出度的大小来定义节点的直径，加权出度越高的节点用直径更大圆来表示，同时图中展示了加权出度排名前二十的节点，这些节点是智能安防样本企业的主要技术来源。

（一）整体技术来源

为了进一步对智能安防样本企业的主要技术来源进行分析，本章对智能安防技术供给网络中各主体的加权出度的均值及其整体占比进行了统计，并列出了样本节点和关系节点中加权出度排名前十的节点名称，其结果如图6-9和表6-5所示。

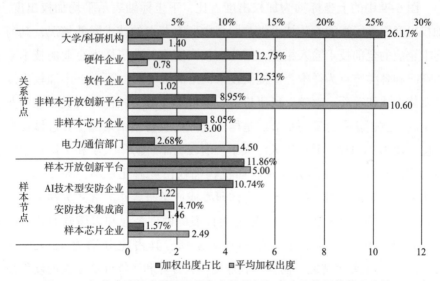

图6-9 智能安防技术供给网络各主体的加权出度均值及整体占比情况

表6-5 智能安防技术供给网络中加权出度排名前十的样本节点和关系节点

样本节点	加权出度	关系节点	加权出度
D-华为	33	P-腾讯	15
B-宇视科技	10	X-英特尔	14
B-云从科技	9	P-阿里云	10
D-商汤科技	7	H-浪潮	10
D-依图科技	6	X-英伟达	9
C-寒武纪	5	U-天津大学	8
A-浙江大华	5	U-浙江大学	7
D-旷视科技	4	P-百度	7
B-特斯联	4	X-华为海思	6
B-千视通科技	4	U-清华大学	6
B-多维视通	4	U-电子科技大学	6
—		R-中国科学院 自动化研究所	6

图6-9中的上坐标轴为加权出度占比，下坐标轴表示平均加权出度。加权出度展示了智能安防技术供给网络中所有节点的技术赋能情况，其与样本企业的全部技术输入相等，因此加权出度也反映了样本企业的技术来源情况和各类节点为样本企业提供技术供给的强度。由图6-9中加权出度的总体占比情况看，大学、科研机构、硬件类企业、软件算法类企业和非样本的开放创新平台等关系节点是样本企业的主要技术来源，其总体加权出度占比为71.1%。其中以天津大学、浙江大学、清华大学和中国科学院自动化研究所为代表的大学和科研机构加权出度占比最高，为26.17%，其主要以人脸识别等关键技术的合作研发或产学研合作的方式为样本企业提供技术支持；以浪潮、IBM、索尼为代表的硬件企业和以微软为代表的软件企业加权出度仅次于大学和科研院所，其占比分别为12.75%和12.53%，其主要为智能安防样本企业提供云计算和边缘计算相关的硬件设备及安防相关的软件和视觉识别算法支持；以腾讯、阿里巴巴、百度为代表的互联网平台企业是样本企业大数据、云计算算力的重要供应商，此外其还为样本企业的各类合作提供了平台和渠道，其加权出度占比为

8.95%；此外，以英特尔、英伟达为代表的芯片企业和以中国移动、中国联通为代表的通信运营商也是样本企业技术的重要来源，其加权出度占比分别为 8.05% 和 2.68%，分别为智能安防样本企业提供了芯片算力和通信传输的相关技术支持。除关系节点外，样本企业之间也存在着密切的技术合作关系。样本企业约 28.9% 的技术输入实际上来自样本企业相互间的技术赋能，其中样本企业中以华为、海康威视、商汤科技为代表的开放创新平台和以宇视科技和云从科技为代表的 AI 技术型安防企业为其他样本企业提供的技术支持最多，占比分别为 11.86% 和 11.74%，其主要为其他样本企业提供高清摄像头等安防关键硬件设备及人脸识别和视频结构化算法技术的支持。安防技术集成商和样本类芯片企业为其他样本企业提供的技术支持相对较少，其加权出度占比分别为 4.70% 和 1.57%。

此外，平均加权出度反映了单个节点为样本企业提供技术供给的强度。从平均加权出度看，开放创新平台类节点的单节点技术供给强度最高，接下来是非样本类的芯片企业和电力通信部门。平均加权出度的分布说明了，少数的平台型企业、芯片企业和通信部门作为一个整体虽然是网络中相对数量较少的节点类型，但其单个节点却在网络的发展和演化中扮演着重要角色。例如，平台企业一般拥有智能安防产业发展必需的核心的软硬件技术，芯片企业则供给了智能安防发展必需的芯片算力，通信企业则具有智能安防系统运行中不可或缺的数据传输能力，为了进一步分析这些核心节点的作用，本章对网络中各类关系节点的介数中心度进行了统计和比例计算，统计结果如图 6-10 所示。

在图 6-10 中，智能安防技术供给网络中的介数中心度反映了样本节点的共同技术来源情况，即关系节点作为智能安防样本企业的共同技术来源和技术枢纽的作用程度。首先，从介数中心度的占比看，关系节点中的芯片类企业和开放创新平台是介数中心度占比最高的关系节点类型，其中芯片类企业占比为 6.28%，开放创新平台占比为 6.10%，这种分布说明了芯片类企业提供的智能芯片技术和平台企业提供的核心软硬件技术是智能安防样本企业普遍需要的技术。同时，非样本的芯片企业和开放创新平台的介数中心度均值也均为网络中最高，说明其单个节点作为智能安防样本企业共同的技术来源和技术枢纽的作用最强，是网络中相对少数但重要性较高的节点，例如，腾讯、阿里云和英特尔等企业不仅为其他智能安防企业提供软硬件核心技术能力，其还通过定期举办的开发者会议（如阿里云栖大会、腾讯开发者大会等），促进其客户企业间的合作与协同创新。此外从介数中心度的均值看，电力通信部门的介数中心度均值也相对较高，以中国移动、中国联通为代表的通信企业是智能安防样本企业数据传输和通信技术的重要技术支持者。现代智慧城市的诸多安防应用场景，需要云端和边缘端的合作与协同，作为云边协同的桥梁，通信企业在整个智能安防产业发展中发挥着特殊的作用，依托其数据运营和通信能力其在与安防企业共同开展业务的同时也促进了智能安防样本企业间的合作。

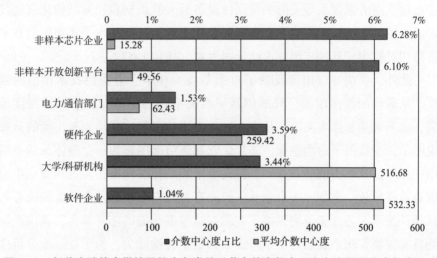

图6-10　智能安防技术供给网络中各类关系节点的介数中心度占比及平均介数中心度

（二）云计算与边缘计算的技术来源情况

为了进一步分析智能安防技术供给网络中云计算和边缘计算的融合机制及其推动的产业数字化过程，本章统计了4类样本企业的全部技术输入关系中的云计算和边缘计算相关的技术输入关系。将样本企业的全部云计算相关的技术输入关系输入 Gephi0.92，本章得到一个由 175 个节点（企业和组织）及 212 条边（关系）组成的智能安防云计算技术供给系统的复杂网络结构模型类似地，将样本企业的全部边缘计算相关的技术输入关系输入 Gephi0.92，则得到一个由 134 个节点（企业和组织）及 145 条边（关系）组成的智能安防边缘计算技术供给系统的复杂网络结构模型。

图 6-11 展示了云计算和边缘计算技术供给网络中样本节点和关系节点的相对技术供给强度。样本节点的技术来源，一部分来自关系节点对样本节点的赋能（关系节点的加权出度表示），另一部分则来自四类样本企业间的相互赋能（以每个样本节点的加权出度表示）。关系节点是样本企业的主要技术来源，从云计算和边缘计算的角度看，云计算技术供给的 77.53% 和边缘计算技术供给的 61.67% 均来自关系节点，剩余部分则来源于样本节点相互间的技术赋能。

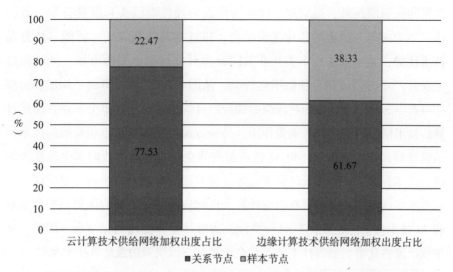

图 6-11 云计算和边缘计算技术供给网络中关系节点与样本节点的加权出度占比

图 6-12 和图 6-13 展示了云计算和边缘计算技术供给网络中各主体对样本企业技术供给的总体强度及其单个节点的技术供给强度，其中，图 6-12 的左右坐标轴分别表示云计算和边缘计算两个技术供给子网络中各主体的加权出度占比。从主体构成看，在云计算技术供给网络中，以浙江大学、电子科技大学为代表的大学及科研院所云计算技术供给强度最高，其加权出度占比为 28.46%，依托在云计算算法方面的优势，大学和科研院所通常以成立联合实验室的形式与样本企业开展广泛的合作；以金山云、微软为代表的软件企业和以腾讯、阿里云为代表的非样本开放创新平台则为智能安防样本企业提供了云计算相关的软件、算法、云服务器等云平台技术支持，其加权出度占比分别为 15.73% 和 13.86%；非样本类的芯片企业和电力通信部门虽然在总体数量和加权出度方面占比较少，但其与非样本类

的开放创新平台共同提供了安防产业数字化进程中重要的云计算算力和数据传输能力，从图6-13中的云计算技术的平均加权度看，其单个节点具有较高的技术赋能强度，说明了其单个节点具有相对较高的重要性。

同时，在边缘计算技术供给网络中，以天津大学、清华大学和中国科学院为代表的理工类院校和科研机构依然占据着技术供给的主导地位，依托其在边缘计算算法和硬件研发上的优势，通过与企业间的产学研合作，大学和科研院所的技术赋能促进了整个安防产业的转型和数字化进程；除大学和科研院所外，以索尼、IBM为代表的硬件类巨头和以英特尔、英伟达、华为海思为代表的芯片龙头企业，依托在高清摄像头、智能芯片方面技术优势，其与安防样本类企业共同合作开发和赋能安防市场，从而促进了安防产业的云边融合和数字化转型。从图6-13边缘计算的平均加权出度亦可看出芯片企业具有相对较高的加权出度均值，说明其单个节点在边缘计算的技术供给网络中具有重要作用。另一方面，从样本节点相互间的技术供给强度看，开放创新平台和AI技术型安防企业是样本企业内部生态系统的核心技术提供者，其在云计算和边缘计算方面均有相对较强的技术赋能。安防技术集成商则主要将其在边缘计算硬件和应用落地方面的优势与平台企业和AI技术型安防企业拥有的云平台及边缘计算算法能力相结合。因此，从加权出度占比看，其与样本类芯片企业类似，以供给边缘计算技术为主。

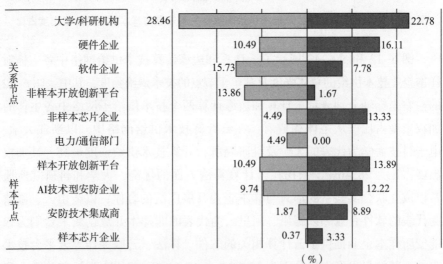

图6-12　云计算和边缘计算技术供给网络中各类创新主体的加权出度占比

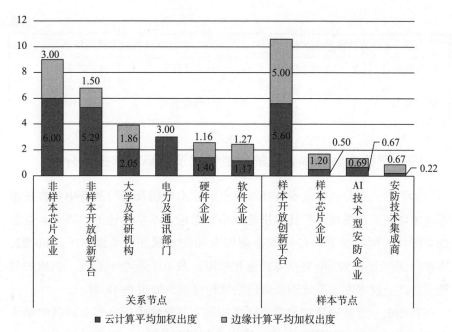

图 6-13　云计算和边缘计算技术供给网络中各类创新主体的平均加权出度

　　云计算和边缘计算技术供给网络中加权出度排名前十的样本节点和关系节点名单如表 6-6 所示。

表 6-6　云计算和边缘计算技术供给网络中加权出度排名前十的样本节点和关系节点

云计算技术供给网络				边缘计算技术供给网络			
样本节点	加权出度	关系节点	加权出度	样本节点	加权出度	关系节点	加权出度
D-华为	21	P-腾讯	13	D-华为	12	X-英特尔	7
B-宇视科技	8	P-阿里云	10	A-浙江大华	5	U-天津大学	6
B-云从科技	5	H-浪潮	8	B-特斯联	4	X-华为海思	6
B-多维视通	4	P-百度	7	B-云从科技	4	R-中国科学院	4
B-千视通科技	4	X-英特尔	7	C-寒武纪	4	U-清华大学	4
D-依图科技	4	U-浙江大学	6	D-旷视科技	4	X-英伟达	4
B-华尊科技	3	X-英伟达	5	D-商汤科技	4	H-索尼	3
D-商汤科技	3	I-中国联通	4	A-神思电子	3	R-中国科学院自动化研究所	3

云计算技术供给网络				边缘计算技术供给网络			
A-佳都科技	2	I-中国移动	4	B-云天励飞	3	X-赛灵思	3
A-中盛益华	2	U-电子科技大学	4	D-海康威视	3	H-IBM	2

四、智能安防样本企业的赋能情况及市场需求主体分析

为了进一步分析智能安防样本企业的技术赋能及其与网络中各类技术需求主体的互动关系。与技术供给网络相对应，本章统计了四类样本企业的全部技术赋能关系。将样本企业的全部技术赋能关系输入 Gephi0.92，本章得到一个由 592 个节点（企业和组织）及 707 条边（关系）组成的智能安防产业技术需求系统的复杂网络结构模型，如图 6-14 所示。

在图上，智能安防技术需求网络描述了其网络中所有节点的技术输入和需求情况（其同时是样本节点的技术赋能和供给），网络模型主要用于考察全部节点的技术需求和样本节点的技术供给情况。与智能安防技术供给网络相对应，智能安防技术需求网络结构图中的每条边均对应一条样本企业的技术赋能关系。由于网络中一个节点的连入（技术输入），同时是另一个节点的连出（技术赋能），因此，智能安防技术需求网络中的各主体的全部连入（技术需求）均来自网络中所有样本节点的连出（技术赋能）。网络中的各主体的全部连入（技术需求）包括两部分，一部分为关系节点来自样本节点的技术输入关系（由关系节点来自样本节点的连入表示，关系节点的全部技术输入均来自样本节点的技术赋能）；另一部分为样本节点相互间的技术关系，（由每一个样本节点的连入表示，此网络中样本节点的全部连入均来自其他样本节点，其显示了样本企业内部的技术需求关系）。因此，智能安防技术需求网络中各节点的技术需求强度可统一用该节点的加权入度表示，为了方便展示和分析，图 6-14 以加权入度的大小来定义节点的直径，加权入度越高的节点用直径更大圆来表示，同时图中展示了加权入度排名前二十的节点，这些节点是智能安防样本企业的主要技术需求主体和应用方。

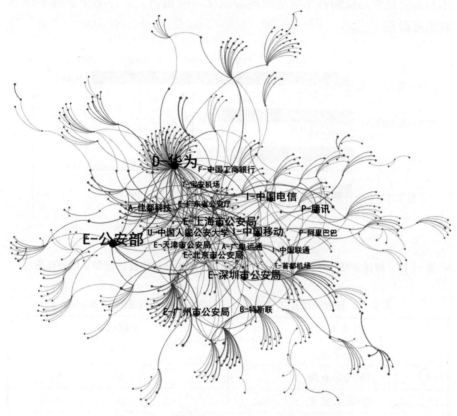

图6-14 智能安防技术需求系统网络结构图

（一）智能安防技术赋能者

为了分析各类样本节点的技术赋能强度，本章对各样本企业的加权出度及排名情况进行了统计，统计结果如图6-15和表6-7所示。

从加权出度的整体占比看，AI技术型安防企业技术赋能的强度最高，以云天励飞、宇视科技、云从科技为代表的AI技术型安防企业为整个技术需求网络提供了近一半的技术赋能，其加权出度占比为48.84%；以华为、海康威视为代表的开放创新平台和以中兴力维、浙江大华为代表的安防技术集成商亦为技术需求主体提供了大量技术赋能，其占比分别为24.85%和22.53%；芯片类企业技术赋能相对较少，其加权出度占比为3.78%。从单个节点的技术赋能强度看，开放创新平台的平均加权出度最高，AI技术型安防企业与安防技术集成商的加权度均值相当，芯片类企业的平均加权出度最低。

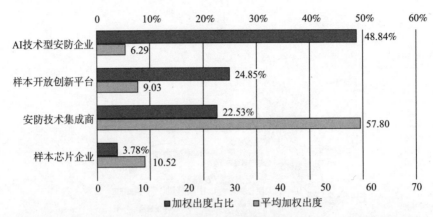

图6-15 智能安防技术需求网络中各类样本节点的加权出度占比和平均加权出度

表6-7 智能安防技术需求网络中加权度排名前十五的样本节点

样本节点	加权出度
D-华为	113
D-海康威视	65
B-云天励飞	47
B-宇视科技	44
D-商汤科技	40
A-中兴力维	38
D-旷视科技	37
D-依图科技	34
B-云从科技	31
B-眼神科技	28
A-东方网力	25
A-浙江大华	23
B-特斯联	22
B-深晶科技	20
B-文安智能	19

图 6-16 展示了智能安防技术需求网络中各类样本节点的介数中心度情况，其体现了作为网络中各类创新主体的共同赋能方，4 类样本节点技术枢纽和中介作用的强度。从整体看，4 类样本节点的介数中心度占比相对较高，其总占比为 76.72%，是智能安防技术需求网络中的核心枢纽节点。从整体占比看，AI 技术型安防企业的介数中心度占比最高，为28.41%；开放创新平台和安防技术集成商次之，占比分别为 24.76% 和20.29%；芯片类企业的技术中介作用相对较低，占比为 3.27%。从单个节点的技术中介和枢纽作用看，以华为、海康威视、商汤科技为代表的软硬件开放创新平台是网络中最核心的技术枢纽和技术中介，其介数中心度均值约为安防技术集成商的 7 倍，为 AI 技术型安防企业介数中心度均值的近9 倍。开放创新平台在网络中的数量虽相对较少，但其单个节点具有强大的技术赋能和辐射能力，其在开依托其核心软硬件能力开展自身业务的同时，亦通过同各类创新主体建立合作，促进了整个生态系统内其他创新主体间的协同创新。例如，2019 年，华为举办的全联接大会，以"共创智能新高度"为主题，围绕智慧园区、云+AI+5G+IoT 等领域重点展示了安防领域的产品创新应用。会上，华为智能安防联合其合作伙伴，通过"平台+AI+生态+行业智慧"的合作策略，与合作伙伴共同打造了基于核心技术匹配不同行业应用场景的解决方案。

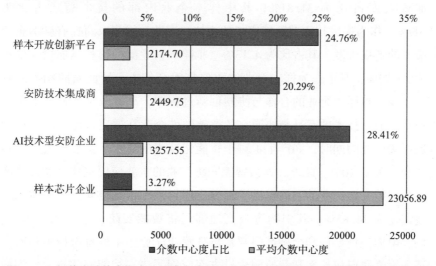

图 6-16　智能安防技术需求网络中各类样本节点的介数中心度占比及平均介数中心度

（二）智能安防技术市场需求

从技术赋能的强度上看，各类技术需求主体的技术主要来源于 AI 技术型安防企业、开放创新平台和安防技术集成商三类主体。但在创新生态系统发展过程中，不同技术需求主体与样本企业的技术合作关系存在异质性，多元创新主体的技术需求往往是涉及多种技术的组合。为了进一步分析其技术需求结构，本章基于对各类主体的加权入度及其来源情况进行了统计分析。

图 6-17 展示了技术需求网络各节点的加权入度占比和平均加权入度情况，反映了各类创新主体技术需求的相对强度。从技术需求（加权入度）的整体占比看，政府部门的技术需求强度最高，其整体加权入度占比为 43.34%，其中以公安部、深圳市公安局、上海市公安局为代表的公安部门占比最高，为 23.65%，作为智能安防市场的主要需求者，各地公安部在社会安全治理、公共安全等方面存在诸多应用场景（如各地雪亮工程、天眼工程、城市交通管理等），因此，其对智能化技术的需求也相对较强。除公安部门外，作为各地智慧城市建设的主导者，各类政府机关部门也是智能安防技术的主要需求方，其加权入度占比亦相对较高，为 19.69%。除政府部门外，企业部门也是智能安防技术的重要需求方，其整体加权入度占比为 31.81%，其中样本企业内部的技术需求占比为 11.09%，作为集成技术并赋能客户的主体，安防技术集成商拥有样本企业中最多的加权入度，其占比为 4.13%。非样本企业部门的整体加权入度占比为 20.72%，其中作为样本企业的重要技术合作方，智能安防相关的软硬件企业在与样本企业的合作与协同创新过程中，亦吸收了大量样本企业的技术，通过技术的互补与协同，各类软硬件企业在适应智能安防市场和开展相关业务的同时，亦产生了对于智能化技术的需求，其加权入度分别为 7.65% 和 6.10%。此外，作为智能安防产业的重要应用主体，准公共部门亦为智能安防产业的发展提供了部分应用场景和市场空间，其整体加权入度占比为 24.85%，其中物流与交通部门将智能安防技术应用于车站、机场，电力通信部门和金融部门则聚焦其营业厅业务中的身份识别和安全验证，大学科研机构在智慧校园建设方面应用了诸多智能安防技术，钢铁石化部门则将智能安防技术应用于安全生产和智慧园区管理。

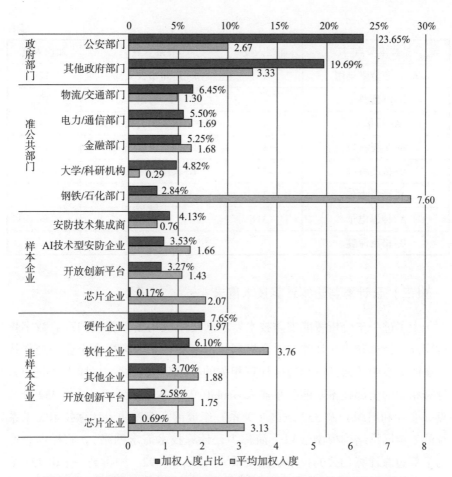

图 6-17 智能安防技术需求网络各节点的加权入度占比和平均加权入度

各类节点中加权入度排名较高的节点如表 6-8 所示。

表 6-8 智能安防技术需求网络中加权入度排名前十五的样本节点和关系节点

样本节点	加权入度	关系节点	加权入度
D-华为	26	E-公安部	26
A-佳都科技	10	I-中国移动	15
B-特斯联	9	I-中国电信	14
A-广电运通	8	E-深圳市公安局	14
D-海康威视	6	E-上海市公安局	14

样本节点	加权入度	关系节点	加权入度
A-广东金鹏集团	4	E-广州市公安局	12
B-海鑫科金	4	P-腾讯	12
A-易华录	4	U-中国人民公安大学	11
B-宇视科技	3	E-北京市公安局	10
D-依图科技	3	E-天津市公安局	9
A-浙江大华	3	—	—
A-神思电子	3	—	—
B-格灵深瞳	3	—	—

(三) 云计算与边缘计算技术需求

为了进一步分析智能安防技术需求网络中应用场景驱动的产业数字化过程及云计算和边缘计算的融合机制,本章统计了四类样本企业的全部技术赋能关系中的云计算和边缘计算相关的技术赋能强度。将样本企业与云计算相关的全部技术赋能关系输入 Gephi0.92,本章得到了一个由 332 个节点 (企业和组织) 及 352 条边 (关系) 组成的智能安防云计算技术需求系统的复杂网络结构模型 (以下简称为云计算技术需求网络)。将样本企业的全部边缘计算相关的技术赋能关系输入 Gephi0.92,则得到一个由 435 个节点 (企业和组织) 及 471 条边 (关系) 组成的智能安防边缘计算技术需求系统的复杂网络结构模型 (以下简称为边缘计算技术需求网络)。

图 6-18 和图 6-19 展示了云计算和边缘计算技术需求网络中各部门主体技术需求的相对强度,从云计算技术需求网络看,政府部门是其技术需求的主体,其加权入度为整个云计算需求网络加权入度的 59.65%,其中公安部门占比 34.94%,其他政府部门占比 24.71%;准公共部门加权入度占比为 15.25%;非样本企业和样本企业分别占比为 13.51% 和 11.58%。整体看,云计算技术需求网络以公安和其他政府部门的需求为主导,其他主体对云计算的需求相对较少且十分分散。从边缘计算技术需求网络看,各部门主体边缘计算技术的技术需求分布相对较为平均,其中准公共部门边缘计算需求强度最高,其加权入度整体占比为 32.56%。在准公共部门中,以深圳宝安机场为代表的物流交通部门和以中国电信、中国联通为代

表的通信部门占比较高，分别为9.46%和6.36%。政府部门加权入度占比仅次于准公共部门，占比为30.23%。非样本企业加权入度占比为26.51%，其中硬件企业占比相对较高，占比为10.23%。

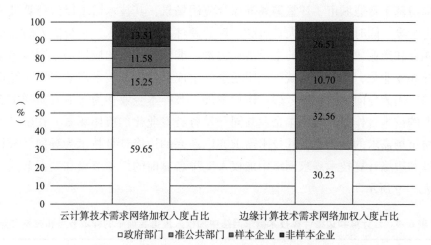

图6-18 云计算和边缘计算技术需求网络各部门加权入度占比

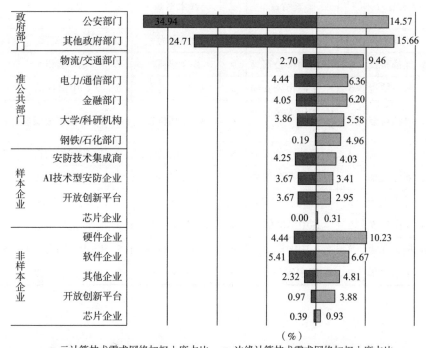

图6-19 云计算和边缘计算技术需求网络各创新主体加权入度占比

综合来看，无论是云计算还是边缘计算技术，其主要的技术需求方均为关系节点，样本节点内部的相互赋能关系，仅占全部赋能关系约10%。整体上，各类主体的技术需求，均体现了云边融合的发展趋势，其中政府部门基于智慧城市、智慧警务等综合应用场景，其技术需求以云计算技术为主导，同时亦结合了大量边缘计算的硬件和算法技术，是智能安防云边融合和产业数字化技术的主导推动力量。准公共部门的应用场景则较为多样和专业化，作为智慧城市应用场景的组成部门，其技术需求则以边缘端的应用为导向，同时向云边一体化发展。非样本企业作为智能安防样本企业的技术合作方，与样本企业共同开发各类专业化的应用场景，在适应安防市场需求的基础上，其技术需求亦以新兴的边缘计算技术为导向。云计算和边缘计算技术需求网络中加权入度排名靠前的样本节点和关系节点如表6-9所示。

表6-9　云计算和边缘计算技术需求网络中加权入度排名前十的样本节点和关系节点

云计算技术需求网络				边缘计算技术需求网络			
样本节点	加权入度	关系节点	加权入度	样本节点	加权入度	关系节点	加权入度
D-华为	14	E-公安部	12	D-华为	12	E-公安部	14
A-佳都科技	6	E-广州市公安局	9	B-特斯联	7	P-腾讯	10
D-海康威视	3	E-上海市公安局	9	A-广电运通	5	I-中国移动	9
B-海鑫科金	3	U-中国人民公安大学	9	A-佳都科技	4	E-深圳市公安局	7
A-广电运通	3	E-天津市公安局	8	A-广东金鹏集团	3	F-中国工商银行	7
A-浙江大华	2	E-北京市公安局	7	A-易华录	3	I-中国电信	7
A-神思电子	2	E-深圳市公安局	7	B-宇视科技	3	I-中国联通	6
B-深网视界	2	I-中国电信	7	D-海康威视	3	T-宝安机场	6
B-格灵深瞳	2	I-中国移动	6	A-信义科技	2	E-上海市公安局	5
A-中盛益华	2	E-广东省公安厅	5	A-中兴力维	2	P-阿里巴巴	5

第七章

数字经济的"极化"和"扩散"

中国数字经济发展内生于经济转型升级过程中创造的数字化和智能化需求。数字和智能科技的产业化、产业的数字化和智能化、城市的数字化和智能化不仅决定着产业结构调整的步伐，而且决定着区域经济发展的格局。

2012年以来，"南快北慢"成为我国经济区域发展的新态势。[①] 从2019年31个省级行政区发布的经济增长数据看，与全国增速相比，20个省市的国民生产总值增速超过或与全国水平持平，南方省市的占比明显高于北方省市。区域经济增长中的"南快北慢"现象，引起了社会的广泛关注。其中，形成"南快北慢"现象主要原因包括两个方面：其一是长江经济带发展战略实施和珠三角转型升级效果明显。通过承接东部的产业转移，长江经济带中的安徽、湖北、四川、重庆以及包括贵州在内的省份，增长速度较快。湖南、广西和云南开始出现快速发展的势头。同时，珠三角通过快速转型升级战略的实施，实现了传统产业向现代产业的转型，呈现出良好的发展势头。其二是以数字经济为代表的新经济发展的带动作用。对数字经济"极化"和"扩散"问题的研究，将有助于我们深入思考新经济在区域经济发展中的作用。

第一节　京津冀是中国数字经济发展的策源地

与传统经济相比，以数字经济为代表的新经济在空间上表现出更强的集聚性，即"极化"趋势。数字和智能科技创新资源富集的创新型城市，尤其是中心城市成为数字经济集聚和发展的空间载体。作为第四次工业革命的通用技术和关键生产要素，通过与当地创新资源和产业资源的融合，数字经济同样表现出明显的"扩散"趋势。在后疫情时代，数字经济发展

---

① 中国社科院城市与竞争力研究中心发展的《中国城市竞争力报告 NO.16》（2019）显示，从空间发展看，中国城市国民生产总值呈现出"南高北低"的态势。

将成为经济增长的引擎。本章通过观察数字经济发展中的"极化"和"扩散"趋势，分析如何通过积极启动和推动数字经济发展缓解经济增长中的新区域不平衡现象，实现高质量发展。

京津冀地区，尤其是北京是我国数字经济的发源地。依托互联网产业的先发优势和高度密集的科技创新资源，在数字经济的发展上走在了全国的前列。通过京津冀地区数字经济发展中"极化"和"扩散"现状和趋势的分析，本章清晰地揭示出数字经济"极化"和"扩散"的内在逻辑和动力机制，为国家和地方政府制定更加有效的政策提供决策依据。

一、京津冀地区数字经济发展的微观基础

（一）样本选择和数据采集

作为第四次工业革命的引擎，数字和智能科技创新和商业化是包括技术、经济和社会协同的复杂系统演进过程。其中，包括企业、大学和科研机构、政府和中介组织在内的多元主体的协同创新，是数字经济发展的根本驱动力，尤其是以北京、上海、深圳、杭州和广州为代表的数字经济先发地区，平台主导的创新生态系统、积极作为的政府和高度活跃的资本共同构成了数字经济"极化"的关键机制。同时，在数字经济的"扩散"过程中，包括当地创新资源、产业基础、学术生态和政府政策在内的产业创新生态系统，同样发挥着基础性作用。

为了刻画京津冀地区数字经济发展现状，揭示"极化"和"扩散"的动力和机制，基于创新生态系统的视角，选择 334 家数字企业作为样本。[①]

在 334 家京津冀数字经济样本企业中，上市公司共 56 家[②]，占比为 16.77%；独角兽企业 47 家[③]，占比为 14.07%；其他企业 231 家，占比为 69.16%（如表 7-1 所示）。

---

① 京津冀数字企业样本选自南开·智能经济数据库的企业样本。334 家样本企业均属于人工智能企业。数字采集截止日期为 2019 年 12 月 31 日。南开·智能经济数据库共有数字企业样本 797 家，334 家样本占数据库样本总量的 41.9%。

② 在区域分布上，北京共有 52 家上市公司，天津共有 4 家上市公司。其中，全美时代教育、思比科微电子、中星微电子、品友互动，这 4 家企业已经退市。

③ 47 家独角兽企业均在北京。

表 7-1 样本企业的类型分布

样本类型	家数（家）	占比（%）
上市公司	56	16.77
独角兽	47	14.07
其他企业	231	69.16
总计	334	—

从技术层次看，在 334 家样本企业中，属于基础层企业 12 家，技术层企业 74 家，应用层企业 248 家，占全国同类技术层次企业数的 54.55%、45.12% 和 44.36%。总体来看，京津冀地区数字经济样本企业的技术层次明显高于全国的平均水平（如表 7-2 所示）。

表 7-2 样本的技术层次分布

技术层次分类	企业数（家）	京津冀样本企业占比（%）	全国样本企业占比（%）
基础层	12	3.6	54.55
技术层	74	22.2	45.12
应用层	248	74.3	44.36
总计	334	—	—

通过实际调查和大数据相结合的方法，本章采集了数据并建立了样本数据库。样本数据库的数据包括两类：属性数据和关系数据。属性数据是指样本企业的成立时间、所属地区和销售收入等方面的信息；关系数据则是指样本企业与其他节点发生的关系和互动规则方面的信息。本章采用价值网络和关系数据量化分析方法，考察京津冀数字经济的"极化"和"扩散"情况。本章把京津冀数字经济的发展看作是一个价值网络的形成和演化过程。通过 334 家样本企业，基于实际调查和大数据采集，通过关系数据的量化分析，探索数字经济"极化"和扩散"的动力和机制。

（二）京津冀地区是中国数字经济发展的"数字担当"

信通院发布的《中国数字经济发展与就业白皮书（2019）》的数据显示，2018 年，我国数字经济规模达到 31.3 万亿元，增长 20.9%，占 GDP 比重为 34.8%。2018 年各省市数字经济占 GDP 的比重均超过 20%。其中，北京和上海的数字经济在 GDP 中占比超过 50%, 广东、天津、浙江和江苏的数字经济在 GDP 中的占比超过 40%, 福建、山东、湖北、重庆、辽宁和四川数字经济在 GDP 中的占比超过 30%。

财新智库联合数联铭品 BBD 发布的《2019 年 12 月中国数字经济指数》显示, 2019 年 12 月, 数字经济指数排名前五的地区为广东、北京、江苏、上海和四川。从全国各省市数字经济劳动力需求占比分布看, 北京市数字经济占比最高 (为 29%), 上海为 24%, 湖南为 22%, 广东为 22%, 浙江为 21%。其中, 数字经济劳动力需求占比最高的北京和最低的云南、江西、湖南、广西壮族自治区和内蒙古自治区 (均为 16%) 相差接近一倍, 说明各地区数字经济发展差距较大。

数字经济包括两个产业部门: 核心产业部门和融合产业部门。其中核心产业部门主要包括 IT、ICT、互联网、大数据、云计算和人工智能。数字经济首先源于核心产业部门的发展, 融合产业部门则是数字科技与经济社会融合过程中创造的新兴产业部门。作为数字经济发源地, 核心产业部门构成了北京市数字经济发展基础。随着数字科技与实体经济的融合, 如何通过技术"扩散", 带动区域经济转型和升级, 是北京市发挥具有全球影响力科技创新中心功能的重要依托。

截至 2019 年 12 月 31 日, 我国拥有在境内外上市的互联网公司 135 家。其中, 在沪深上市的互联网公司数量为 50 家, 在美国上市为 54 家, 在中国香港上市为 31 家。在 135 家互联网上市公司中, 工商注册地位于北京的企业数量最多, 占比为 33.3%; 其次是上海, 占比为 17.0%; 杭州、深圳和广州分别占比为 11.9%、11.1% 和 4.4% (如图 7-1 所示)。

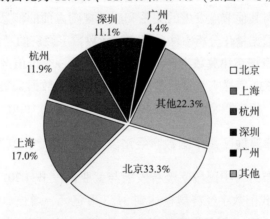

图 7-1 互联网上市公司城市分布情况

如图 7-2 所示，与互联网上市公司相比，独角兽的分布代表了数字经济区域发展的活力和竞争力。截至 2019 年 12 月 31 日，我国互联网和信息产业领域的独角兽总计为 187 家。其中，北京为 85 家，占比为 45.5%；上海为 37 家，占比为 19.8%；广东共计 27 家，占比 14.4%；浙江共计 20家，占比为 10.7%；其他地区共计 18 家，占比为 9.6%。

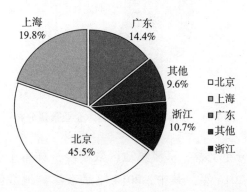

图 7-2 互联网和信息产业独角兽企业省市分布情况

与其他省市相比，在数字经济发展上，北京市拥有完善的数字科技学术生态系统。北京市的学术生态系统不仅包括清华大学、北京大学、北京航空航天大学、北京邮电大学和北京理工大学在内的研究型大学，而且包括中国科学院计算机所和微软亚洲研究院在内的高水平政府和企业研究机构。同时，以百度、小米和京东为代表的平台企业，通过积极布局前沿技术研发和产业化，成为中国数字经济发展的重要推动力量。

二、京津冀数字经济发展的现状和结构

（一）数字企业创建的时间和地域分布

本章的 334 家京津冀地区数字经济企业样本来自南开·智能经济数据库。334 家样本企业，占南开·智能经济数据库全部样本企业的 41.9%。其中，北京、天津、河北的样本企业分别为 322 家、11 家、1 家，分别占全部样本企业的 43.22%、1.48%、0.13%。[①] 从京津冀（尤其是北京）数

---

① 京津冀地区的数字企业绝大部分在北京，即使是少量在天津和河北，基本上也都是从北京迁入。例如，中科曙光，是中国科学院衍生企业，集团总部在天津。

字经济样本企业在全国的占比（55.17%）情况看，京津冀地区是我国数字经济发展的最前沿地带（如图 7-3 所示）。

44.83%

55.17%

□京津冀地区　■其他

图 7-3　京津冀数字经济样本企业数量分布

从成立时间分布上看，京津冀地区数字经济样本企业成立的时间主要集中于 2014—2016 年。其中，2014 年是京津冀地区创建数字企业数量最多的年份，共计 62 家，占样本企业总数的 18.56%。在样本企业中，部分样本企业属于非初始数字企业，主要是上市公司。通过内部研发和兼并收购（R&A），非初始数字企业转型和升级为数字企业（如图 7-4 所示）。

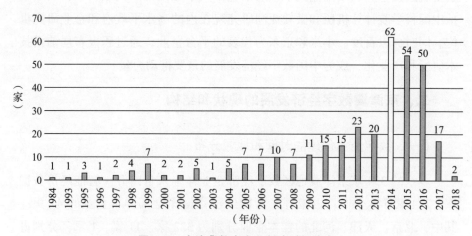

图 7-4　京津冀数字企业创建时间分布

从样本企业在 3 省市内部行政区域分布看，北京数字样本企业主要分布在海淀区，共计 199 家，占北京市样本企业总数的 61.80%。天津数字样本企业则主要分布在滨海新区，共计8家，占天津市样本总数的72.73%。因而，数字经济的"极化"现象不仅表现在大尺度的城市空间，而且表现小尺度的微空间（如图7-5、图7-6所示）。[①]

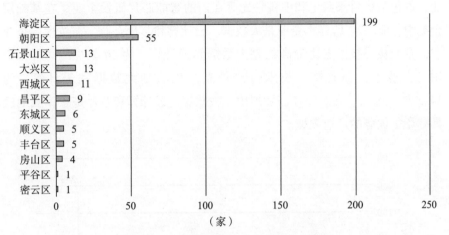

图7-5 北京数字样本企业地区分布数

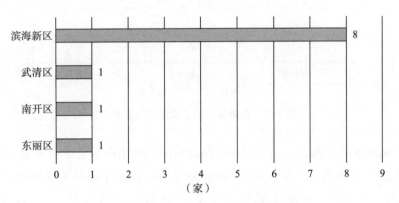

图7-6 天津数字样本企业地区分布数

（二）技术层次分布

如图7-7所示，京津冀样本企业中包括12家基础层企业、74家技术层企业和248家应用层企业。其中，北京在基础层、技术层和应用层样本

----

① 从实际调查研究的情况看，数字经济集聚的微空间主要表现为空间范围狭小创新生态充满活力的新型创新区。

企业数上均在京津冀地区位列第一，显示出较明显的区域内"极化"趋势。

基础层企业中既包括百度、腾讯云、金山云等在内的基础设施服务企业，也包括中科寒武纪和中科曙光等在内的智能芯片研发企业。在基础层企业中，66.67%的样本企业是大数据、云计算和芯片企业。在技术层企业中，企业核心技术占比最高的是大数据和云计算，为20.27%。同样，应用层企业中，企业核心技术占比最高的仍然是大数据和云计算，为34.27%。因而，在数字经济发展中，大数据、云计算和芯片是京津冀地区具有竞争优势的产业领域。

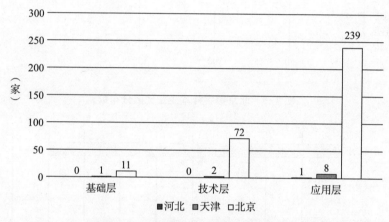

图7-7 京津冀数字企业技术层次分布

从技术层次看，在位于北京市海淀区的199家样本企业中8家为基础层企业，53家为技术层企业，138家为应用层企业（如图7-8所示）。三个层次企业分别在京津冀样本企业各技术层次总数中占比66.67%、71.62%和55.65%。

海淀区基础层企业包括两类，一类是以百度、腾讯云为代表的大数据与云计算类企业；另一类是包括大唐电信、中兴微电子、探境科技和中科寒武纪在内的芯片制造类企业。技术层企业中，海淀区53家技术层企业核心技术主要包括语音识别和自然语言处理（9家）、大数据与云计算（7家）和机器人技术（7家）。在应用层企业中，海淀区138家应用层企业涵盖的应用领域主要包括企业技术集成与方案提供、智慧医疗、新媒体和数字内容、智能机器人、智能硬件和智慧金融等（如图7-9所示）。北京市海淀区数字经济发展已经形成了完整的产业链,基于强大的算力和算法以及不断开发的应用场景,形成了良好的数字产业发展基础。

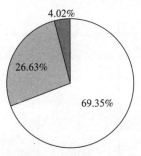

图7-8 北京市海淀区数字企业技术层次分布

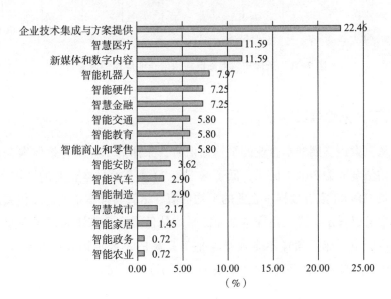

图7-9 北京市海淀区应用层数字企业应用领域分布

天津市滨海新区样本企业中包括1家基础层企业、2家技术层企业和5家应用层企业,分别占京津冀样本企业总数的8.33%、2.70%和2.01%。技术层次分布上,滨海新区基础层企业为中科曙光,技术层企业为汉柏科技和锋时互动。应用层企业中,滨海新区5家数字企业包括一飞智控、深之蓝、中源协和、海云数据和赛象科技,应用领域主要包括智能机器人、企业技术集成与方案提供、智慧医疗(占比情况如图7-10所示)。可以看出，滨海新区应用层企业主要集中于机器人领域，主要原因是天津前期积累的制造业基础为机器人制造提供了良好的技术支撑和需求。

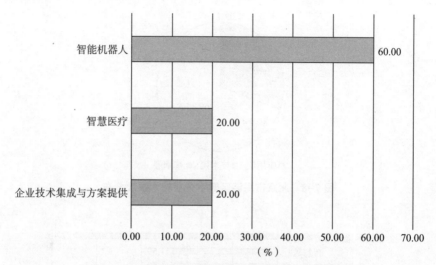

图7-10 天津市滨海新区应用层企业应用领域分布

（三）估值情况

从三大经济圈样本企业的平均估值看，京津冀136家有效样本企业的平均估值金额为348.1亿元，低于珠三角70家有效样本企业的平均估值，高于长三角88家有效样本企业的平均估值。尽管与样本企业选择相关，但是大致可以看出，珠三角样本企业的平均估值最高，京津冀样本企业的平均估值居中。珠三角样本企业平均估值最高的主要原因是上市公司占比高，企业整体规模相对较大（如表7-3所示）。

表7-3 三大经济圈数字样本企业平均估值情况

	有效样本数量（家）	平均估值（亿元）
京津冀	136	348.1
长三角	88	182.5
珠三角	70	977.3

（四）研发强度

在京津冀 39 家数字上市公司[①]中，研发强度小于 5% 的企业数占比为 35.9%，研发强度在 5%~20% 的企业数占比为 51.28%，研发强度大于 20% 的企业数占比为 16.8%。113 家数字企业的平均研发强度达到 12.82%，远高于国内企业的平均水平。

在京津冀 39 家数字企业中，研发强度最高的是蓝色光标，高达 53.2%，排名第二的是并行科技，研发强度为 33.3%，排名第三的是海鑫科金，研发强度为 32.6%。在京津冀研发强度排名前二十的上市公司中，排名最低的是中科曙光，研发强度同样达到 7.6%。高强度的研发投入，为数字和智能科技产业的发展注入了强大的动力（如图 7-11 所示）。

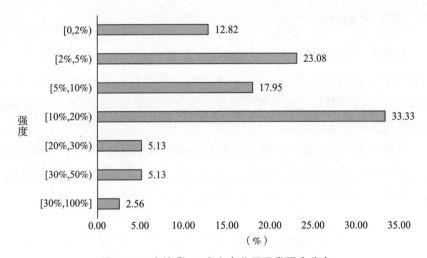

图 7-11　京津冀 39 家上市公司研发强度分布

表 7-4　京津冀研发强度前二十上市公司名单

研发强度前二十上市公司	研发强度（%）	研发强度前二十上市公司	研发强度（%）
蓝色光标	53.20	天智航医疗科技	14.34

---

① 在对京津冀地区数字上市公司的数据采集过程中，只获得了部分样本企业的数据，数据的统计分析以可获得数据的企业为样本。

研发强度前二十上市公司	研发强度（%）	研发强度前二十上市公司	研发强度（%）
并行科技	33.32	臻迪科技	12.18
海鑫科金	32.60	北京必创科技	12.16
英富森	24.77	大唐电信	11.65
数据堂	22.68	优信拍，优信二手车	11.57
中科汇联	16.86	猎聘网	11.10
九安医疗	15.78	融360	10.65
金山软件	16.00	美团点评	10.64
百度	15.24	清睿朗信	7.93
汉王科技	15.07	中科曙光	7.57

（五）专利分布

如图 7-12 所示，从京津冀地区 334 家数字企业的专利数分布看，专利数小于等于 50 的企业占比高达 84.73%，专利数大于 50 的企业占比为 15.27%。从专利数的企业类型分布看，京津冀数字和智能技术专利主要集中在独角兽和上市公司。

从数字企业专利数排名地域分布看，京津冀专利数排名前二百的企业占比达到 40%（如图 7-13 所示）。其中，北京市占比最高，为 38%，其次为天津市，占比为 1.5%，最后是河北省，占比为 0.5%。

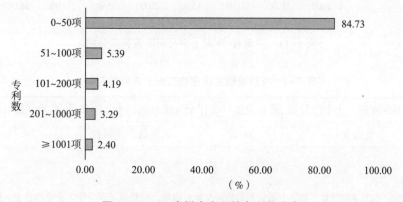

图 7-12　334 家样本企业的专利数分布

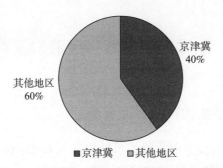

图7-13 专利数排名前二百的样本企业地域分布

(六) 融资情况

2018年,在334家京津冀地区数字企业中,能够检索到发生融资事件的企业数为268家,融资总额为2331.49亿元。从334家企业融资情况看,截至2018年12月,61.94%的企业融资额小于1亿元,24.63%的企业融资额在1亿~10亿元,融资额超过10亿元的企业数占13.43%(如图7-14所示)。

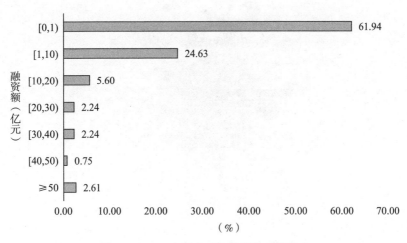

图7-14 334家数字企业的融资总额分布

第二节 京津冀地区数字经济价值网络分析

一、价值网络结构

将采集的334家数字企业的关系数据输入 Gephi 9.2 社会网络分析软件，得到京津冀数字经济价值网络结构图。图7–15、表7–5 中的统计分析表明，基于334家企业所构建的价值网络的节点总数为6849个，关系数为8625条，能够概括京津冀地区数字经济发展的大致轮廓和形态。价值网络平均度为2.519，模块度为0.791，平均聚类系数为0.038，平均路径长度为4.953。模块度较高反映了价值网络社区结构的强度较强，网络整体的结构指标较好。各项统计值反映了京津冀整体的数字经济高度集聚。

图7–15 基于334家数字企业关系数据的京津冀数字经济价值网络图①

---

① 为了便于观察价值网络的核心节点和比较不同节点的重要程度差异，图中仅显示了价值网络度数中心度排名前五十的节点标签。

表 7-5 中的价值网络结构性统计指标表明，京津冀数字经济价值网络具有较短的平均路径长度和较高的模块化。图 7-16 刻画的京津冀数字经济价值网络的度数中心度分布情况表明，京津冀数字经济发展表现出明显的"极核"状结构：若干核心节点拥有很高的度数中心度。价值网络节点度数中心度的"幂率"分布特征表明：占比很小的核心节点深刻地影响着京津冀数字经济发展的结构和方向。

表 7-5　京津冀数字经济价值网络结构性统计指标一览

统计指标	样本节点数（个）	关系节点数（个）	平均度	模块度	平均聚类系数	平均路径长度
统计值	334	6515	2.519	0.791	0.038	4.953

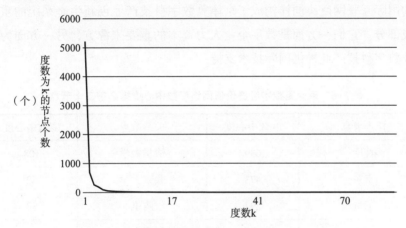

图 7-16　京津冀数字经济价值网络的度数中心度分布

二、样本节点与关系节点度数中心度分布

表 7-6 列出了在京津冀数字经济的发展中，影响力和辐射力的排前二十样本节点及关系节点。从样本节点看，包括百度、京东、中国电信、小米、九次方大数据、滴滴出行、京东金融、中国移动、联想控股和商汤科技在内的关键节点是京津冀地区比较具有影响力的样本企业。

无论从人力资本还是从技术和投融资关系看，以上提到的企业在中国数字科技和经济发展中都扮演着重要角色。尤其百度、京东和商汤科技，通过数字化和智能化赋能，推动数字科技与经济和社会的融合，不仅催生出新技术、新产品、新业态和新模式，而且引发了一系列组织和制度变革，成为中国数字科技产业的主导者。

从关系节点看，以清华大学、北京大学、美国斯坦福大学、中国科学院大学、北京航空航天大学和中国科学技术大学为代表的高校和科研院所是价值网络中最重要的关系节点。一方面，作为学术生态系统的重要组成部分，它们为样本企业输送了大量人力资本；另一方面，作为样本企业重要的技术合作方，它们同时为整个价值网络提供了强力的技术支持。此外，以红杉资本、IDG 资本、真格基金、经纬中国为代表的国内外投融资机构是价值网络的关键关系节点，为中国数字科技产业的发展提供了强大的资金支持。同时，以腾讯、华为为代表的国内数字平台企业和微软为代表的国际互联网巨头同样构成了京津冀数字科技产业创新生态系统的重要组成部分。它们一方面是数字企业人力资本的重要来源方，另一方面为京津冀数字科技产业提供国际技术支持。

表 7-6　京津冀数字经济价值网络度数中心度排名前二十节点

样本节点	度数中心度	关系节点	度数中心度
百度	639	清华大学	108
京东	473	北京大学	62
中国电信	297	腾讯	37
小米	202	红杉资本中国	35
九次方大数据	200	IDG 资本	32
滴滴出行	162	阿里巴巴	31
京东金融	133	真格基金	29
中国移动	121	华为	28
联想控股	114	微软	24
商汤科技	108	经纬中国	24
旷视科技	90	美国斯坦福大学	20
中科曙光	90	中国科学院大学	18

样本节点	度数中心度	关系节点	度数中心度
爱奇艺	86	百度风投	18
北汽福田	72	北京航空航天大学	16
玖富	70	中国科学技术大学	15
同方云罐	68	顺为资本	15
摩拜单车	66	北京邮电大学	14
奇虎360	61	晨兴资本	14
紫光股份	61	哈尔滨工业大学	13
蓝色光标	60	中国人民大学	13

三、关系数据分析

本章通过价值网络关系数据分类分析,考察京津冀数字经济发展的动力和机制。关系数据包括3个维度:技术、人力资本和投融资关系。从技术关系数据的统计结果来看,技术输入方属于国内企业和机构的占比为81.8%,属于国外企业和机构的占比为18.2%;技术赋能对象属于国内企业和机构的占比为91.2%,属于国外企业和机构的占比为8.8%。从人力资本关系数据的统计结果来看,数字样本企业核心人力资本的前期学习经验,来自国内高校和科研院所的占比达到76.2%,国外高校和科研院所的占比为23.8%;前期工作经验来自国内企业和机构的占比为75.6%,来自国外企业和机构的占比为24.4%。从投融资关系数据的统计结果来看,获投关系数占比为49.4%,而投资关系数占比为50.6%(如表7-7所示)。

关系数据的分类统计分析表明,京津冀数字经济的创新生态系统是高度开放的。无论从核心人力资本还是技术来源看,来自国外知名大学、科研机构和企业都占有一定的比例。尤其是从京津冀数字企业核心人力资本的前期学习和工作经验来看,23.8%和24%的比例说明国外著名高校、科研院所和跨国公司是京津冀地区数字经济核心人力资本的重要来源。

表 7-7　京津冀数字样本企业价值网络关系数据分类统计

	类别	关系数（条）	占比（%）
技术关系	技术输入	936	100
	国内	766	81.8
	国外	170	18.2
	技术赋能	2021	100
	国内	1844	91.2
	国外	177	8.8
人力资本	前期学习经验	543	100
	国内	414	76.2
	国外	129	23.8
	前期工作经验	831	100
	国内	628	75.6
	国外	203	24.4
投融资关系	投融资	4825	100
	获投	2382	49.4
	投资	2443	50.6

（一）技术关系

334 家京津冀数字企业的技术关系包括 936 项技术输入关系和 2021 项技术赋能关系，占比分别为 31.7% 和 68.3%。其中，技术输入关系 81.8%来源于国内，18.2%来源于国外；技术赋能关系 91.2%赋能于国内，8.8%赋能于国外。

如图 7-17 所示，京津冀数字样本企业对应的关系节点类型包括企业、政府、高校、研究所、行业协会、产业园区以及会议活动，其中企业类关系节点 1753 个，占总关系节点数的 73.35%，政府和高校类关系节点分别为 333 个、188 个，占比分别为 13.93%，7.87%。

如图 7-18 所示，整体上，京津冀数字企业的技术合作涉及的行业领域非常广泛。与企业的技术合作关系数共 1753 项，其中技术合作的 AI 核心部门类企业数最多，共 472 家，占 26.93%。汽车行业、金融行业企业数

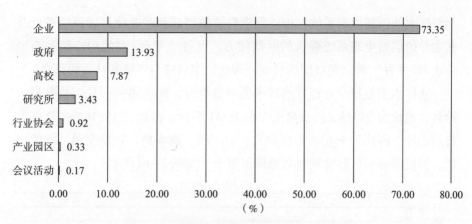

图7-17 京津冀数字经济技术关系节点分类

次之，分别为160家（占9.13%）、126家（占7.19%）。京津冀数字企业除了与数字经济核心产业部门内部企业进行技术合作之外，还通过扩大应用场景，逐步实现了与实体经济融合发展。

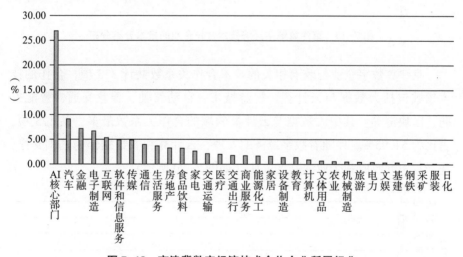

图7-18 京津冀数字经济技术合作企业所属行业

京津冀数字企业技术合作的AI核心部门类企业共472家，主要包括大数据与云计算、AI平台、智能芯片、机器人、AR/VR、新零售、智慧交通等。其中，AI平台企业主要包括百度、阿里巴巴、腾讯、华为和小米。在推进数字经济发展中，平台通过三个途径发挥主导作用：①数据生态的主导者；②在平台进化过程中，形成了包括子平台/模块在内的相互嵌套的功能强大的创新生态系统，推动数字科技的创新和产业化；③依托平台及其主导的创新生态系统强大的赋能能力，通过"平台+赋能中小微和新型企业+开发者"数字经济组织模式，加速数字科技与经济和社会的融合。

从样本企业技术合作方的技术领域分类看，排名第一的是大数据与云计算，占比为24.58%；排名第二的是AI平台，占比为13.14%；第三为智能芯片，占比为7.63%。机器人、AR/VR、新零售、智慧交通、图像识别、智能安防和区块链则排名第四至第十（如图7-19所示）。

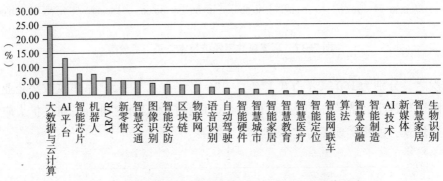

图7-19　京津冀数字经济技术合作企业的技术分类分布

京津冀数字企业与政府相关的技术合作关系数共计333项，合作的技术领域包括大数据与云计算、智慧城市、自动驾驶、智慧交通、智能安防、区块链等。其中大数据与云计算领域的合作关系数最多，共173项，占比为51.95%。伴随着数字经济的发展，云计算和大数据作为基础支撑，越来越引起政府和企业的高度关注（如图7-20所示）。

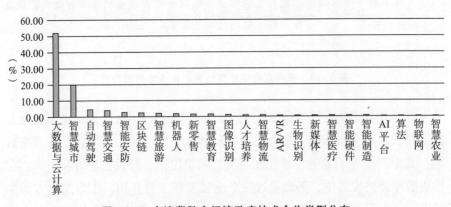

图7-20　京津冀数字经济政府技术合作类型分布

如图 7-21 所示，京津冀数字样本企业与高校、研究所的技术合作数共 270 项，合作涉及的技术领域包括大数据与云计算、人才培养、算法、AI 技术、智慧交通、机器人、智慧教育、智慧医疗等。其中大数据与云计算领域的技术合作关系数最多，共 67 项，占比为 24.8%。区别于与企业和政府的合作，在与高校和研究所的技术合作中，人才培养方面的领域共计 65 项（占比为 24.1%）。作为新兴技术领域，无论是国内还国外，数字和智能技术领域的人才短缺已经成了制约数字经济发展的瓶颈。面对稀缺的人才资源，数字企业与高校通过合作加快数字领域的科技创新和人才培养。

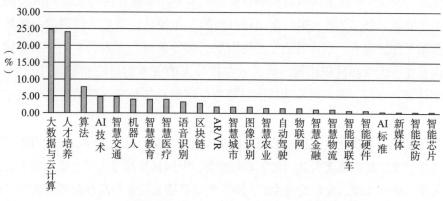

图 7-21 京津冀数字经济高校、研究所技术合作类型分布

链接者是一类特殊的创新主体和活动，它通过把包括企业、大学、非大学科研机构和政府在内的多元创新主体连接起来，促进多元创新主体之间的合作与交流，是数字科技和经济发展的黏合剂和催化剂。区域链接者的活跃程度往往反映一个区域数字经济创新和发展的活力。链接者包括行业协会、产业园区、会议活动，京津冀数字企业与链接者的技术合作数共 34 项，具体的合作包括大数据与云计算、机器人、区块链、人才培养、物联网、智慧城市、智慧家居等。其中与链接者有关的大数据与云计算的技术合作数最多，共 13 项，占比为 38.2%（如图 7-22 所示）。

（二）人力资本

334 家京津冀数字企业的核心人力资本 23.8% 毕业于国外高校和科研

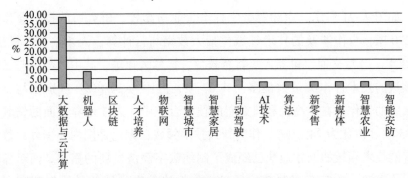

图 7-22　京津冀数字经济链接者技术合作类型分布

院所，76.2%毕业于国内高校和科研院所；24.4%拥有国外企业和机构的工作经验，75.6%拥有国内企业和机构的工作经验。无论从前期学习还是前期工作经验看，京津冀数字经济发展所需的核心人力资本主要来自国内企业、大学和科研机构。同时，在核心人力资本的形成和积累过程中，国外著名高校、研究机构和跨国公司为京津冀地区数字经济的发展做出了重要贡献。

如表 7-8 所示，在国内教育机构中，清华大学、北京大学、中国科学院大学、北京航空航天大学、北京邮电大学、中国科学技术大学、哈尔滨工业大学、南开大学、上海交通大学、浙江大学是排名前十的高校和科研机构。[1] 在国外教育机构中，美国斯坦福大学、美国卡耐基梅隆大学、美国哈佛大学、美国德克萨斯大学[2]、英国伦敦大学、美国宾夕法尼亚大学、美国加州大学洛杉矶分校、美国马里兰大学、美国西北大学、美国耶鲁大学是排名前十的高校。这些高校是京津冀数字经济关键人力资本前期学习经验的重要来源。

在前期工作经验获取方面，百度、阿里巴巴、华为、中国联通、腾讯、中国电信、美团点评、搜狗、小米、搜狐是国内排名前十的企业和机构。微软、谷歌、IBM、西门子、惠普、联想、诺基亚、微软亚洲研究院、亚马逊、摩托罗拉是国外排名前十的企业和机构。无论从国内还是从国际看，京津冀数字经济核心人力资本获取前期工作经验的机构不仅包括互联

---

[1]　从京津冀区域数字和智能技术的高校分布看，同样存在着资源分布不均衡的现实。在数字和智能经济发展中，天津和河北都需要加快智能和人工智能学科的布局，不断提高基础研究和人才培养的水平和档次。

[2]　又译为得克萨斯大学。

网企业，而且包括传统的 IT 企业、大学和科研院所。尤其值得关注的是，跨国公司在中国设立的公司和研究院，例如微软亚洲研究院，是京津冀数字经济核心人力资本的重要供应方。

表 7-8　京津冀获得前期学习和工作经验排名前十的机构

前期学习经验排名前十关系节点				前期工作经验排名前十关系节点			
国内	度数中心度	国外	度数中心度	国内	度数中心度	国外	度数中心度
清华大学	87	美国斯坦福大学	16	百度	42	微软	16
北京大学	53	美国卡耐基梅隆大学	5	阿里巴巴	15	谷歌	11
中国科学院大学	16	美国哈佛大学	4	华为	15	IBM	11
北京航空航天大学	14	美国德克萨斯大学	4	中国联通	11	西门子	6
北京邮电大学	14	英国伦敦大学	4	腾讯	10	惠普	5
中国科学技术大学	12	宾夕法尼亚大学	3	中国电信	9	联想	5
哈尔滨工业大学	10	美国加州大学洛杉矶分校	3	美团点评	8	诺基亚	5
南开大学	9	美国马里兰大学	3	搜狗	7	微软亚洲研究院	5
上海交通大学	9	美国西北大学	3	小米	7	亚马逊	5
浙江大学	9	美国耶鲁大学	3	搜狐	6	摩托罗拉	4

（三）投融资

与 334 家京津冀数字企业的投融资相关机构共 3441 个，产生的投融资关系共 4826 项。截至 2019 年 6 月，共检测到样本企业融资事件 2383 项，投资事件 2443 项。

在京津冀地区数字经济发展过程中，活跃度排名前十的投资机构分别为红杉资本（中国）、IDG 资本、经纬中国、真格基金、晨兴资本、创新工场、百度风投、顺为资本、金沙江创投、联想之星。活跃度排名前十的非投资机构为腾讯、阿里巴巴、小米、富士康、京东、好未来、金山软件、蚂蚁金服、新东方和滴滴出行（如表7-9所示）。

表7-9　京津冀数字领域活跃度排名前十的投资机构

投资机构	投资样本企业数（家）	非投资机构	投资样本企业数（家）
红杉资本中国	78	腾讯	38
IDG资本	72	阿里巴巴	13
经纬中国	50	小米	10
真格基金	42	富士康	7
晨兴资本	26	京东	6
创新工场	26	好未来	5
百度风投	24	金山软件	5
顺为资本	22	蚂蚁金服	5
金沙江创投	21	新东方	5
联想之星	21	滴滴出行	4

第三节　京津冀地区数字经济的 "极化" 和 "扩散" 机制

一、总体分析

为了研究京津冀数字经济 "极化" 与 "扩散" 机制，作者把采集的334家京津冀数字企业的关系数据对应所在地输入 Gephi 9.2 社会网络分析软件，得到极化与扩散价值网络结构图。如图7-23所示，极化与扩散价值网络的节点总数为1030个，关系数为2813条，能够概括京津冀地区数字经济 "极化" 与 "扩散" 的基本结构和形态。进一步的统计指标如表7-10所示。价值网络平均度为2.731，模块化为0.409，平均聚类系数为

0.154，平均路径长度为3.604。

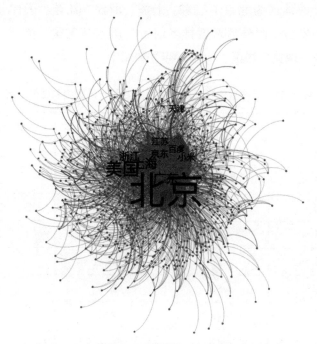

图7-23 京津冀数字经济极化与扩散价值网络结构图

表7-10 京津冀数字经济价值极化与扩散网络结构性统计指标一览

统计指标	样本节点总数（个）	平均度	模块化	平均聚类系数	平均路径长度
统计值	334	2.731	0.409	0.154	3.604

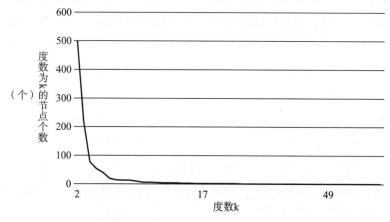

图7-24 京津冀数字经济极化与扩散价值网络的度数中心度分布

如表 7-11 所示在京津冀地区数字经济极化与扩散过程中，国内活跃度排名前十的地区为北京、广东、上海、浙江、江苏、天津、山东、湖北、重庆和安徽。国外活跃度排名前十的国家是美国、英国、德国、日本、新加坡、瑞典、法国、荷兰、芬兰和瑞士。

表 7-11　京津冀数字领域最活跃排名前十的国内和国外地区

国内地区	度数中心度	国外地区	度数中心度
北京	619	美国	218
广东	144	英国	30
上海	129	德国	28
浙江	96	日本	22
江苏	57	新加坡	20
天津	51	瑞典	13
山东	49	法国	13
湖北	42	荷兰	12
重庆	40	芬兰	12
安徽	39	瑞士	12

如图 7-25 所示，从国内活跃度排名前十的地区技术输入和赋能关系看，北京地区对京津冀数字企业技术输入占比 34.58%，技术赋能占比 65.42%；广东对京津冀地区数字企业技术输入占比 30.81%，技术被赋能占比 69.19%；上海对京津冀数字企业技术输入占比 32.64%，技术被赋能占比 67.36%。从整体上看，在与国内地区的技术合作关系上，京津冀以向国内各省市技术赋能为主。

如图 7-26 所示，从国外活跃度排名前十的国家技术输入与赋能关系来看，美国对京津冀数字企业技术输入占比 58.05%，技术赋能占比 41.95%；英国对京津冀数字企业技术输入占比 47.62%，技术赋能占比 52.38%；德国对京津冀数字企业技术输入占比 37.5%，技术赋能占比 62.5%。

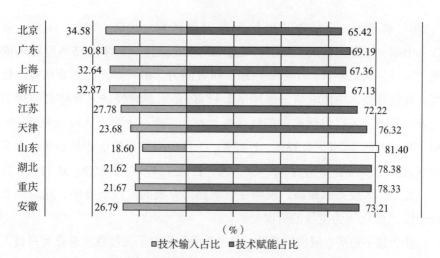

图 7-25 国内活跃度排名前十的省份技术输入和赋能关系占比

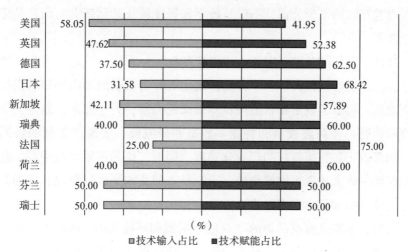

图 7-26 国外活跃度排名前十的国家技术输入和赋能关系占比

二、"极化"机制

（一）活跃度分析

表 7-12 列出了在京津冀地区数字经济"极化"和"扩散"过程中，

"入度"排名前二十的地区和企业。① 从地区看，北京、广东、上海、浙江、山东、江苏、重庆、美国、福建和河南是京津冀数字经济入度排名前列的区域。从企业看，小米、京东、东方网力、中科曙光、滴滴出行、百度、商汤科技、中国电信、摩拜单车和 ofo 是京津冀经济入度排名前列的企业。其中，入度位列前三的地区是北京、广东、上海，入度分别为 90、50、40，占比 3.2%、1.78%、1.42%。入度位列前三的企业是小米、京东和东方网力，入度分别为 42、24、20，占比 1.49%、0.85%、0.71%。其中，北京的入度排名最高，说明在数字经济发展的阶段划分中，北京仍然处于以"极化"为主导的阶段。

作为数字经济发展的策源地，北京吸引和集聚了大批数字企业和科技人才。数字经济在北京的"极化"效应之所以产生，主要源于三个方面原因：

首先，北京拥有强大的互联网基础，包括百度，京东、搜狐和今日头条在内的互联网平台公司，不仅是数字和智能科技的创新者，而且是需求的创造者。

其次，良好的基础研究和人才培育基础。一方面，以北京大学、清华大学、北京航空航天大学、中科院自动化所等为代表的国内外知名高校和科研院所，构成了数字和智能科技基础研究力量；另一方面，通过大学与数字和智能企业共建数字和智能实验室和研究院，实现产学研的协同创新，加快数字和智能科技的产业化速度。同时，作为国际交往中心，北京市是国际一流人才理想的聚集地。不断举办的高水平国际会议，成为高端国际人才知识和技术交流的重要渠道。

最后，浓厚且富有活力的"双创"氛围和环境基础。依托人才基础和政策支持，借助以中关村为核心的新型创新区形成的产业集群优势和国内顶尖数字和智能人才储备，为北京数字初创企业的发展提供了有利条件。

表 7-12　京津冀地区数字经济入度排名前二十的地区和企业

地区	入度	占比（%）	企业	入度	占比（%）
北京	90	3.2	小米	42	1.49
广东	50	1.78	京东	24	0.85

① "入度"表示技术输入，"出度"表现技术赋能。

地区	入度	占比（%）	企业	入度	占比（%）
上海	40	1.42	东方网力	20	0.71
浙江	33	1.17	中科曙光	19	0.68
山东	26	0.92	滴滴出行	18	0.64
江苏	25	0.89	百度	17	0.60
重庆	22	0.78	商汤科技	17	0.60
美国	21	0.75	中国电信	16	0.57
福建	18	0.64	摩拜单车	16	0.57
河南	18	0.64	ofo	14	0.50
湖北	17	0.60	驭势科技	13	0.46
四川	17	0.60	东方国信	13	0.46
河北	16	0.57	中国联通	13	0.46
安徽	14	0.50	中国移动	12	0.43
天津	12	0.43	中科创达	12	0.43
内蒙古自治区	10	0.36	北汽福田	12	0.43
云南	10	0.36	联想控股	11	0.39
中国香港	9	0.32	大唐电信	11	0.39
陕西	9	0.32	地平线机器人	11	0.39
辽宁	9	0.32	紫光股份	11	0.39

京津冀数字经济"极化"源的43.72%来自京津冀地区内部，40.22%来自于国内其他省份，16.06%来自国外。京津冀数字经济"极化"源的内容由技术合作、人力资本的前期学习经验和人力资本前期工作经验构成（如图7-27所示）。

在技术合作中，35.3%来自京津冀地区内部，17.2%来自长三角地区，13.0%来自珠三角地区，18.2%来自国外。在人力资本前期学习经验中，47.3%来自京津冀地区，8.7%来自长三角地区，0.7%来自珠三角地区，25.2%来自国外。人力资本前期工作经验中，51.4%来自京津冀地区，9.0%来自长三角地区，6.7%来自珠三角地区，24.7%来自国外（如图7-28所示）。

无论从技术合作还是从人力资本的前期学习经验和工作经验看，京津冀地区内部是京津冀数字经济"极化"的首要来源，其次是国外，再次是长三角和珠三角地区。从三个"极化"来源的构成看，京津冀内部产学研的协同创新，是数字经济发展的基本推动力，其次是高度开放的创新生态系统，尤其是与以美国为代表的发达国家的技术和人力资本合作，是京津冀数字经济发展的重要推动力量。

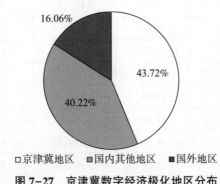

图 7-27　京津冀数字经济极化地区分布

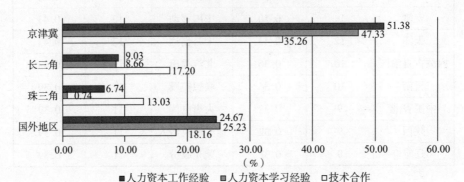

图 7-28　京津冀数字经济"极化"来源的区域分布

图 7-29 描述了京津冀"极化"来源中技术输入的行业分布。其中，57.8%来源于 AI 核心部门企业，6.7%来源于电子制造行业，5.5%来源于汽车行业，4.4%来源于互联网行业。为京津冀数字经济技术输入的企业不仅集中在数字经济核心产业部门，而且来自包括电子制造和汽车在内的传统产业。

图 7-30 显示，从京津冀地区内部技术输入关系节点的行业分布来看，66.06%来源于 AI 核心部门，6.06%来源于汽车行业，5.15%来源于互联网行业。由此可以看出，内部技术输入关系节点行业分布更加集中在 AI 核心部门，说明京津冀地区，尤其是北京的数字经济主要集中在 AI 核心产业部门。

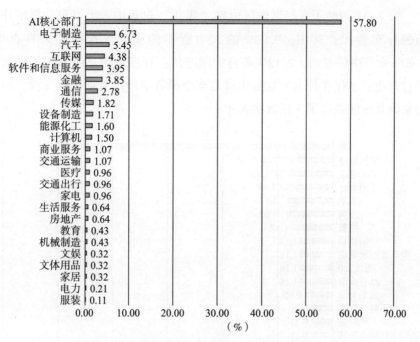

图 7-29 京津冀数字经济技术输入关系节点的行业分布

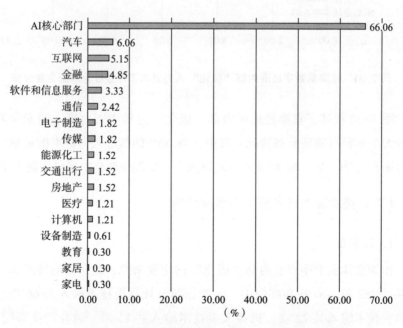

图 7-30 京津冀数字经济内部"极化"来源的行业分布

图 7-31 刻画了京津冀地区内部"极化"过程中人力资源前期工作经历的分布情况。其中，9.93%的人力资本的前期工作经验来自百度，2.60%来自中国联通，2.13%来自中国电信。百度作为京津冀地区的数字平台企业，不仅在技术上对京津冀乃至全国数字经济发展提供支撑，而且为京津冀地区输送了大量数字人才。

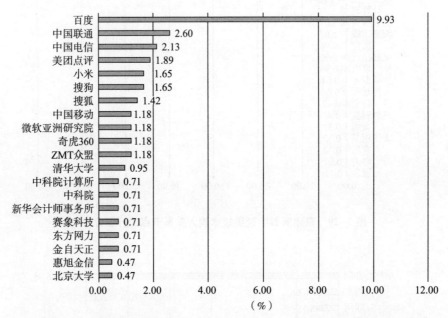

图 7-31 京津冀数字经济内部"极化"人力资本工作经经验来源企业分布

图 7-32 描述了京津冀地区内部"极化"过程中人力资本前期学习经历的大学和科研院所分布情况。其中，33.85%的核心人力资本的前期学习经验来自清华大学，20.62%来自北京大学，6.23%来自中国科学院大学。

（二）技术输入排名前十的区域分析

1. 北京市

作为京津冀数字产业内部"极化"的主要来源，北京市的技术输入关系共计252项。AI核心部门中，大数据与云计算类技术输入共66项，AI平台类技术输入共22项，机器人类技术输入共13项。融合产业部门中，互联网行业技术输入共17项，汽车行业技术输入共16项，金融行业技术

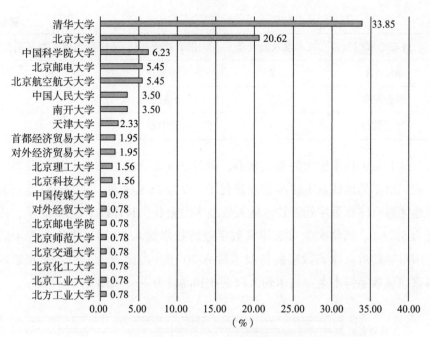

图 7-32 人力资本前期学习经验来源高校和科研院所分布情况

输入共 15 项。除了 AI 核心部门对京津冀数字经济进行技术输入，融合产业部门技术输入同样占有较高比例，主要包括互联网、汽车、金融、软件和信息服务等行业，这反映了数字经济发展逐渐和传统行业融合的趋势（如表 7-13 所示）。

表 7-13 北京市技术输入关系节点所属领域分布

AI 核心部门	技术输入数（项）	融合产业部门	技术输入数（项）
大数据与云计算	66	互联网	17
AI 平台	22	汽车	16
机器人	13	金融	15
智慧交通	12	软件和信息服务	11
区块链	11	通信	8
算法	9	传媒	6
智能安防	9	电子制造	6

续表

AI 核心部门	技术输入数（项）	融合产业部门	技术输入数（项）
AR/VR	7	房地产	5
语音识别	5	交通出行	5
智慧教育	5	计算机	4

从北京市技术输入的类别来看，共计218家企业、政府、科研院所等机构对京津冀地区数字样本企业进行了252项技术输入。其中，百度是北京地区对京津冀数字经济技术输入数最多的企业，共计技术输入18项，占比为5.71%；清华大学对京津冀数字经济技术输入17项，占比为5.4%；中国科学院对京津冀数字经济技术输入10项，占比为3.17%。北京地区对京津冀数字样本企业技术输入以企业和高校为主（如图7-33所示）。

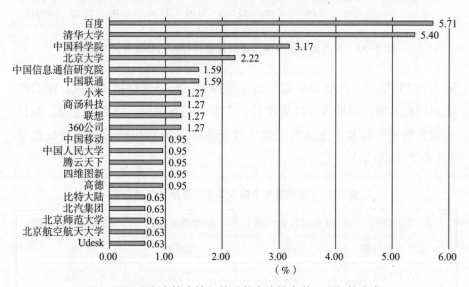

图7-33　北京市技术输入关系数占比排名前二十机构分布

2. 广东省

广东省对京津冀数字样本企业技术输入关系共计104项。其中，在AI核心部门中，AI平台类技术输入共15项，大数据与云计算类技术输入共8项，机器人类技术输入共5项。在融合产业部门中，电子制造行业技术输入共13项，互联网行业技术输入共8项，通信行业技术输入共7项。AI

平台是广东地区对京津冀数字经济最主要的技术输入企业类型，主要包括华为和腾讯两家 AI 平台企业。

此外，广东地区电子制造行业企业对京津冀数字经济同样拥有较多技术输入，主要是由于广东地区雄厚的电子产业基础为数字企业提供了相关硬件技术。作为制造业的第一支柱产业，广东省的电子信息制造业连续 29 年居全国首位。

表 7-14　广东省技术输入关系节点所属领域分布

AI 核心部门	技术输入数（项）	融合产业部门	技术输入数（项）
AI 平台	15	电子制造	13
大数据与云计算	8	互联网	8
机器人	5	通信	7
智能安防	5	汽车	6
图像识别	3	软件和信息服务	6
物联网	3	设备制造	5
智能芯片	3	家电	4
AI 技术	2	传媒	3
AR／VR	2	交通运输	2
新零售	2	金融	2

从广东省技术输入的机构类别来看，共计 98 家企业、政府、科研院所等机构对京津冀地区数字样本企业进行了 104 项技术输入。腾讯和华为是广东省对京津冀数字经济技术输入数最多的企业，腾讯对京津冀数字经济技术输入 7 项，占比为 5.74％；华为对京津冀数字经济技术输入 7 项，占比为 4.67％；网易对京津冀数字经济技术输入 3 项，占比为 2.46％。广东地区对京津冀数字样本企业技术输入以企业为主导（如图 7-34 所示）。

3. 美国

美国对京津冀数字样本企业技术输入关系共计 89 项。在 AI 核心部门中，智能芯片类技术输入共 20 项，智慧医疗类技术输入共 5 项，大数据与

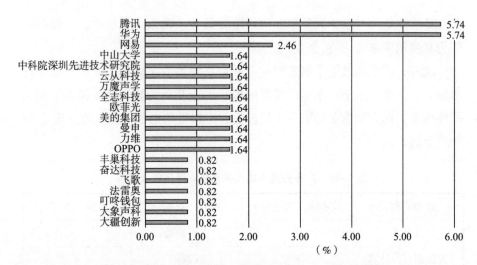

图 7-34　广东省技术输入关系数排名前二十的机构分布

云计算类技术输入共 4 项。在融合产业部门中，电子制造行业技术输入共 15 项，软件和信息服务行业技术输入共 8 项，计算机行业技术输入共 6 项。在当前的数字芯片市场，美国公司占有约 90% 市场份额。

表 7-15　美国技术输入关系节点所属领域分布

AI 核心部门	技术输入数（项）	融合产业部门	技术输入数（项）
智能芯片	20	电子制造	15
智慧医疗	5	软件和信息服务	8
大数据与云计算	4	计算机	6
智慧交通	4	互联网	3
AI 技术	3	交通出行	2
AR/VR	3	交通运输	2
区块链	3	传媒	1
算法	3	教育	1
自动驾驶	3	金融	1
AI 平台	1	能源化工	1

从美国技术输入的机构类别看，共计60家企业、政府、科研院所等机构对京津冀地区数字样本企业进行了89项技术输入。高通是美国对京津冀数字经济技术输入数最多的企业，共计技术输入11次，占比为10.89%；英特尔对京津冀数字经济技术输入9项，占比为8.91%；英伟达对京津冀数字经济技术输入8项，占比为7.92%。美国对京津冀数字样本企业技术输入以芯片企业和高校为主导（如图7-35所示）。

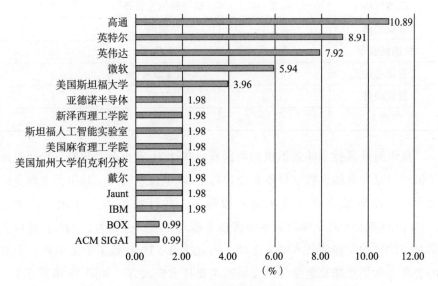

图7-35　美国技术输入关系数排名前十五的机构分布

4. 上海市

上海市对京津冀数字样本企业技术输入关系共计64项。在AI核心部门中，大数据与云计算类技术输入共10项，AR/VR类技术输入共3项，算法类技术输入共2项。在融合产业部门中，金融行业技术输入共11项，电子制造行业技术输入共5项，汽车行业技术输入共5项。作为我国的经济中心，上海在金融方面有着得天独厚的优势，随着近年来不断推动金融科技与数字技术的结合，为京津冀数字经济的发展提供了相应的技术支持。

表 7-16   上海市技术输入关系节点所属领域分布

AI 核心部门	技术输入数（项）	融合产业部门	技术输入数（项）
大数据与云计算	10	金融	11
AR/VR	3	电子制造	5
算法	2	汽车	5
图像识别	2	传媒	4
智慧城市	2	软件和信息服务	3
智慧交通	2	互联网	2
智能网联车	2	能源化工	2
智能芯片	2	商业服务	2
智能硬件	2	计算机	1
机器人	1	家电	1

从上海地区技术输入的机构类别看，共计 71 家企业、政府、科研院所等机构对京津冀地区数字样本企业进行了 64 项技术输入。其中，上海交通大学对京津冀数字经济技术输入数最多，共计技术输入 3 项，占比为 3.8%；同济大学对京津冀数字经济技术输入 2 项，占比为 2.53%；复旦大学对京津冀数字经济技术输入 2 项，占比为 2.53%。除了金融机构，上海的著名大学是京津冀数字经济发展的主要技术输入方（如图 7-36 所示）。

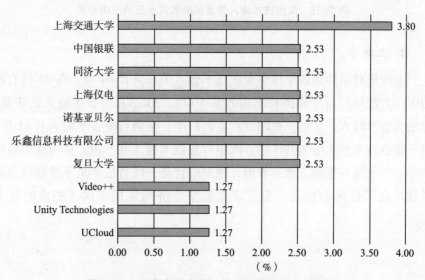

图 7-36   上海市技术输入关系数排名前十的机构

5. 浙江省

浙江省对京津冀数字样本企业技术输入关系共计 45 项。在 AI 核心部门中，AI 平台类技术输入共 10 项，大数据与云计算类技术输入共 7 项，物联网类技术输入共 2 项。在融合产业部门中，汽车行业技术输入共 5 项，商业服务行业技术输入共 3 项，文娱行业技术输入共 3 项。浙江省对京津冀数字经济技术输入最主要的企业类型为 AI 平台类企业，代表性企业是数字领军者之一的阿里巴巴（如表 7-17 所示）。

表 7-17　浙江省技术输入关系节点所属领域分布

AI 核心部门	技术输入数（项）	融合产业部门	技术输入数（项）
AI 平台	10	汽车	5
大数据与云计算	7	商业服务	3
物联网	2	文娱	3
机器人	1	电子制造	2
人才培养	1	电力	1
图像识别	1	互联网	1
新媒体	1	计算机	1
智慧城市	1	交通出行	1
智能安防	1	交通运输	1
自动驾驶	1	软件和信息服务	1

从浙江省技术输入的机构类别看，共计 35 家企业、政府、科研院所等机构对京津冀地区数字样本企业进行了 45 项技术输入。阿里巴巴是浙江省对京津冀数字经济技术输入数最多的企业，共计技术输入 10 项，占比为 21.28%；中天微对京津冀数字经济技术输入 2 项，占比为 4.26%；浙江大学对京津冀数字经济技术输入 2 项，占比为 4.26%。包括阿里巴巴、支付宝、蚂蚁金服、阿里云在内的阿里系企业是浙江省对京津冀地区数字企业技术输入的主要部分，共计 13 项，占比为 27.66%（如图 7-37 所示）。

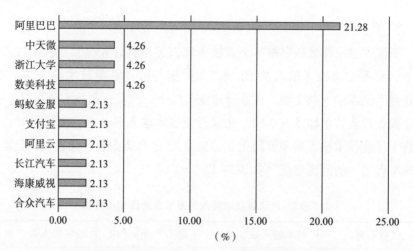

图 7-37　浙江省技术输入关系数排名前十的机构

6. 江苏省

江苏省对京津冀数字样本企业技术输入关系共计 31 项。在 AI 核心部门中，大数据与云计算类技术输入共 10 项、新零售类技术输入共 2 项、图像识别类技术输入共 1 项。在融合产业部门中，能源化工行业技术输入共 3 项、电子制造行业技术输入共 2 项、互联网行业技术输入共 1 项（如表 7-18 所示）。

表 7-18　江苏省技术输入关系节点所属领域分布

AI 核心部门	技术输入数（项）	融合产业部门	技术输入数（项）
大数据与云计算	10	能源化工	3
新零售	2	电子制造	2
图像识别	1	互联网	1
语音识别	1	家居	1
智慧交通	1	交通运输	1
智慧医疗	1	金融	1
智能硬件	1	软件和信息服务	1
智能制造	1	商业服务	1

续表

AI 核心部门	技术输入数（项）	融合产业部门	技术输入数（项）
—	—	设备制造	1
—	—	生活服务	1

从江苏省技术输入的机构类别看，共计 30 家企业、政府、科研院所等机构对京津冀地区数字样本企业进行了 31 项技术输入。南京大学是江苏省对京津冀数字经济技术输入数最多的机构，共计技术输入 3 项，云创大数据对京津冀数字经济技术输入 2 项，新立讯科技对京津冀数字经济技术输入 2 项（如图 7-38 所示）。

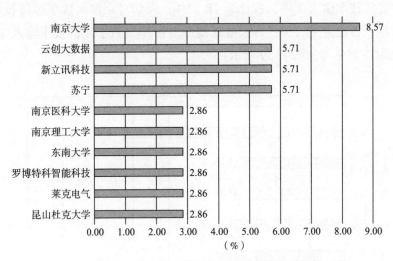

图 7-38 江苏省技术输入关系数排名前十的机构

7. 山东省

山东省对京津冀数字样本企业技术输入关系共计 16 项。在 AI 核心部门中，大数据与云计算类技术输入共 6 项，智慧交通类技术输入共 2 项，算法类技术输入共 1 项。在融合产业部门中，家电行业技术输入共 2 项，服装行业技术输入共 1 项，交通运输行业技术输入共 1 项（如表 7-19 所示）。

表 7-19　山东省技术输入关系节点所属领域分布

AI 核心部门	技术输入数（项）	融合产业部门	技术输入数（项）
大数据与云计算	6	家电	2
智慧交通	2	服装	1
算法	1	交通运输	1
新零售	1	商业服务	1
—	—	医疗	1

从山东省技术输入的机构类别看，共计 13 家企业、政府、科研院所等机构对京津冀地区数字样本企业进行了 16 项技术输入。浪潮集团对京津冀数字经济技术输入 3 项，占比为 18.75%；海信对京津冀数字经济技术输入 2 项，占比为 12.5%；特来电新能源对京津冀数字经济技术输入 1 项，占比为 6.25%（如图 7-39 所示）。

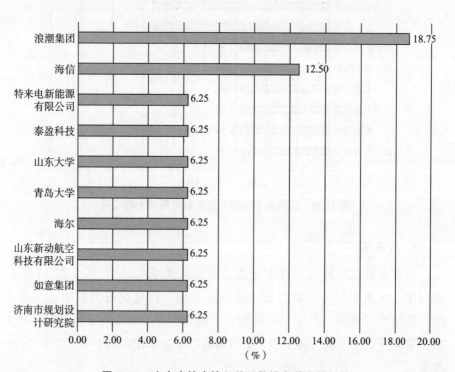

图 7-39　山东省技术输入关系数排名前十的机构

8. 中国香港

香港特别行政区对京津冀数字样本企业技术输入关系共计 13 项。AI 核心部门中，大数据与云计算类技术输入共 3 项、智慧交通类技术输入共 2 项、算法类技术输入共 1 项。在融合产业部门中，生活服务行业技术输入共 2 项、电子制造行业技术输入共 1 项、教育行业技术输入共 1 项（见表 7-20）。

表 7-20　中国香港技术输入关系节点所属领域分布

AI 核心部门	技术输入数（项）	融合产业部门	技术输入数（项）
大数据与云计算	3	生活服务	2
智慧交通	2	电子制造	1
算法	1	教育	1
智能网联车	1	能源化工	1
—	—	通信	1

从中国香港技术输入的机构类别看，共计 12 家企业、政府、科研院所等机构对京津冀地区数字样本企业进行了 13 项技术输入。香港科技大学对京津冀数字经济技术输入 3 项，占比为 18.75%；香港中文大学对京津冀数字经济技术输入 2 项，占比为 12.5%；香港城市大学对京津冀数字经济技术输入 2 项，占比为 12.5%（如图 7-40 所示）。

9. 安徽省

安徽省对京津冀数字样本企业技术输入关系共计 14 项。在 AI 核心部门中，语音识别类技术输入共 7 项，算法类技术输入共 1 项，智慧医疗类技术输入共 1 项。在融合产业部门中，汽车行业技术输入共 3 项，传媒行业技术输入共 1 项，金融行业技术输入共 1 项。智能语音识别企业科大讯飞作为安徽省的代表性企业，对京津冀地区数字经济发展提供了大量技术支持。

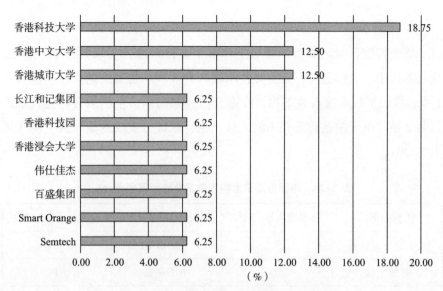

图7-40 中国香港技术输入关系数排名前十的机构

表7-21 安徽省技术输入关系节点所属领域分布

AI核心部门	技术输入数（项）	融合产业部门	技术输入数（项）
语音识别	7	汽车	3
算法	1	传媒	1
智慧医疗	1	金融	1

从安徽省技术输入的机构类别看，共计8家企业、政府、科研院所等机构对京津冀地区数字样本企业进行了14项技术输入。图7-41显示，科大讯飞对京津冀数字经济技术输入7项，占比为46.67%；中国科学技术大学对京津冀数字经济技术输入2项，占比为13.33%；奇瑞汽车对京津冀数字经济技术输入1项，占比为6.67%。

10. 重庆市

重庆市对京津冀数字样本企业技术输入关系共计11项。AI核心部门中，大数据与云计算类技术输入共4项，智能定位类技术输入共2项，物联网类技术输入共1项。在融合产业部门，汽车行业技术输入共1项，医疗行业技术输入共1项。

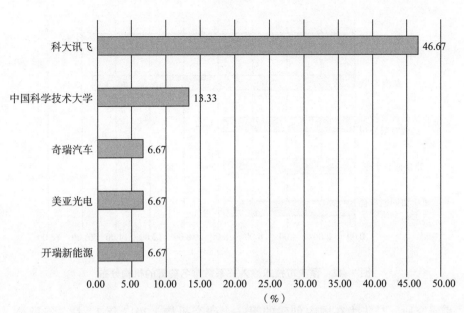

图 7-41 安徽省技术输入关系数排名前五的机构分布

表 7-22 重庆市技术输入关系节点所属领域分布

AI核心部门	技术输入数（项）	融合产业部门	技术输入数（项）
大数据与云计算	4	汽车	1
智能定位	2	医疗	1
物联网	1	—	—
智慧交通	1	—	—
智能安防	1	—	—

　　从重庆市技术输入的类别来看，共计11家企业、政府、科研院所等机构对京津冀地区数字样本企业进行了11项技术输入。图7-42显示，北斗导航是重庆市对京津冀数字经济技术输入数最多的企业，共计技术输入2项，占比为15.38%；西南大学对京津冀数字经济技术输入2项，占比为15.38%；重庆云计算投资运营有限公司对京津冀数字经济技术输入1项，占比为7.69%。

　　同时，在京津冀数字经济"极化"过程中，包括阿里巴巴、华为和谷歌在内的数字和智能平台类企业通过在北京设立研发中心和北方总部的方式不断聚集。早在1995年，华为在北京成立了第一个研发中心——华为北

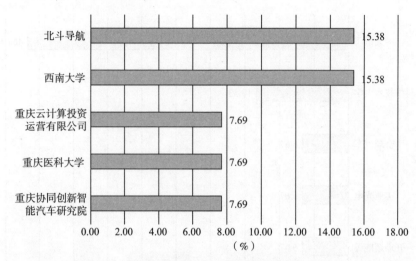

图 7-42　重庆市技术输入关系数排名前五的机构分布

京研究所，是华为在国内创建的第一个研究机构。2017 年 12 月，谷歌公司在北京建立了致力于开发数字技术的研究中心，中心两个负责人均来自谷歌云数字部门，是谷歌公司在亚洲设立的第一个研究中心。阿里巴巴集团于 2015 年开始实施北京、杭州"双中心、双总部"战略，2019 年 11 月阿里巴巴投资约 68.9 亿元开始建设北京总部。

在北京设立研发中心，主要原因在于北京已经形成了完备的数字产业创新生态系统。首先，中关村拥有国内著名的科研中心和高等学府，能够为数字企业的发展提供技术支撑；其次，随着数字经济的不断发展，国家和地方政府出台了一系列政策来部署数字产业发展，在北京设立研发中心有望较快地获取国家政策支持；最后，北京拥有良好的学术生态系统，为企业发展输送大量优质人才。

三、"扩散"机制

（一）关系数据分析

表 7-23 和图 7-43 列出了在京津冀地区数字经济极化与扩散过程中，"出度"排名前十的国内和国外地区。从国内看，北京、广东、上海、浙江、天津、江苏、香港、湖北、安徽、山东是京津冀数字经济"出度"较高的国内地区。从国外看，美国、德国、英国、日本、新加坡、法国、芬

兰、瑞士、瑞典和荷兰是京津冀地区数字经济"出度"较高的国家和地区。其中,"出度"排名前三的国内省份是北京、广东、上海,"出度"分别为529、94、89,占比为18.81%、3.34%、3.16%。"出度"排名前三的国家分别是美国、德国和英国,"出度"分别为197、23、22,占比为7%、0.82%、0.78%。

其中,北京的"出度"为529。作为数字经济的策源地,依托雄厚数字产业基础和强大的人才培养能力,北京为国内外地区输出了大量技术和人才。此外,美国的"出度"为140。作为"出度"最高的国家,美国的斯坦福大学、卡耐基梅隆大学、哈佛大学等顶尖高校以及微软、谷歌等美国互联网企业为京津冀地区的数字经济发展输送了核心人力资本和技术。

与"入度"相比较,北京的"出度"与其他地区存在较大的差别,说明在"极化"的基础上,北京的数字经济正在加速向国内外其他地区扩散。

从京津冀数字经济"扩散"的地域分布看,京津冀数字样本企业技术赋能关系数的32.61%集中于京津冀地区,17.32%集中于长三角地区,13.56%集中于珠三角地区,8.76%集中于国外地区。因而,技术的"内部扩散"是京津冀数字产业区域扩散的基本构成,反映出在京津冀地区内部存在着广泛而活跃的机构之间的技术合作关系。同时,长三角、珠三角和以美国为代表的外国是京津冀数字经济扩散相对集中的区域。

表7-23　京津冀地区数字经济"出度"排名前十的国内和国外地区

国内地区	出度	占比（%）	国外地区	出度	占比（%）
北京	529	18.81	美国	197	7.00
广东	94	3.34	德国	23	0.82
上海	89	3.16	英国	22	0.78
浙江	63	2.24	日本	16	0.57
天津	39	1.39	新加坡	12	0.43
江苏	32	1.14	法国	12	0.43

续表

国内地区	出度	占比（%）	国外地区	出度	占比（%）
中国香港	29	1.03	芬兰	10	0.36
湖北	25	0.89	瑞士	10	0.36
安徽	25	0.89	瑞典	8	0.28
山东	23	0.82	荷兰	8	0.28

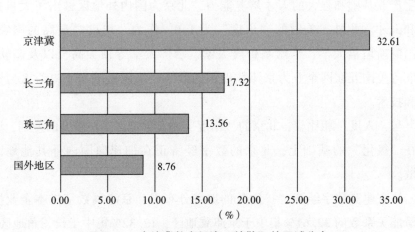

图7-43 京津冀数字经济"扩散"的区域分布

图7-44刻画了京津冀数字经济"扩散"的行业分布情况。其中，43.84%集中于AI核心部门，7.27%集中于汽车行业，5.54%集中于金融行业，4.11%集中于电子制造行业。京津冀数字经济赋能数字类企业的同时，也在不断加快与实体经济融合的步伐。数字和智能科技与实体经济的融合，一方面不断拓展应用场景进一步提升了数字和智能技术的创新和积累，另一方面提升了数据生态系统的优势。

（二）技术赋能集中的省份

1. 北京市

如表7-24所示，京津冀数字样本企业对北京市关系节点的技术赋能关系数共计454项。其中，在AI核心部门中，技术赋能大数据与云计算领域共85项，技术赋能机器人领域共17项，技术赋能区块链领域共15项。在融合产业部门中，技术赋能传媒行业共44项，技术赋能金融行业共43

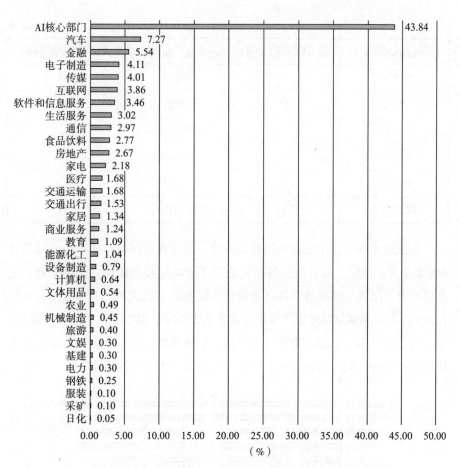

图 7-44 京津冀数字经济"扩散"的行业分布

项,技术赋能汽车行业共34项。京津冀数字样本企业在赋能北京市 AI 核心部门的同时,也赋能了传媒、金融、汽车和互联网等行业。

表 7-24 对北京市关系节点技术赋能所属领域分布

AI 核心部门	技术赋能数（项）	融合产业部门	技术赋能数（项）
大数据与云计算	85	传媒	44
机器人	17	金融	43
区块链	15	汽车	34
智慧交通	14	互联网	32

续表

AI 核心部门	技术赋能数（项）	融合产业部门	技术赋能数（项）
AI 平台	11	通信	28
算法	11	房地产	25
AR/VR	10	软件和信息服务	23
新零售	10	生活服务	14
物联网	8	医疗	12
智慧城市	7	交通出行	11

从北京市接受技术赋能的机构类别看，京津冀地区数字样本企业对共计445家企业、政府、科研院所等机构进行了454项技术赋能。具体来看，北京市政府是接受京津冀数字样本企业技术赋能最多的机构，共9项，占比为1.51%；对中国移动技术赋能8项，占比为1.34%；对中国科学院技术赋能8项，占比为1.34%。通过数据可以看出，京津冀数字样本企业对北京市技术赋能包括政府、高校和企业三个部分（排名前二十的机构，详见图7-45）。

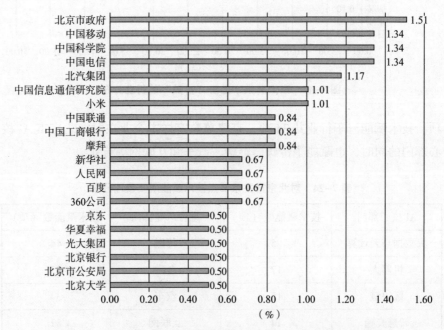

图7-45　样本企业对北京市技术赋能关系数占比排名前二十的机构

2. 广东省

京津冀数字样本企业对广东省技术赋能关系数共计192项。在AI核心部门中,技术赋能大数据与云计算领域共28项,技术赋能AI平台类共14项,技术赋能机器人领域共12项。在融合产业部门中,技术赋能电子制造行业共23项,技术赋能金融行业共16项,技术赋能汽车行业共16项。

表 7-25 对广东省关系节点技术赋能所属领域分布

AI 核心部门	技术赋能数（项）	融合产业部门	技术赋能数（项）
大数据与云计算	28	电子制造	23
AI 平台	14	金融	16
机器人	12	汽车	16
图像识别	6	通信	13
智慧城市	6	家电	12
智慧教育	5	房地产	10
智能安防	4	互联网	10
AR/VR	3	传媒	7
物联网	3	家居	7
新零售	3	软件和信息服务	7

从广东省接受技术赋能的机构类别看,京津冀地区数字样本企业对该地区内共计226家企业、政府、科研院所等机构进行了192项技术赋能。具体来看,华为是接受京津冀数字样本企业技术赋能最多的企业,共10项,占比为3.65%;对OPPO技术赋能5项,占比为1.82%;对美的集团技术赋能4项,占比为1.46%。京津冀数字样本企业对广东省技术赋能主要集中于企业和政府(排名前二十的机构,见图7-46)。

3. 上海市

京津冀数字样本企业对上海市技术赋能关系数共计126项。在AI核心部门中,技术赋能大数据与云计算领域共12项,技术赋能智慧城市领域共7项,技术赋能AI技术领域共2项。在融合产业部门中,技术赋能

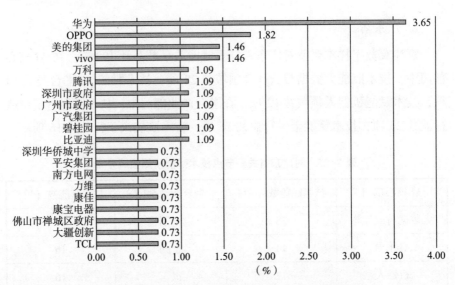

图 7-46 广东省接受技术赋能占比排名前二十的机构

汽车行业共 20 项，技术赋能金融行业共 16 项，技术赋能生活服务行业共 11 项。京津冀数字经济对上海的技术赋能多集中于融合产业部门（详见表 7-26）。

表 7-26 对上海市关系节点技术赋能所属领域分布

AI 核心部门	技术赋能数（项）	融合产业部门	技术赋能数（项）
大数据与云计算	12	汽车	20
智慧城市	7	金融	16
AI 技术	2	生活服务	11
AR/VR	2	电子制造	7
机器人	2	互联网	7
算法	2	交通运输	7
图像识别	2	软件和信息服务	7
智慧家居	2	房地产	6
智慧交通	2	传媒	5
智慧教育	2	交通出行	5

从对上海市技术赋能的机构类别看，京津冀地区数字样本企业对共计143 家企业、政府、科研院所等机构进行了 126 项技术赋能。具体来看，上海市政府是接受京津冀数字样本企业技术赋能最多的机构，共 6 项，占比为 3.68%；对上汽集团技术赋能 3 项，占比为 1.84%；对上海交通大学技术赋能 3 项，占比为 1.84%（排名前二十的机构，见图 7-47）。

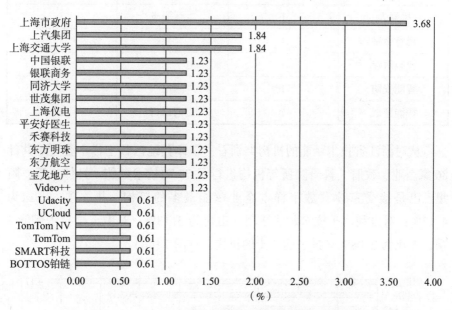

图 7-47 上海市接受技术赋能占比排名前二十的机构

4. 浙江省

京津冀数字样本企业对浙江省技术赋能关系数共计 73 项。在 AI 核心部门中，技术赋能大数据与云计算领域共 15 项，技术赋能 AI 平台类共 4 项，技术赋能智慧城市行业共 4 项。在融合产业部门中，技术赋能汽车行业共 14 项，技术赋能互联网行业共 5 项，技术赋能医疗行业共 4 项（详见表 7-27）。

表 7-27 对浙江省关系节点技术赋能所属领域分布

AI 核心部门	技术赋能数（项）	融合产业部门	技术赋能数（项）
大数据与云计算	15	汽车	14
AI 平台	4	互联网	5

续表

AI 核心部门	技术赋能数（项）	融合产业部门	技术赋能数（项）
智慧城市	4	医疗	4
物联网	2	传媒	3
智慧交通	2	家居	3
机器人	1	生活服务	3
智慧金融	1	文娱	3
智慧医疗	1	电子制造	2
智能安防	1	家电	2
智能家居	1	交通出行	2

从对浙江省技术赋能的机构类别看，京津冀地区数字样本企业对共计86家企业、政府、科研院所等机构进行了73项技术赋能。具体来看，阿里巴巴是接受京津冀数字样本企业赋能最多的机构，共4项，占比为4.17%；对吉利汽车技术赋能3项，占比为3.13%；对中天微技术赋能2项，占比为2.08%（排名前二十的机构，见图7-48）。

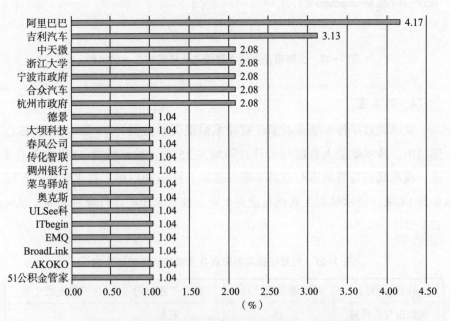

图7-48 浙江省接受技术赋能占比排名前二十的机构

5. 江苏省

京津冀数字样本企业对江苏省技术赋能关系数共计 73 项。在 AI 核心部门中，技术赋能大数据与云计算领域共 15 项，技术赋能智慧城市领域共 7 项，技术赋能新零售行业共 5 项。在融合产业部门中，技术赋能电子制造行业共 7 项，技术赋能金融行业共 5 项，技术赋能互联网行业共 4 项（详见表 7-28）。

表 7-28 对江苏省关系节点技术赋能所属领域分布

AI 核心部门	技术赋能数（项）	融合产业部门	技术赋能数（项）
大数据与云计算	15	电子制造	7
智慧城市	7	金融	5
新零售	5	互联网	4
AR/VR	2	汽车	4
智慧交通	2	软件和信息服务	3
智能安防	2	商业服务	3
智能制造	2	家电	2
自动驾驶	2	交通运输	2
机器人	1	能源化工	2
物联网	1	生活服务	2

从对江苏省技术赋能的机构类别看，京津冀地区数字样本企业对共计 81 家企业、政府、科研院所等机构进行了 73 项技术赋能。具体来看，苏宁是接受京津冀数字样本企业技术赋能最多的机构，共 4 项，占比为 4.4%；对南京市政府技术赋能 2 项，占比为 2.2%；对南京大学技术赋能 2 项，占比为 2.2%（排名前十的机构，见图 7-49）。

6. 美国

如表 7-29 所示，京津冀数字样本企业对美国的技术赋能关系数共计 62 项。在 AI 核心部门中，技术赋能算法领域共 4 项，技术赋能智慧交通领域共 4 项，技术赋能区块链领域共 4 项。在融合产业部门中，技术赋能

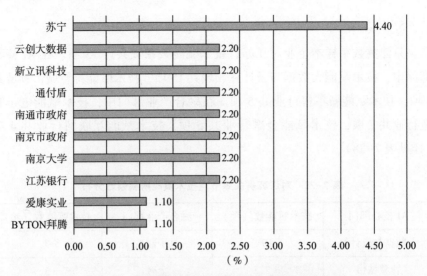

图 7-49　江苏省接受技术赋能占比排名前十的机构

电子制造行业共 13 项，技术赋能食品饮料行业共 6 项，技术赋能计算机行业共 5 项。

表 7-29　对美国关系节点技术赋能所属领域分布

AI 核心部门	技术赋能数（项）	融合产业部门	技术赋能数（项）
算法	4	电子制造	13
智慧交通	4	食品饮料	6
区块链	4	计算机	5
大数据与云计算	3	生活服务	4
AR/VR	2	软件和信息服务	3
AI 技术	1	交通出行	2
AI 平台	1	金融	2
自动驾驶	1	能源化工	2
图像识别	1	汽车	2
新零售	1	传媒	1

　　从对美国技术赋能的机构类别看，京津冀地区数字样本企业对共计 69 家企业、政府、科研院所等机构进行了 62 项技术赋能。具体来看，新泽西

理工学院是京津冀数字样本企业对美国技术赋能数最多的机构，共技术赋能2项，占比为2.74%；对美国斯坦福数字实验室技术赋能2项，占比为2.74%；对戴尔技术赋能2项，占比为2.74%（排名前十的机构，见图7-50）。

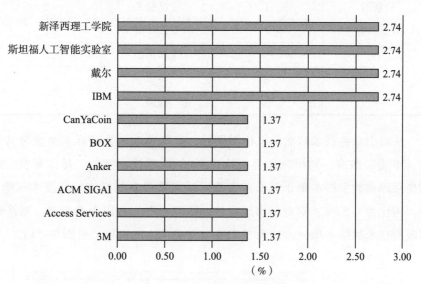

图7-50 京津冀数字样本企业对美国技术赋能关系数占比排名前十的机构

7. 山东省

如表7-30所示，京津冀数字样本企业对山东省技术赋能关系数共计63项。在AI核心部门中，技术赋能大数据与云计算领域共17项，技术赋能智慧城市领域共4项，技术赋能智慧交通领域共3项。在融合产业部门中，技术赋能家电行业共11项，技术赋能软件和信息服务行业共7项，技术赋能金融行业共4项。

表7-30 对山东省关系节点技术赋能所属领域分布

AI核心部门	技术赋能数（项）	融合产业部门	技术赋能数（项）
大数据与云计算	17	家电	11
智慧城市	4	软件和信息服务	7
智慧交通	3	金融	4
AR/VR	1	医疗	3

AI核心部门	技术赋能数（项）	融合产业部门	技术赋能数（项）
机器人	1	交通运输	2
物联网	1	生活服务	2
智慧教育	1	食品饮料	2
—	—	文体用品	2
—	—	传媒	1
—	—	服装	1

从对山东省技术赋能的机构类别看，京津冀地区数字样本企业对共计52家企业、政府、科研院所等机构进行了63项技术赋能。具体来看，海信是京津冀数字样本企业对山东省技术赋能数最多的机构，共技术赋能6项，占比为8.57%；对青岛市政府技术赋能4项，占比为5.71%；对济南市政府技术赋能4项，占比为5.71%（排名前十的机构，见图7-51）。

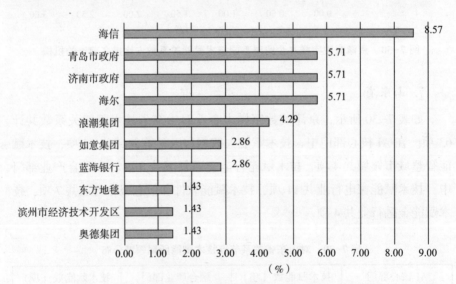

图7-51 样本企业对山东省技术赋能占比排名前十的机构

8. 重庆市

如表7-31所示，京津冀数字样本企业对重庆市技术赋能关系数共计46项。在AI核心部门中，技术赋能大数据与云计算领域共17项，技术赋能智慧城市领域共 4 项，技术赋能物联网领域共 2 项。在融合产业部门中，技术赋能汽车行业共 9 项，技术赋能传媒行业共 3 项，技术赋能房地产行业共 2 项。

表 7-31　对重庆市关系节点技术赋能所属领域分布

AI 核心部门	技术赋能数（项）	融合产业部门	技术赋能数（项）
大数据与云计算	17	汽车	9
智慧城市	4	传媒	3
物联网	2	房地产	2
AR/VR	1	教育	1
智慧交通	1	金融	1
智能网联车	1	能源化工	1
—	—	软件和信息服务	1
—	—	食品饮料	1
—	—	医疗	1

从对重庆市技术赋能的机构类别看，京津冀地区数字样本企业对共计 32 家企业、政府、科研院所等机构进行了 46 项技术赋能。具体来看，重庆市政府是接受京津冀数字样本企业技术赋能数最多的机构，共技术赋能 8 项，占比为 17.02%；对长安汽车技术赋能 4 项，占比为 8.51%；对重庆协同创新智能汽车研究院[①]技术赋能 2 项，占比为 4.26%（排名前十的机构，见图 7-52）。

9. 福建省

如表 7-32 所示，京津冀数字样本企业对福建省技术赋能关系数共计 45 项。在 AI 核心部门中，技术赋能大数据与云计算领域共 12 项，技术赋能自动驾驶领域共 4 项，技术赋能智慧城市领域共 2 项。在融合产业部门

[①]　重庆协同创新智能汽车研究院是由渝北区人民政府牵头设立，智能平台技术提供商中科创达主导建设打造的智能网联汽车生态协同创新平台。研究院的建立旨在联合智能汽车产业链的芯片、传感器、核心算法、ADAS 等上游厂商、汽车配套等下游厂商以及汽车厂商和高校及科研院所，展开下一代智能网联汽车相关技术的研究与创新，助力重庆本地乃至全球智能汽车产业升级。

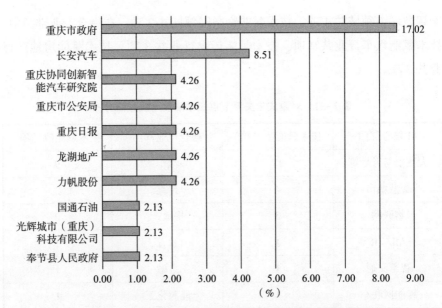

图 7-52　重庆市接受技术赋能占比排名前十的机构

中，技术赋能互联网行业共 4 项，技术赋能汽车行业共 4 项，技术赋能生活服务行业共 3 项。

表 7-32　对福建省关系节点技术赋能所属领域分布

AI 核心部门	技术赋能数（项）	融合产业部门	技术赋能数（项）
大数据与云计算	12	互联网	4
自动驾驶	4	汽车	4
智慧城市	2	生活服务	3
智慧交通	2	传媒	2
AR/VR	1	金融	2
图像识别	1	软件和信息服务	2
智能芯片	1	文体用品	2
—	—	电子制造	1
—	—	服装	1
—	—	设备制造	1

从对福建省技术赋能的机构类别看，京津冀地区数字样本企业对共计

41家企业、政府、科研院所等机构进行了45项技术赋能。具体来看，福州市政府是接受京津冀数字样本企业技术赋能数最多的机构，共技术赋能3项，占比为6.52%；对兴业银行技术赋能2项，占比为4.35%；对美图科技技术赋能2项，占比为4.35%（排名前十的机构，见图7-53）。

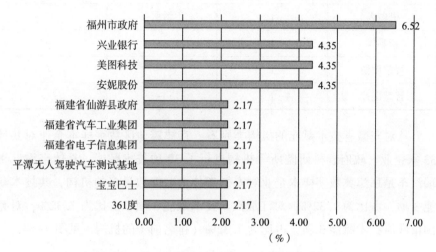

图7-53 福建省接受技术赋能占比排名前十的机构

10. 安徽省

京津冀数字样本企业对安徽省技术赋能关系数共计39项。在AI核心部门中，技术赋能大数据与云计算领域共6项，技术赋能智慧城市领域共3项，技术赋能语音识别领域共2项。在融合产业部门中，技术赋能家电行业共6项，技术赋能汽车行业共6项，技术赋能传媒行业共2项（详见表7-33）。

表7-33 对安徽省关系节点技术赋能所属领域分布

AI核心部门	技术赋能数（项）	融合产业部门	技术赋能数（项）
大数据与云计算	6	家电	6
智慧城市	3	汽车	6
语音识别	2	传媒	2
智慧教育	2	金融	2

续表

AI 核心部门	技术赋能数（项）	融合产业部门	技术赋能数（项）
自动驾驶	2	交通出行	1
AR/VR	1	商业服务	1
机器人	1	生活服务	1
新零售	1	—	—
智慧旅游	1	—	—
智慧医疗	1	—	—

从对安徽省技术赋能的机构类别看，京津冀地区数字样本企业对共计 33 家企业、政府、科研院所等机构进行了 39 项技术赋能。具体来看，奇瑞汽车是京津冀数字样本企业对安徽省技术赋能数最多的机构，共技术赋能 3 项，占比为 7.32%；对江淮汽车技术赋能 3 项，占比为 7.32%；对芜湖市政府技术赋能 3 项，占比为 7.32%（排名前十的机构，见图 7-54）。

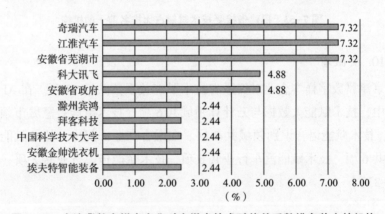

图 7-54　京津冀数字样本企业对安徽省技术赋能关系数排名前十的机构

四、基本结论和政策建议

（一）数字经济的"极化"趋势将进一步加剧区域经济发展的不平衡

与传统经济相比，数字经济目前的发展表现出更强的区域不均衡性，主要集中在以北京、上海、广东、深圳、杭州、天津、合肥和成都为代表的创新型城市。从发展态势看,不仅无法改变经济发展中"南快北慢"的现状,而且可能进一步加剧经济发展中的区域不平衡现象。在"十四五"规划和实施中,政府需要把如何改变数字经济发展的区域不平衡问题纳入规划之中,提前考虑通过数字和智能科技创新资源的合理布局,缓解可能带来的区域经济发展不平衡现象。

(二)创新生态系统的高度开放性和全球数字科技创新分工体系的形成:京津冀数字经济发展的重要机制

在京津冀数字经济发展的现有条件下,创新生态系统的高度开放性和全球数字科技创新分工体系的形成,是数字经济发展的重要机制。创新生态系统的开放性集中表现在两个方面:技术合作关系和人力资本关系。其中,技术合作关系充分表现出数字科技全球分工体系的基本结构。从科技创新的竞争优势看,美国的竞争优势表现在算力领域,而我国的竞争优势主要表现在数据和算法领域。

(三)科技创新资源、优势产业基础、应用场景开放、人才和政策是有效促进数字经济"极化"和"扩散"的关键因素

无论从"极化"还是"扩散"的视角看,科技创新资源、产业基础和应用场景的开放性,都是影响数字经济发展的基础。从"极化"的角度看,科技创新资源和互联网产业的结合发展是城市成为数字经济策源地的基本条件。科技创新资源不仅包括研究型大学和高水平科研院所,而且包括新型研究机构和企业创新资源。其中,基础研究和技术创新的良性协同是数字和智能科技产业化的关键推动力。

在产业基础方面,互联网产业的发展为数字经济发展创造技术条件及市场条件。互联网在发展过程中创造的数字化和智能化需求,是城市成为数字经济策源地的首要因素。同时,当地互联网的优势产业数字和智能化需求,是拉动数字经济资源引进和集聚的关键。

应用场景开放、人才和政策是促进数字智能科技创新资源与实体经济融合的基本动力。尤其是对数字经济发展相对滞后地区,通过制定和实施应用场景开放以及人才引进政策将有利于促进数字经济的发展。

（四）要把发展数字经济作为政府的使命

从数字经济发展前沿城市的实际看，数字经济发展不是自发的，而是政府、学术界和产业界协同创新的结果。尤其是政府在数字和智能科技产业发展中正在扮演着重要角色。在把发展数字经济当作特殊使命的条件下，政府的作用将发生三个方面的变化：

首先，政府将在数字经济发展中发挥战略引领作用。通过制定数字和智能经济发展规划和战略，使大力发展数字经济成为全社会的共同责任。

其次，无论是数字经济的发展还是数字经济与经济社会的融合，都是一个复杂系统的演化过程，不仅涉及政府，而且涉及企业、大学、科研院所和中介组织等的多元创新主体。尤其是从基础研究的视角看，大学和科研院所的学科建设和人才培养，都需要重新布局和审视。多元创新主体的协同不仅要依赖政府，更重要的是要依赖各种平台和市场组织。发挥市场在资源配置中的决定作用和政府的积极作用，是发展数字经济和建设创新型城市的基本机制。

最后，在某种程度上说，现代化经济体系的建设是基于网络空间科技产业革命的生产力和生产关系的重构。发展数字经济的过程就是新时代中国特色社会主义经济体制完善和发展的过程。因而，适应数字经济的发展，要主动进行组织和制度创新，最终成为城市创新发展的制度保障。

第八章

世界主要发达国家（地区）数字经济发展战略、制度设计以及政策比较

作为第四次工业革命的引擎，包括互联网、物联网、大数据、云计算和人工智能在内的新一代信息技术正在成为推动经济发展的新动力。为了在第四次工业革命中抢占先机，包括美国在内的发达国家纷纷出台发展战略，通过制定创新政策，推动数字经济发展，提升国家的竞争力。随着技术创新步伐的加快，数字经济在国家和区域之间的不平衡发展和网络安全问题，同样引起了世界的关注。进入 2020 年，随着新冠肺炎疫情在全球蔓延，全球性经济衰退已成必然。如何通过第四次工业革命和数字经济发展重振世界经济，成为国际社会共同关注的焦点。

第一节　数字经济发展战略

随着数字信息技术的发展，数字经济成为继工业经济之后，全球经济增长最快的新经济形态，发达国家较早认识到数字经济的重要性，所以，数字经济发展战略布局的起步也较早。发达国家在数字经济发展中，高度重视顶层设计和整体规划，并积极制定相关激励战略，加速数字技术和服务创新。

一、美国

作为互联网的发源地，美国是最早布局和推动数字经济发展战略的国家。2019 年 12 月，上海社科院主编的《全球数字经济竞争力发展报告（2019）》显示，在 2018 年全球数字经济竞争力排名中，美国排名第一。美国已连续三年位居全球数字经济竞争力榜首，这说明了美国在全球数字经济领域中的绝对优势地位。

20 世纪 90 年代，美国率先推动数字经济发展，高度重视并大力推动信息基础设施建设和数字技术发展，率先提出"信息高速公路"和"数字地球"概念。1993 年 9 月美国政府实施"国家信息基础设施行动计划"，信息高速公路战略开始落地。该文件开宗明义地指出："国家信息基础设施的发展能够帮助引发一场信息革命，这场革命将永远改变人们的生活、工作和交流方式。"信息高速公路的建设，为美国数字经济的发展插上了腾飞的翅膀。1998年1月，时任美国副总统阿尔·戈尔首次提出"数字地球"的概念。

1998年7月，美国商务部发布《浮现中的数字经济》报告，开始把发展数字经济作为驱动新发展的手段，这意味着美国开始走进数字经济时代。1998—2003年除2001年外，商务部每年均发布年度数字经济报告，这对在美国普及数字经济理念起到了非常大的作用。2010年，美国商务部提出了"数字国家"概念，并在接下来几年间相继发布"数字国家"报告。2015年和2016年连续发布了《美国数字经济议程》。2018年美国政府颁布了《数字经济的定义和衡量》《国家网络战略》。2019年12月发布《联邦数据战略与2020年行动计划》，确定了在2020年需要采取的关键行动。核心关注点由数据技术转向数据资产、促进数据再利用及培育数据文化等，将数据作为战略资源开发。2020年3月美国白宫发布了《5G安全国家战略》，正式制定了美国保护第五代无线基础设施的框架。

自20世纪90年代美国提出"信息高速公路"和"数字地球"的概念以来，美国相继出台了一系列的战略规划、政策文件及相关措施推动数字经济的发展，这使其成为当今世界数字经济领导者。

二、欧盟

欧盟的数字经济发展始于20世纪90年代。通过梳理可以把欧盟数字经济政策战略划分为三个阶段（见表8-1）。

第一阶段：1993—2000年，提出建设信息社会。1993年欧盟发布《成长、竞争力与就业白皮书》，首次提出构建信息化社会，并强调加快信息社会网络基础建设的重要性。1994年6月，欧盟发布信息社会行动计划《迈向欧洲的信息社会》，该项计划主要的目标在于加速电信服务产业的自由化，以及整合欧盟有关信息社会方面的相关政策。2000年3月，欧盟在葡萄牙首都里斯本举行特别首脑会议，发布《里斯本战略》，其目标是使欧盟在2010年前成为"全世界最具竞争力和活力的知识经济体"。

第二阶段：2000—2010 年，三大信息社会战略。2000 年 6 月，欧盟理事会发布计划书《eEurope2002》，明确提出了 3 个主要目标、11 项行动以及 64 个在 2002 年底要实现的具体目标，旨在使信息社会惠及所有欧洲人。2002 年 6 月，欧盟理事会发布《eEurope2005》，旨在将连接转化为生产力。2005 年 6 月欧盟委员会通过《i2010：欧洲信息社会 2010》五年发展规划，旨在完善欧盟现有的政策手段，推动数字经济发展。

第三阶段：2010 年至今，数字经济新发展阶段。在数字经济发展新阶段，欧盟更注重数字化技术与经济的深度融合，打破地域限制，缩小不同国家、地区、社会群体间的数字化差距，培养社会主体的数字化技能。2010 年 3 月，欧盟发布了《欧盟 2020 战略》，阐释了欧盟数字经济发展的重点，制定了欧洲数字化议程。2010 年 5 月，欧盟正式发布《欧洲数字化议程》。2016 年提出"欧洲工业数字化"战略，旨在实现对现有成员国分散推进的数字化发展战略进行有效整合，加快欧洲工业数字化进程。为了进一步推动欧洲的数字化发展，2018 年 6 月，欧盟委员会发布报告《投资未来：欧洲 2021—2027 数字化转型》，计划投资 92 亿欧元用于互联网安全、计算机技术、人工智能以及数字技术发展和普及。此外，2018 年欧盟委员会提交了应在 2021—2027 年实施的科研资助框架"地平线欧洲"，该项目的临时预算约为 1000 亿欧元，是欧盟历史上最大手笔的科研资助费用，重点关注三大领域：基础研究、创新和社会重大问题。

2019 年 3 月 26 日，欧盟委员会发布了《5G 网络安全建议》，提出了一系列具体措施及建议，以保证欧盟范围内 5G 网络的高度安全性。2020 年 2 月，欧盟委员会发布了三份重要的数字战略文件，分别是《塑造欧洲的数字未来》《人工智能白皮书》《欧洲数据战略》，旨在夺回数字经济的"技术主权"。2020 年 3 月，欧盟委员会公布《欧洲新工业战略》，涵盖了一系列支持欧洲工业的举措，旨在帮助欧洲工业向气候中立和数字化转型，并提高其竞争力和战略自主性。

表 8-1　欧盟主要的数字经济政策

阶段	政策名称	主要内容
第一阶段：1993—2000年，提出建设信息社会	《成长、竞争力与就业白皮书》	首次提出构建信息化社会，并强调加快信息社会网络基础建设的重要性
	《迈向欧洲的信息社会》	主要目标在于加速电信服务产业的自由化，以及整合欧盟有关信息社会方面的相关政策，强调通过扩建网络基础设施实现通信信息化
	《里斯本战略》	提出要在 2010 年前成为"以知识为基础的、世界上最有活力和竞争力的经济体"，并以电子政务、电子医疗和卫生、电子教育与培训、电子商务 4 大主要应用为支柱，推动信息社会向前发展
第二阶段：2000—2010年，三大信息社会战略	《eEurope2002》	提出的三个政策目标：一是提供低价、快速且安全的网际网络；二是加强欧洲公民对信息社会的参与及相关的训练；三是网际网络的推广普及
	《eEurope2005》	明确提出希望在 2005 年底以前，欧洲能够提供现代化的在线公共服务（包括电子政务、电子教育、电子医疗服务），建设一个有活力的电子商务环境，以及广泛可获得的宽带使用（在合理的价格下）和一个安全的信息基础设施
	《i2010：欧洲信息社会 2010》	明确未来 5 年欧盟信息社会建设的三个重点：第一，创造一个现代的、市场导向的数字经济法律框架；第二，推动数字化的融合以及加强与私营部门的合作，从而提升欧盟在创新和技术方面的领导力；第三，通过提供高效、方便实用的在线服务，促进一个包容的欧洲信息社会的建立
第三阶段：2010 年至今，数字经济新发展阶段	《欧盟 2020 战略》	目标是开发数字单一市场，实现经济以智能、可持续和包容的方式增长，强调欧洲公民数字素养和技能提高。并明确指出欧洲要实现 2020 年的宏伟目标，就必须依靠信息与通信技术
	《欧洲数字议程》	主要针对信息技术的快速发展对未来欧盟经济的持续影响以及影响欧盟信息技术发展的七大障碍和解决措施做出了相应阐述，其核心就是发展信息技术，建立数字欧盟

续表

阶段	政策名称	主要内容
第三阶段：2010 年至今，数字经济新发展阶段	《投资未来：欧洲 2021—2027 数字化转型》	欧盟将推出"数字欧洲计划"，总预算达 92 亿欧元，重点资助的 5 大领域分别为：超级计算，27 亿欧元；人工智能，25 亿欧元；网络安全与信任，20 亿欧元；先进数字技术，7 亿欧元；确保在经济和社会中广泛使用数字技术，13 亿欧元

资料来源：根据相关文献资料整理所得。

三、英国

英国是工业革命的发源地，虽率先受到现代工业革命文明进步优势的影响，但也最早感受到传统工业所带来的负面效应。为应对信息时代的挑战，英国政府先后出台多项规划、政策，开启英国数字经济转型之路。如今英国的数字经济已经超越制造业、采矿业、发电业等工业部门，成为英国最大经济部门。

英国是最早出台数字经济政策的国家。为应对国际金融危机，防范经济受到重大冲击，2008 年 10 月英国启动"数字英国"战略项目。2009 年 6 月，英国商业、创新和技能部（BIS）与文化、媒体和体育部（DCMS）联合发布《数字英国》白皮书，该计划是数字化首次以国家顶层设计的形式出现，并提出通过改善基础设施、推广全民数字应用、提供更好的数字保护，从而将英国打造成世界的"数字之都"。自此，英国拉开了发展数字经济的序幕。

2015 年 2 月，英国出台了《英国数字经济战略（2015—2018 年)》，倡导通过数字化创新来驱动经济社会发展，对把英国建设成为未来数字强国做出战略部署。英国政府成立了"创新英国"项目，负责执行战略计划，并制定了战略计划的五大目标和二十一项具体措施。2017 年 3 月，英国政府发布《英国数字战略》，该战略对打造世界领先的数字经济和全面推进数字化转型做出周密部署。2018 年 1 月，英国政府发布《数字宪章》，制定了网络空间的规范和准则，旨在以促进创新的监管制度应对新技术带来的机遇和挑战，使英国拥有全球最安全的网络环境以及孵化和发展高科技公司的最佳生态系统，为英国数字经济的发展壮大创造最佳条件。2020

年4月，数字建造英国中心发布《英国国家数字孪生体原则》，阐述了国家级数字孪生体的内涵及价值，描绘了基于信息管理框架打造国家级数字孪生体的路线图，总结了指导国家级数字孪生体发展和应用的九大原则。

表8-2 英国主要的数字经济政策

时间	政策名称	主要内容
2009年6月	《数字英国》	推进数字化进程，提升全民参与水平；进一步完善通信基础设施能力；保护数字知识产权，鼓励技术创新；提高数字公共服务的质量；规划数字技术研究和培训市场；确定国家层面的数字安全框架；确定国家层面的数字安全框架
2015年2月	《英国数字经济战略（2015—2018年)》	鼓励企业进行数字化创新；建设以用户为中心的数字化社会；为数字化创新者提供帮助；促进基础设施、平台和生态系统的发展；确保数字经济创新发展的可持续性
2017年3月	《英国数字战略》	（1）连接战略：打造世界级的数字基础设施；（2）数字技能与包容性战略：为每个人提供所需的数字化技能；（3）数字经济战略：大力推动数字经济创新发展；（4）数字转型战略：帮助英国企业成为数字化企业；（5）网络空间战略：让英国拥有全球最安全的网络空间；（6）数字政府战略：推动政府数字转型，打造平台型政府，服务民众；（7）数据经济战略：释放英国经济中的数据潜力，提升公众对数据的信心

资料来源：根据相关文献资料整理所得。

四、日本

通过对日本数字经济政策的梳理，日本的数字经济发展大致可以分为三个阶段：

第一阶段：2000—2006年。在此期间日本统筹数字信息产业对本国整体经济的影响力，数字经济初具雏形。2000年，日本为促进数字信息产业的发展，特别成立"IT综合战略本部"。2001年，日本颁布《e-Japan战略》，确定集中力量投入宽带基础设施建设。2003年，日本制定《e-Japan战略Ⅱ》，目标将数字信息技术应用于经济社会其他产业的发展中，主要应用领域为食品、医疗、中小企业金融、行政等。2004 年，日本出台《u-Japan 战略》，即建设物联网（泛在网）战略，从网络、终端、平台和应用这四个层面构建数字信息技术与经济社会的联系。

第二阶段：2006—2013 年。数字经济的发展开始向社会各领域渗透。2006 年，日本政府出台新的 IT 改革政策，深化 IT 产业结构改革。为将数字技术更好地融入生活，2009 年日本政府制定了《i-Japan 战略 2015》。该战略着力于三个领域的重点应用，即通过电子政务推进政府透明、廉洁、高效；通过电子医疗保健建立居民个人电子健康档案；通过教育和人力资源领域建设，提高学生学习的积极性，培养信息技术人才。2009 年，日本颁布《ICT 维新愿景 2.0 版》，打造强大的日本数字信息经济。2013 年，日本提出《日本复兴战略》，明确将通过数字信息产业振兴日本经济。

第三阶段：2013 年至今。力图通过数字经济实现日本经济复兴。2013 年，日本将"IT 综合战略本部"升级为内阁的"高速信息通信网络社会推进战略本部"，统筹相关各部门工作，并将数字信息产业应用于区域振兴、资源和智慧农业等领域。

2016 年 1 月日本政府发布《第五期科学技术基本计划》，首次提出"社会 5.0"概念，即"超智能社会"。该计划明确提出将日本打造为世界最适宜创新的国家，将用物联网 IoT、机器人、人工智能、大数据等技术，从衣、食、住、行各方面提升生活便捷性。2018 年 6 月，日本政府公布了2018—2019 年度科学技术政策基本方针《综合创新战略》，突显五大重点措施：大学改革、加强政府对创新的支持、人工智能、农业发展、环境能源，同时强调要完善社会基础设施所必须的数据协作基础。

五、德国

20 世纪末，德国就开始大力进行互联网基础设施的建设。1999 年德国制定了《21 世纪信息社会的创新与工作机遇》行动纲领，加强对互联网基础设施的建设。2009 年 2 月，德国公布了《宽带战略》的主要目标和举措，力图将德国宽带网扩充成高速、富有竞争力的网络。2010 年 7 月，德国政府公布了《德国 2020 高技术战略》，同年 11 月，德国联邦经济和技术部发布《德国 ICT 战略：数字德国 2015》，作为指导德国信息通信技术发展的纲领性文件。

2011年汉诺威工业博览会上，"工业4.0"的概念被第一次提出。两年后，德国政府将其列入《德国2020高技术战略》中所提出的十大未来项目之一，纳入"高科技战略"的框架之下。2014年8月，德国联邦政府出台《数字议程（2014—2017）》，倡导数字化创新驱动经济社会发展，为德国建设成为未来数字强国部署战略方向。2014年11月，德国联邦政府发布的新高科技战略确定了未来六大研究与创新首要发展领域，数字经济与社会为其中之一，其八大核心领域包括"工业4.0"、智能服务、智能数据项目、云计算、数据联网、数字科学、数据建设、数字化生活环境。

2016年3月，德国经济部发布《数字化战略（2025）》，这是德国政府继《数字议程（2014—2017）》后，首次就数字化发展做出系统安排，整个项目总投资额将达到1000亿欧元。2016年5月，德国发布了《德国数字化平台绿皮书》；2017年3月，发布了《德国数字化平台白皮书》。这两份报告阐释了德国以及欧洲经济对数字化经济的依赖，同时提出要进一步推动传统经济发展为数字化生产和平台经济，成为成长、创新、生产力和就业的驱动力。德国政府不断升级高技术战略，2018年发布《联邦政府人工智能战略要点》《德国人工智能发展战略》《高科技战略2025》等，旨在建设数字强国。2019年2月，德国政府发布了《国家工业战略2030》草案，主要有针对性地扶持重点工业领域，提高工业产值，保证德国工业在欧洲乃至全球的竞争力。

表8-3　德国主要的数字经济政策

时间	政策名称	主要内容
2010年11月	《德国ICT战略：数字德国2015》	提出通过数字化获得新的经济增长和就业机会，集体内容包括发展电子能源和智能电网，研发电动汽车，建设智能交通系统，在工业领域推广云计算技术等
2011年	"工业4.0"	"工业4.0"包括智能工厂、智能生产、智能物流三个方面，被认为是以智能制造为主导的第四次工业革命

续表

时间	政策名称	主要内容
2014 年 8 月	《数字议程（2014—2017）》	扩大高速宽带网络覆盖，促进数字化经济发展，开发政府创新管理服务，提高全民数字智能素养，加强重要项目研发投资，保障互联网安全使用，积极参与和欧盟及国际间的合作
2016 年 3 月	《数字化战略（2025）》	打造千兆光纤网络、开创新的创业时代、明晰政策框架、推进智能互联、加强软硬件信息安全、促进中小企业数字化转型、帮助德国企业实践"工业 4.0"、增强研发能力、加强数字化方面的教育培训、成立联邦数字机构
2019 年 2 月	《国家工业战略2030》草案	内容涉及完善德国作为工业强国的法律框架、加强新技术研发和促进私有资本进行研发投入、在全球范围内维护德国工业的技术主权等。总体目标为：稳固并重振德国经济和科技水平，保持德国工业在欧洲和全球竞争中的领先地位

资料来源：根据相关文献资料整理所得。

六、法国

作为欧盟核心成员，法国拥有雄厚的科技实力及人才优势，在互联网发展初期就积极创建本国信息网络。20 世纪 90 年代，法国政府将信息高速公路建设纳入"再工业化"战略，大力发展互联网信息技术，并把数字产业作为优先发展领域。

2008 年 10 月，法国政府公布《数字法国 2012》计划，希望通过发展数字技术拉动国民经济增长。2011 年，法国政府发布了《数字法国 2020》战略，围绕发展固定和移动宽带、推广数字化应用和服务（特别是电子政务）、扶持电子信息企业的发展等重点布局。同年，法国政府公布了《法国数字化计划 2012—2020：总结与展望》，延续了法国政府长期以来以信息通信行业为主要支撑来促进就业和经济竞争力以及增加社会价值的措施，旨在建立一个更具竞争力的数字经济体。2013 年 2 月，法国政府发布《数字化路线图》，列出五项将会大力支持的战略性高新技术，其中一项就是大数据。

法国希望通过工业数字化重塑自身的制造业领导者形象，2013年9月公布《新工业法国》战略，以进一步强化其竞争优势。2015年法国经济、工业与就业部发布《未来工业计划》，也被称为法国版"工业4.0"，明确提出通过数字技术改造实现工业生产的转型升级，和以工业生产工具的现代化帮助企业转变经营模式、组织模式、研发模式和商业模式，从而带动经济增长模式的变革，建立更具竞争力的法国工业。

2018年，法国总统马克龙在法兰西学院发表讲话时宣布了"法国人工智能战略"，目的是迎接人工智能发展的新时代，使法国成为人工智能强国。

2018年7月，法国政府发布5G发展路线图，计划自2020年起分配首批5G频段，并至少在一个法国大城市提供5G商用服务，2025年前实现5G网络覆盖法国各主要交通干道。2019年7月，法国参议院通过全球首部数字服务税（简称数字税）法案。

第二节 数字经济发展制度设计和政策比较

当今世界，发展数字经济已成为世界主要国家的国家意志。数字经济的发展需要持续不断地更新相关战略政策、措施，也需要数字经济制度设计的不断完善。

一、美国

在数字经济全球发展格局中，美国占据数字经济发展的主导优势。主要原因在于美国历届政府对数字经济的高度重视，并出台了较为完善的政策体系。

（一）构建多层次完备的政策体系

美国作为率先提出并大力支持数字经济发展的数字经济强国，通过对数字经济政策的不断完善，构建数字经济治理的制度设计，并据此在全球范围内维持领先优势。美国商务部是信息高速公路建设的主要负责方和数字经济的主要推动者，近年来把技术和互联网的相关政策放在首要位置，出台多份重磅报告支持美国数字经济的发展。

20世纪90年代，美国启动了"信息高速公路"战略，支持发展信息产业，推动互联网普及，为美国数字经济发展奠定基础。并相继发布《浮现中的数字经济》《浮现中的数字经济 II》《数字经济 2000》《数字经济 2002》《数字经济 2003》等报告，充分肯定了数字经济对美国经济的巨大驱动作用。2010年，美国商务部提出"数字国家"概念。在接下来的五年时间内，连续发布六份"数字国家"报告，主要围绕基础设施、互联网、移动互联网等方面进行统计和分析。2015年11月，由商务部发布《数字经济议程》。2016年6月，美国商务部发布《在数字经济中实现增长与创新》。2016年底，美国国家网络安全委员会向白宫递交了《关于保护和发展数字经济的报告》。2018年3月，商务部经济分析局发布工作文件《数字经济的定义和衡量》，对新时代人们认识和度量数字经济起到重要促进作用。2018年，美国政府颁布了《国家网络战略》。2020年3月美国白宫出台《5G安全国家战略》。

面对数字经济发展的浪潮，美国政府从制度的顶层设计着手，持续不断地推出数字经济发展相关的战略政策和推进机制，不断健全完善数字经济发展的相关政策体系，使各项数字经济政策相互协同、相互配套，从而为美国数字经济的发展营造了良好的政策环境，推动数字经济的快速发展。所以，构建多层次完备的数字经济政策体系，是美国数字经济治理制度设计的重大优势。

表8-4 美国多层次完备的数字经济政策体系

时间	出台主体	文件名称
1998年7月	商务部	《浮现中的数字经济》
1999年6月	商务部	《浮现中的数字经济（II）》
2000年6月	商务部	《数字经济 2000》
2002年2月	经济和统计管理局	《数字经济 2002》
2003年12月	经济和统计管理局	《数字经济 2003》

时间	出台主体	文件名称
2010 年 2 月	国家电信和信息管理局	《数字国家：21 世纪美国通用互联网宽带接入进展》
2010 年 11 月	经济和统计管理局 国家电信和信息管理局	《探索数字国家：美国家庭宽带互联网应用》
2011 年 2 月	国家电信和信息管理局	《数字国家：扩大互联网使用》
2011 年 11 月	经济和统计管理局 国家电信和信息管理局	《探索数字国家：计算机和互联网家庭应用》
2013 年 6 月	经济和统计管理局 国家电信和信息管理局	《探索数字国家：美国新兴在线体验》
2014 年 10 月	国家电信和信息管理局	《探索数字国家：拥抱移动互联网》
2015 年 11 月	商务部	《数字经济议程》
2016 年 6 月	商务部	《在数字经济中实现增长与创新》
2016 年 12 月	白宫	《关于保护和发展数字经济的报告》
2018 年 3 月	经济分析局	《数字经济的定义和衡量》
2018 年 9 月	白宫	《国家网络战略》
2020 年 3 月	白宫	《5G 安全国家战略》

资料来源：根据相关文献资料整理所得。

（二）制定数字经济日程，成立数字经济咨询委员会

为了数字经济政策的落地实施，2015 年 11 月，美国商务部发布《数字经济议程》，指出要把发展数字经济作为实现繁荣和保持竞争力的关键。该议程主要集中在互联网的开放自由、信任安全和接入，以及创新和新兴技术的发展等方面。在《数字经济议程》发布会上，美国商务部成立数字经济咨询委员会，旨在"为数字时代的经济增长和机遇提出建议"。2016年 3 月，商务部部长任命十七名委员会成员，成员主要来自协会、科技巨头、科研院校和金融机构，每位成员任期两年。自成立以来，数字经济咨

询委员会组织了多场专题研讨活动，就数字经济规模测算、就业、数字平台等问题提出了有针对性的政策建议。2016 年 7 月，美国贸易代表办公室成立"数字贸易工作组"，以快速识别数字贸易壁垒，制定相应政策规则，旨在帮助本国企业扫清阻碍全球数字贸易的壁垒。

美国历届政府高度重视数字经济发展，从颁布《数字经济议程》、建立数字经济咨询委员会，到成立数字贸易小组，可以看出，美国不仅在数字经济的主要领域有着顶层战略规划，而且具体的落实政策有较为详细的实施方案。

(三) 高度重视基础设施建设

美国发展基础设施建设的源头可以追溯到 20 世纪初。1916 年美国国会制定了联邦资助公路法案，开始发展公路建设。1937 年，美国在加利福尼亚州建成了第一条长 11.2 公里的高速公路。1944 年美国国会又出台了联邦资助道路法案，确立了以联邦和州立法形式予以保障高速公路建设。20 世纪 50 年代开始对美国联邦高速公路进行系统建设，80 年代后期，美国高速公路网已基本形成。20 世纪 50 年代美国联邦高速公路系统的建设，为美国半个世纪的繁荣奠定了坚实的基础。

1993 年 9 月，美国政府发布了"国家信息基础设施行动计划"(NII)，即"信息高速公路"计划。1994 年 9 月，美国政府提出建设"全球信息基础设施"(GII) 的倡议，旨在建造一个全球范围内的信息基础设施。美国也在加大偏远地区宽带建设投入力度，2009 年《美国复苏与再投资法案》通过，该法案是一项 7870 亿美元的经济刺激计划，其中的 72 亿美元用于改善网络宽带通路，特别是偏远地区。2011 年，美国先后发布《联邦云计算战略》《大数据的研究和发展计划》等战略，不断完善以互联网为基础的数字经济基础设施建设，大力推动数字经济发展。2011 年 5 月，美国发布"网络空间国际战略"，将网络空间视为与国家海、陆、空、外太空同等重要的国家战略性基础设施，并将网络空间安全提升到与军事和经济同等重要的地位。2018 年，美国政府颁布了《国家网络战略》等国家战略规划，明确了对未来数字经济发展的愿景。其中提到要"促进 5G 安全技术的发展，研究基于技术和频谱的解决方案，并为下一代先进技术之外的创新奠定基础"。2020 年 3 月 23 日，美国白宫发布了《5G 安全国家战略》，正式制定了美国保护第五代无线基础设施的框架。从 20 世纪 50 年代美国联邦高速公路的建设，到 20 世纪 90 年代美国"信息高速公路"计划的实施，到现在对 5G 基础设施的部署，从中可见美国政府对数字基础设施建设的政策是连续的。

表 8-5 美国关于基础设施建设相关政策

时间	政策名称	重点举措梳理
1993 年 9 月	《国家信息基础设施行动计划》	计划用 20 年时间，耗资 2000 亿~4000 亿美元，以建设美国国家信息基础结构，作为美国发展政策的重点和产业发展的基础
2009 年 2 月	《复苏与再投资法案》	3100 多亿美元将用于建设项目，包括机场、桥梁、运河、水坝、管道、铁路、公共交通系统等。基建项目预算中的 72 亿美元用于改善网络宽带通路，特别是针对偏远地区
2011 年 2 月	《联邦云计算战略》	将云计算发展纳入国家整体发展战略；确立了联邦政府云迁移的三步走框架：跟进各价值主体的准备情况，选择向云端迁移的服务；通过选择，提供有效的云服务；转变思想，以主动监控、定期评估的方式，实现从资产管理为导向至服务管理为导向的变革
2018 年 9 月	《国家网络战略》	强调改善数字基础设施，包括采取措施改善带宽和宽带连接，提前布局下一代基础设施建设，投资 5G、人工智能、量子计算等科技领域
2020 年 3 月	《5G 安全国家战略》	正式制定了美国保护第五代无线基础设施的框架。提出四项具体的战略措施：加快美国 5G 国内部署；评估 5G 基础设施相关风险并确定其核心安全原则；解决全球 5G 基础设施开发和部署过程中对美国经济和国家安全的风险；推动负责任的 5G 全球开发和部署

资料来源：根据相关文献资料整理所得。

二、欧盟

欧盟是欧洲一体化的产物，是欧洲国家的联合，欧盟的数字经济政策制度设计具有有别于单个国家的特征，也有理念上的重大差别。主要体现在两个方面：（1）努力破除成员国之间的壁垒，建设数字单一市场；（2）把规范摆到更突出的位置，在人工智能伦理、用户隐私、数据安全等方面进行严格的限制。

（一）数字单一市场战略

欧盟成立的宗旨在于促进和平，追求公民富裕生活，实现社会经济可持续发展，确保基本价值观，加强国际合作。欧盟在数字经济领域的战略导向也是基于欧盟的宗旨而制定的，即构建数字单一市场战略。数字单一市场战略主要归纳为两个阶段：

第一阶段：欧洲数字单一市场战略阶段。2010 年 5 月 19 日，欧盟发布了《欧洲数字化议程》五年计划，该议程的总体目标是通过在欧盟建立基于高速和超高速互联网及互操作应用的数字单一市场，实现欧洲可持续的经济效益与社会效益。2015 年 5 月，欧盟发布《数字单一市场战略》，致力于为社会主体提供更优质的数字化产品和服务打破地域限制，推动数字经济的纵深发展。该战略主要目标在于破除二十八个成员国之间的"制度围墙"，实现货物、人员、服务、资金和数据的自由流动，促进欧洲数字经济发展。为推进数字单一市场建设，欧盟委员会还发布了《走向繁荣的数据驱动型经济》《欧洲工业数字化》《欧洲网络平台与数字单一市场的机遇与挑战》《建立欧洲数据经济》等政策文件。

第二阶段：强调建立欧盟单一数据市场。2018 年 4 月，欧盟委员会发布《建立一个共同的欧盟数据空间》，聚焦公共部门数据开放共享、科研数据保存和获取、私营部门数据分享等事项。2019 年 3 月，欧盟议会通过《单一数字市场版权指令》。2020 年 2 月，欧盟发布了《欧洲数据战略》，主要通过一系列的政策措施和投资方案，力图达到数据赋能社会发展和公民福祉的目的，展示了欧盟建设一个安全可靠、具有活力的单一数据经济市场的决心，并力图克服成员国内部市场的分散引发的数据资源难以整合的问题。欧盟利用其超国家性优势，推行"单一数据市场"建设，使数据在欧盟内部自由流动，实现跨国家资源共享，从而提高其整体竞争力。

表 8-6　欧盟单一市场战略主要政策

时间	政策名称	重点举措梳理
2010 年 5 月	《欧洲数字化议程》	在欧盟建立单一的充满活力的数字化市场；改进信息通信技术标准的制定，提高可操作性；增强网络安全；实现高速和超高速互联网连接；促进信息通信技术前沿领域的研究和创新；提高数字素养、数字技能和数字包容；利用信息通信技术产生社会效益
2015 年 5 月	《数字单一市场战略》	明确了建立单一市场的三大支柱：其一，为个人和企业提供更好的数字化产品和服务；其二，创造有利于数字网络和服务繁荣发展的环境；其三，挖掘数字经济增长潜力
2020 年 2 月	《欧洲数据战略》	建立统一治理框架，为欧盟数据空间建立一个有效的立法框架，加强欧盟成员之间的协同性体系建设；加强数据基础设施投资；提升个体数据权利和技能；打造公共欧洲数据空间

资料来源：根据相关文献资料整理所得。

（二）人工智能伦理与治理

欧盟在全球数字经济中的市场份额与其经济实力并不匹配，根据联合国发布的《2019 年数字经济报告》，中国与美国占全球排名前七十数字平台市值的 90%，而欧洲在其中的份额仅为 4%。对于英国、法国、德国的初创企业来讲，即便是最成功的，体量也远不及中国和美国的初创企业。从最能代表科技发展水平的人工智能专利来看，世界范围内 85% 的专利来自美国和中国。所以，由于缺乏全球领先的科技企业，欧盟在数字经济国际竞争中逐渐失去了主动地位，为逆转这一局面，欧盟积极构建数字经济相关监管规则。

欧盟坚持规则先行，非常重视人工智能伦理规范。早在 2015 年 1 月，欧盟议会法律事务委员会（JURI）就决定成立专门研究机器人和人工智能发展相关法律问题的工作小组。2016 年 6 月，欧盟率先提出了人工智能立法动议，要求欧盟委员会把正在不断增长的最先进的自动化机器"工人"的身份定位为"电子人"，并赋予这些机器人依法享有著作权、劳动权等特定的权利和义务。欧盟不仅对人工智能进行了立法，还制定了统一的数据保护政策。2018 年 4 月 25 日，欧盟委员会发布政策文件《欧盟人工智能》，该战略提出以人为本的 AI 发展路径，旨在提升欧盟科研水平和产业能力，应对人工智能和机器人带来的技术、伦理、法律等方面的挑战。2018 年 12 月，欧盟委员会人工智能高级专家组发布《可信人工智能伦理指南草案》，该指南提出一个可信人工智能框架，强调伦理规范性和技术健壮性，并提出总计十项可信人工智能的要求和十二项用于实现可信人工智能的技术和非技术性方法，同时设计出一套评估清单，便于企业和监管方进行对照。

2019 年 4 月，欧盟先后发布了两份重要文件《可信 AI 伦理指南》《算法责任与透明治理框架》，系欧盟人工智能战略提出的"建立适当的伦理和法律框架"要求的具体落实，为后需相关规则制定提供了参考，代表欧盟推动 AI 治理的最新努力。此外，法国、德国、西班牙等成员也在欧盟整体部署下纷纷更新了本国发展规划。可以看出，欧盟利用其巨大的市场规模，试图发挥规则的引领作用，在全球数字经济领域塑造话语权。

(三) 数据安全保护政策

为应对信息安全风险，保护数字经济安全，确保数字经济健康发展，欧盟将数据安全列在国家政策中的优先位置，旨在建立全面、综合的数字安全战略。

1981 年，欧洲委员会通过了《有关个人数据自动化处理之个人保护公约》即"欧洲公约"，这是世界上首部涉及个人数据保护的国际公约。1995 年，欧盟颁布《个人数据保护指令》，明确保护自然人在个人数据处理中的权利和自由（尤其是隐私权），促进个人数据在共同体内的自由流动。2002 年，欧盟颁布《关于电子通信领域个人数据处理和隐私保护的指令》，要求各成员国参照制定通信领域个人数据处理和隐私保护的同等规则，确保个人通信数据的自由流动。2017 年 1 月 10 日，欧盟委员会提出《隐私与电子通信条例》，旨在规制电子通信服务并保护与用户终端设备相关的信息。该条例将即时通信、VoIP 等 OTT 服务商纳入与传统电信服务商一样的隐私监管框架，对电子通信数据的保护不仅针对通信内容本身，而且包括时间、地点、来源等标记通信内容的元数据。

2018 年 6 月欧盟正式实施的《通用数据保护条例》（GDPR），在扩大数据主体的权利和法律适用范围的同时，进一步细化了个人数据处理的基本原则。《通用数据保护条例》被称为最严厉的个人数据保护法，极大提升了隐私保护标准和科技企业合规成本，引领了全球个人隐私保护立法热潮。欧洲委员会和欧盟理事会于 2018 年 11 月共同颁布《非个人数据自由流动条例》，该条例旨在保障非个人数据在欧盟境内能够自由流动，并对数据本地化要求、主管当局的数据获取及跨境合作、专业用户的数据迁移等问题作了具体规定。2019 年 4 月，欧洲理事会通过了《数字单一市场版权指令》，规定网络服务提供者要承担"版权过滤"的义务，要求 Facebook、Twitter、Youtube 等网络平台过滤掉受版权保护的内容，或是取得内容创作者的版权许可。该指令一举成为网络空间内版权保护的最高标准。2019 年 9 月，欧盟发布《建设强大的网络安全》手册，指出网络安全、信任和隐私是欧洲数字单一市场繁荣的基础。

三、英国

作为传统欧洲强国，英国在数字经济发展过程中，强调知识产权保护、数字政府建设及数字经济立法。

（一）知识产权保护

英国在数字经济发展的初始阶段就比较重视对知识产权的保护。在 2008 年英国启动的"数字英国"计划中强调对知识产权的保护，一是为数字化条件下的网络创新者的著作权保驾护航；二是为数字化建设的主体，无论是从数字化创业者、数字经济的消费者或是数字企业等提供发展便利和制度保障。"数字英国"计划发布不久便颁布了《数字英国法案》，该法案共计四十八条，其中将近三分之一的条款用于明确网络著作权保护的法律和规制建设以及建立第三方争端解决机制，从数字化建设之初就严格保障网络著作权，为数字化的顺利进行奠定坚实基础。2010 年英国颁布实施《数字经济 2010 年法案》，旨在保护文化创意产业的知识产权，对数字经济中利益相关方的权利进行保护，促进以音乐、游戏、媒体为主的文创数字经济健康、有序、高效发展。2017 年 4 月，英国《数字经济法》获得批准，目的是建立更好的数字化基础设施并为使用数字化服务的公民提供保护。

（二）数字政府建设

英国是全球电子政务的领导者，英国政府历来是引领全球数字政府发展的风向标，在推进政府数字化转型进程中推出了诸多极具示范性与拓荒式的举措。2012 年 10 月，英国开启"政府网站瘦身革命"，最终 2000 个政府网站缩减为唯一一个 UK. gov。2012 年 11 月，英国政府公布《政府数字战略（2012）》，着力推进政府服务在线能力建设。2013 年底，英国推出了《数字政府战略》，旨在提供世界一流、以民众为中心的公共服务，提高管理效率，推动经济发展。2014 年，英国实施《政府数字包容战略》。2015 年，英国启动"数字政府即平台"计划。2017 年，英国出台《政府转型战略（2017—2020)》。该战略旨在加快推进政府数字服务，强化"数字政府即平台"的理念，促进跨政府部门建设共享平台，提高政府数字服务效能，改善民众与政府之间的关系。2019 年，英国发布最新的《数字服务标准》，提出了"确保每个人都可以使用服务"，逐步培养公民使用数字服务的意识和能力。

英国在数字政府建设中提出的默认数字化、数字包容、政府转型等理念影响深远，成效显著。英国政府在《2016 联合国电子政务调查报告》和《2018 联合国电子政务调查报告》中分获第一名和第四名，是全球表现最为卓越的数字政府之一。在万维网基金会发布的四份《全球数据开放排行榜》中，英国均居世界首位。美国、澳大利亚、新西兰等国家均效仿英国成立相关顾问团队，新西兰和以色列政府的网络服务则使用了 GOV. UK 的源代码。

表 8-7 英国数字政府相关政策

序号	时间	出台主体	政策名称
1	2012 年 11 月	内阁办公室	《政府数字战略（2012）》
2	2013 年 12 月	内阁办公室 政府数字服务机构	《数字政府战略》
3	2014 年 4 月	内阁办公室 政府数字服务机构	《政府数字包容战略》
4	2017 年 2 月	内阁办公室 政府数字服务机构	《政府转型战略（2017—2020 年)》

资料来源：根据相关文献资料整理所得。

(三) 数字经济立法

英国在加快鼓励数字经济发展的同时，也十分注重通过立法来保障发展成果和公众的权益，早在 1998 年就颁布了《数据保护法令 1998》。为落实《数字英国》战略，英国开启了数字经济立法。2010 年 4 月英国议会通过《2010 数字经济法》。《2010 数字经济法》补充了英国原有的《通信法》《著作权法》等内容，开启了全球数字经济立法的潮流。2017 年 4 月，《数字经济法》获得王室批准，取代《2010 数字经济法》。该法案针对发展数字经济中如何构建法律框架并明确监管机构职能等问题进行了规定，弥补了相关领域的法律空白，有利于降低数字经济发展的不确定性。

从 2018 年起，英国同其他欧盟国家一样开始严格执行《一般数据保护条例》(GDPR)，并且修订了《数据保护法》和《数字经济法案》，进一步保护数据隐私、完善数据权利。为了构建良好的数据伦理体系，英国在 2018 年发布了《数据伦理框架》，从公共利益、有限与等比例原则、数据问责等八方面勾勒了数据治理中的伦理体系。在网络与信息安全上，英国发布了《消费者物联网安全行为准则》和《在线危害白皮书》，力争创造稳健、透明的数字基础设施体系，同时营造健康、民主的数字环境。

四、日本

日本数字经济战略为了更好地适应社会和人性化发展需求，从 2001 年推出《e-Japan 战略》开始，2009 年进一步制定《i-Japan 战略 2015》，到 2016 年日本提出超智能社会，即"社会 5.0"理念，将数字经济的发展融入国民日常生活中，形成人与机器人、人工智能共生的状态。

(一) 重视数字安全

日本历来有高度重视信息技术产业的传统，并且着重强调数字安全问题。早在 1967 年，日本总务省和经济产业省就推动设立了非营利性的日本信息处理会社，以支持信息技术产业的发展。该机构长期致力于研究与数字经济相关的安全与隐私问题，并推动了一系列关于个人隐私的产业标准的制定。2011 年，日本信息处理会社重新命名为"日本促进数字经济和社区发展研究院"。在该院坚实的研究基础支撑下，日本于 2014 年率先制定并实施了《数字安全基本法案》。该法案把安全防范措施的责任与义务落实到各级政府，还规定电力、金融等民间重要基建企业与机构应配合政府制定的措施，并明确了政府应对中小企业的网络安全措施提供必要的协助。日本政府还于 2015 年专门成立了隶属于内阁的数字安全战略小组，以制定国家数字安全战略。

(二) 强调实用主义

日本由于特定资源条件、国情条件的限制，数字经济的发展更加注重实用主义，重视数字经济与实际社会的结合，更加强调数字经济服务于社会发展。同时由于饱受人口老龄化、经济增长动能不足等因素困扰，日本政府更加侧重于推动数字技术与经济增长、民生福祉、社会治理的深度融合。一方面，积极推进产业数字化转型。2017 年，日本经济产业省发布《互联工业战略》，积极推动人工智能、物联网、云计算等科技手段应用到生产制造领域，突破人口老龄化、劳动力短缺、产业竞争力不足等发展瓶颈。另一方面，加速智能型社会建设。2016 年，日本政府在《第五期科学技术基本计划》和《科学技术创新战略 2016》中首次提出"社会 5.0"概念，即"超智能社会"，旨在交通、医疗、养老等领域推动数字化转型，形成适合日本发展需要的新型社会形态。此后，日本相继发布《下一代人工智能推进战略》《科技创新综合战略 2017》《集成创新战略》等纲领性文件，从战略规划、制度建设、人才培养等方面为"互联工业"和"社会 5.0"铺平道路。日本 2018 年发布《日本制造业白皮书》中，明确将"互联工业"作为制造业发展的战略目标，强调"通过连接人、设备、系统、技术等创造新的附加值"，强调智能制造和融合发展。

(三) 提倡基于信任的自由数据流通新机制

为在新一轮国际竞争中取得优势，日本制定和发布了一系列技术创新计划和数字化转型举措。在 2019 年 1 月的达沃斯论坛上，日本首相安倍晋三首次提出了"基于信任的自由数据流通（DFFT）"机制，意在让生产与消费环节产生的海量数据可以跨越国界，自由流通。安倍为这一数据"朋友圈"划出三层范围，即要在世界贸易组织（WTO）的支持下、要在对个人数据和安全数据提供强大隐私保护的同时，允许医疗、工业、交通和其他数据的自由流动。安倍建议，世界应想办法扩大 WTO 的规则，将数据贸易以及商品和服务贸易纳入其中。

五、德国

德国为弥补数字鸿沟，推动数字化转型，先后出台《德国 ICT 战略：数字德国 2015》《数字议程（2014—2017）》《数字化战略（2025）》《高科技战略 2025》等政策，不断升级高技术战略，积极践行"工业 4.0"，推动中小企业数字化转型。

（一）践行"工业 4.0"数字化转型

作为欧洲传统工业强国，德国试图借助数字化转型保持竞争优势，重新跻身制造业领导者地位。德国以"工业 4.0"为先导，全面推进全行业数字化发展战略。2011 年德国提出"工业 4.0"战略，并在 2013 年 4 月的汉诺威工业博览来会上正式推出，该战略旨在打造以信息物理系统为特征，以智能工厂为具体体现的智能化时代，全面提高德国工业的竞争力。

为进一步践行"工业 4.0"，逐步完善数字化转型计划。2016 年 3 月德国在其《数字化战略（2025）》中提出了迈向数字化的十项行动计划，包括在德国经济的核心领域推进智能网联，强化数据安全和数据保护，利用"工业 4.0"加强德国制造业的地位，利用数字化技术使研发和创新达到具有竞争力的水平等。2018 年 11 月，德国政府发布"建设数字化"战略，提出建设数字化能力、数字化基础设施、数字化转型创新、数字化转型社会和现代国家五大行动领域，强调政府部门各自应对数字化转型的工作重点，以期加强部门间协同和与学界、业界的合作。

（二）积极推进人工智能发展

德国政府在人工智能领域投入大量资金。2018 年 11 月，德国政府宣布将首先投入 5 亿欧元用于 2019 年及之后几年的人工智能发展，并将在 2025 年底累计投入 30 亿欧元。在 2018 年，德国在数字经济领域主要发布了《联邦政府人工智能战略要点》《德国人工智能发展战略》。同年发布了《高科技战略 2025》，在其中明确提出将推动人工智能技术的应用。在《联邦政府 2019 年财政预算案》中，德国政府的支出高达创纪录的 3560 亿欧元，其中人工智能被列为重点投资领域之一。

(三) 重视数据保护与信息安全

出于严谨的民族特征，德国一方面大力推动信息化建设，另一方面格外重视数据保护和信息安全。通过立法来保障信息安全，是德国的一大特色。德国的数据保护法律比较系统和规范，被誉为"欧洲信息安全的典范"。1970 年，德国黑森州率先颁布了《数据保护法》，这部法律是世界上第一部真正意义上关于数据保护的成文法。1977 年经德国联邦立法机关又正式通过了全国统一适用的《联邦数据保护法》(BDSG)，再次成为个人数据保护法领域的标志性事件。之后在联邦层面，德国《刑事诉讼法》(BCPA)、《电信法》(BTA) 等也将个人数据保护相关规定列入其中，德国各州也颁布了有关个人数据保护的州立法文件。BDSG 后又经 1990 年、1994 年、1997 年、2003 年、2006 年、2009 年等多次修订。

1997 年，德国颁布了全面规范互联网信息传播行为的法律《信息和通信服务规范法》。2002 年，德国通过《联邦数据保护法》，并于 2009 年进行修订。《联邦数据保护法》是德国关于数据保护的专门法，其中规定：信息所有人有权获知自己哪些个人信息被记录、被谁获取、用于何种目的，私营组织在记录信息前必须将这一情况告知信息所有人。如果某人因非法或不当获取、处理、使用个人信息而对信息所有人造成伤害，此人应承担责任。《联邦数据保护法》修改生效后，更多德国企业开始对客户信息实施高水平的保护措施，提高了客户信息的保密性和安全性。除了立法，德国也通过一系列战略方案和具体的行动来加强大数据时代的信息安全。

六、法国

为应对跨国互联网巨头侵蚀传统税基的国际性挑战，弥补国内数字经济发展中的劣势处境，法国率先在全球开征数字服务税，意图改变全球数字经济税收规则。同时，法国在数字经济发展过程中强调对数字安全的保护。

(一) 推行全球数字经济税制改革

在数据服务等商业行为日益普及的趋势下，"数字服务税"将成为国家的重要税种。2018 年 3 月，欧盟委员会公布立法提案，拟对大型互联网公司征收 3% 的数字税。根据立法提案，任何一个欧盟成员国均可对发生在其境内的互联网业务所产生的利润征税。然而，欧盟的一些成员国，如爱尔兰、芬兰以及捷克等对数字税持反对意见。对于如何定义科技公司营收中的"数字服务"内容，各个成员国也无法达成一致，欧盟的数字税提案被搁置。

但是，法国政府希望率先构建数字经济时代的税收体系，抢占数字经济时代治理规则的话语先机。2019 年 7 月，法国参议院通过数字税法案，引入一项新的税种——数字服务税，将由法国总统马克龙签署后执行，全球首部数字税法将落地实施。法国政府指出，现有的企业税规则跟不上数字经济发展的实践，法国此举的目的在于促使全球数字经济税制改革。根据法国数字税法案，主要针对三类数字服务商：定向网络广告商、以广告为目的的用户数据销售商、网络中介平台。征税对象为全球范围内年收入至少在 7.5 亿欧元，并且其中至少有 2500 万欧元收入来自法国的互联网公司，涉及谷歌、亚马逊和 Facebook 等三十家以美国企业为主的大型互联网企业，税率为 3%。2019 年 10 月法国政府发布了《数字服务税收指南（草案）》，对数字服务税的支付规则和结构进行了详细的介绍。

（二）实行国家数字安全战略

2008 年，《法国国防与国家安全白皮书》首次将网络安全提升到国家安全的层面，把网络信息攻击视为未来十五年最大的威胁之一，强调法国应具备有效的信息防卫能力，对网络攻击进行侦查、反击，并研发高水平的网络安全产品。2009 年 7 月，法国成立了国家级信息安全机构——国家信息系统安全办公室；2011 年 2 月"法国网络与信息安全局"颁布了法国历史上第一份国家信息安全战略报告《信息系统防御与安全：法国战略》，该安全战略明确了"成为网络安全强国""保护主权信息，确保决策能力""国家基础设施保护"和"确保网络空间安全"等目标。

法国宣布国家数字安全战略。2015 年 10 月 19 日，法国总理曼努埃尔·瓦尔斯亲自签署并发布新版《法国国家数字安全战略》，战略要求法国政府持续维持和保护法国在网络空间的根本利益，反映了当前和未来法国对网络空间和数字安全的核心主张和总体安排。2016 年 1 月，法国国民议会通过《数字共和国法案》，将支持 2011 年国家数字战略框架的一些必要措施确立为法律。《数字共和国法案》扩大了国家信息技术和自由委员会的权力，使其有权对犯罪相关等类型的个人隐私侵犯行为增加量刑。

七、政策比较

从发达国家出台的数字经济政策我们可以看出，发展数字经济不仅需要政府发挥引领作用，做好顶层设计，也需要完善体制机制、法律法规。通过对以上发达国家和地区数字经济政策、相关推进机制的研究，我们可以更清楚地了解全球数字经济发展情况、未来发展趋势，可以更好地为我国数字经济发展提供理论基础。

美国是全球最早布局数字经济的国家，20 世纪 90 年代就启动了"信息高速公路"战略，率先提出"信息高速公路"和"数字地球"概念，并相继发布《浮现中的数字经济》《数字经济 2000》《数字经济议程》《数字经济的定义和衡量》等报告，奠定了数字经济发展的领头羊地位；欧盟坚持规则先行，积极推进数据治理和人工智能伦理的制定，推动数字单一市场的建立，实施更为严格的数据安全保护政策，保障数字经济规范发展。英国是出台数字经济政策最早的国家，2009 年发布《数字英国》计划，是数字化首次以国家顶层设计的形式出现，实行强有力的数字政府战略，引领全球数字政府发展的风向标。日本奉行实用主义，十分重视数字经济对于改善社会民生的重要作用，数字经济战略更多关注如何应用数字经济促进社会各项事业发展。德国将发展数字经济作为其政治和经济层面的首要任务，自 2010 年发布《德国高技术战略 2020》、2011 年提出"工业 4.0"后，相继出台《数字议程（2014—2017）》《数字化战略（2025）》《国家工业战略 2030》等，旨在将自身建设成欧洲数字经济第一强国。法国作为欧盟核心国，为了扭转在数字经济转型中的不利局面，率先以单边国家对互联网企业开征数字税，意图改变全球数字经济的税收规则。

表8-8　世界主要发达国家和地区数字经济战略对比

国家地区	主要数字经济政策	相关制度设计
美国	1. 率先提出"信息高速公路"和"数字地球" 2.《浮现中的数字经济》《浮现中的数字经济（II）》《数字经济2000》等 3.《数字经济议程》《数字经济的定义和衡量》《5G安全国家战略》等	1. 商务部构建多层次完备的政策体系展 2. 制定数字经济日程，成立数字经济咨询委员会 3. 高度重视基础设施建设
欧盟	1.《成长、竞争力与就业白皮书》《迈向欧洲的信息社会》《里斯本战略》等 2.《eEurope2002》《eEurope2005》《i2010：欧洲信息社会2010》 3.《欧盟2020战略》《欧洲数字化议程》《数字单一市场战略》《欧洲数据战略》等	1. 构建数字单一市场战略 2. 积极推进人工智能伦理与治理 3. 高度重视数据安全保护
英国	1.《数字英国》《政府数字战略（2012）》《数字政府战略》《政府数字包容战略》等 2.《英国2015—2018数字经济战略》《英国数字战略》《数字经济法》《政府转型战略（2017年—2020)》《数字宪章》《英国国家数字孪生体原则》等	1. 强调对知识产权保护 2. 积极推进数字政府建设 3. 重视数字经济立法
日本	1.《e-Japan战略》《u-Japan战略》《2015年I-Japan战略》等 2.《数字安全基本法案》、"社会5.0"、《综合创新战略》等	1. 重视信息技术产业和数字安全 2. 强调实用主义 3. 提倡DFFT新机制
德国	1.《德国高技术战略2020》《德国ICT战略：数字德国2015》、"工业4.0"、《数字议程（2014-2017）》等 2.《数字化战略（2025）》《德国数字化平台绿皮书》《德国数字化平台白皮书》《高技术战略2025》《国家工业战略2030》等	1. 践行"工业4.0"数字化转型 2. 积极推进人工智能发展 3. 重视数据保护与信息安全
法国	1.《数字法国2020》《法国数字化计划2012—2020：总结与展望》等 2.《数字化路线图》《新工业法国》《法国人工智能战略》及"数字服务税"等	1. 积极推行全球数字经济税制改革 2. 实行国家数字安全战略

资料来源：根据相关文献资料整理所得。

参 考 文 献

［1］伯特. 结构洞：竞争的社会结构［M］. 上海：格致出版社，2008.

［2］Curry E，Sheth A. Next-Generation Smart Environments：From System of Systems to Data Ecosystems［J］. IEEE Intelligent Systems，2018，33（3）：69-76.

［3］Kauffman S A. A thome in the universe：the search forThe laws of self-organization and complexity［M］. New York：Oxford University Press，1995.

［4］Demchenko Y，Laat D C，Membrey P. Defining Architecture Components of the Big Data Ecosystem［J］. IEEE Intelligent Systems，2014，1（14）：104-112.

［5］克里斯托夫·弗里曼. 技术政策与经济绩效：日本国家创新系统的经验［M］. 张宇轩译. 南京：东南大学出版社，2008.

［6］卡萝塔·佩蕾丝. 技术革命与金融资本［M］. 田方萌，胡叶青，刘然，王黎民，译. 北京：中国人民大学出版社，2007.

［7］联合国. 2019 年数字经济报告［R］. http://www.cbdio.com/BigData/2019-09/11/content_6151158.htm.

［8］Hai D，Hussain F K，Chang E. Exploring the Conceptual Model of Digital Ecosystem：2007 Second International Conference on Digital Telecommunications，1-5 July，2007［C］. San Jose：IEEE，2007.

［9］美国商务部. 浮现中的数字经济［M］. 姜奇平，等译，北京：中国人民大学出版社，1998.

［10］中国信通院. 中国数字经济发展白皮书（2020 年）［R］. 2020 年，转引自数字经济发展研究小组、中国移动通信联合会区块链专委会和数字岛研究院. 中国城市数字经济发展报告（2019—2020）.

［11］朱扬勇，熊赟. 大数据是数据、技术，还是应用［J］. 大数据，2015，1（1）：71-81.

［12］陶飞，戚庆林，王力翚，A. Y. C. Nee. 数字孪生与信息物理系统——比较与联系［J］. Engineering, 2019（4）：653-661.

［13］OECD Interim Economic Assessment Coronavirus：The world economy at risk. 2 March 2020.

［14］WHO Novel Coronavirus（COVID-19）Situation Dashboard. 23 March 2020.

［15］中国信息通信研究院云计算与大数据研究所. 疫情防防止中的数据与智能应用研究报告［R］. 2020 年 3 月.

［16］中国信息通信研究院云计算与大数据研究所. 疫情防控中的数据与智能应用研究报告［R］. 2020.

［17］赵同录. 一季度经济受疫情冲击影响显现 长期向好发展趋势没有改变［N］. 中国经济网，2020-04-19.

［18］Mckelvey B. Organizational systematics［M］. Berkeley, CA, University of California Press, 1982.

［19］徐晋. 大数据经济学［M］. 上海：上海交通大学出版社，2014.

［20］Schönberger V M, Ramge T. Reinventing Capitalism in the Age of Big Data［M］. New York：Basic Books, 2018.

［21］Shin D H, Choi J M. Ecological views of big data：Perspectives and issues［J］. Telematics and Informatics, 2015, 32（2）：311-320.

［22］石晓鹏，魏向杰，陶菊颖等. 独角兽企业的发展态势及成长路径［J］. 群众，2018（4）：34-36.

［23］Gerard Briscoe；Suzanne Sadedin；Philippe De Wilde. Digital Ecosystems：Ecosystem-Oriented Architectures, Natural Computing［J］. Volume 10, Issue 3.2011.

［24］中华人民共和国科学技术部. 2017 年中国独角兽企业发展报告［R］. 2017.

［25］中国互联网络信息中心. 中国互联网络发展状况统计报告［R/OL］. （2019-02-28）［2019-03-20］. http://www. cnnic. net. cn/hlwfzyj/hlwxzbg/hlwtjbg/201902/P020190318523029756345.pdf.

［26］云计算开源产业联盟. 云计算与边缘计算协同九大应用场景［R/OL］. 2019［2019-07-02］. http://www. caict. ac. cn/kxyj/qwfb/bps/201907/t20190702_202297.htm.

后　记

　　本书得到了中国科学技术协会（简称中国科协）调宣部 2020 年课题"数字经济发展与治理研究"项目研究的经费支持。南开大学经济研究所研究团队对数字经济的研究可以追溯到 2001 年开始的互联网研究。尤其是 2004 年之后，Web2.0 应用和移动互联网的发展，为数字经济的爆发式增长创造了条件，为理论研究提供了丰富的实践经验。随着研究的不断深入，2012 年之后，数字经济逐步成为团队的主要研究方向。2017 年，服务于国家新一代人工智能发展战略，数字经济和人工智能科技产业发展研究成为团队的全部工作。长期、系统的实际调查和数据库建设，为研究工作的顺利开展奠定了基础。

　　作为项目的负责人，刘刚教授负责本书的总体框架和研究设计工作，组织团队对数字和人工智能科技产业展开了系统的调查研究。本书的第一章，刘刚总结、概括了中国数字经济发展的脉络和逻辑。第二章（刘晨、靳中辉、刘刚、席江浩、李依菲、李川川、李伟伟、丁彤、李汪媛、张天然），基于中国·南开智能经济数据库样本的属性和关系数据对中国数字经济的发展现状、基本结构及动力机制进行了系统而深入的刻画与分析。第三章（刘晨、靳中辉、刘刚、席江浩、李依菲、李川川、李伟伟、丁彤、李汪媛、张天然），第四章（王宁），第五章（刘刚、王涛），第六章（张昕蔚）和第七章（刘晨、刘刚）对中国数字经济发展的主要动力机制展开了深入研究。第八章（李川川）对主要发达国家（地区）数字经济发展政策做出了梳理与分析。

　　如上所述，本书能够出版首先要感谢中国科协调宣部项目研究经费的支持；其次，还特别感谢中国科协调宣部和天津市科协领导，尤其是中国科协调宣部的郭哲部长、吴善超副部长和天津科协的陆为民书记、边守川副秘书长对课题研究的大力支持和帮助；再次，感谢在课题开题和结项过程中各位专家提出的宝贵建议，使课题的研究成果得到完善；最后，感谢中国商务出版社编辑人员的辛勤工作，使本书能够顺利出版。由于受到新冠肺炎疫情的影响，课题研究中原计划安排的国内和国外调研没有完全展开，对研究工作产生了一定的影响，只能在今后的研究中弥补。

刘　刚

2022 年 10 月 14 日于南开大学经济研究所